O FUTURO DE DEUS

DEEPAK

O FUTURO DE DEUS

UM GUIA ESPIRITUAL PARA OS NOVOS TEMPOS

CHOPRA

Tradução: Cristina Yamagami

Planeta

Título original: *The future of god*

Esta tradução está autorizada pela Harmony Books, selo editorial da Crown Publishing Group, uma divisão de Random House LLC, e responsável pela publicação original nos EUA.

Preparação: Lizete Mercadante Machado
Revisão: Cátia de Almeida e Fernanda Pinto
Diagramação: 2 estúdio gráfico
Capa: Adaptação da capa original de Michael Nagin

CIP-Brasil. Catalogação-na-fonte
Sindicato Nacional dos Editores de Livros, RJ

C476f

Chopra, Deepak
O futuro de Deus : um guia espiritual para os novos tempos / Deepak Chopra ; tradução Cristina Yamagami. - 1. ed. - São Paulo : Planeta, 2015.

Tradução de: The future of god
ISBN 978-85-422-0475-9

1. Espiritualidade. 2. Religião. I. Título.

15-19127 CDD: 133.9
CDU: 133.9

2015
Todos os direitos desta edição reservados à
Editora Planeta do Brasil Ltda.
Rua Padre João Manoel, 100 - 21º andar
Edifício Horsa II - Cerqueira César
01411-901 - São Paulo - SP
www.planetadelivros.com.br
atendimento@editoraplaneta.com.br

Para todos os que buscam novos caminhos.

SUMÁRIO

PRÓLOGO

Estamos vivendo uma crise de fé. A religião passou milhares de anos sugerindo que aceitemos, com base na fé, um Deus amoroso que tudo sabe e tudo pode. Isso levou a humanidade a percorrer um caminho longo e por vezes tumultuado. Tivemos momentos de grande euforia intercalados com horrores inenarráveis em nome da religião. Mas hoje, pelo menos nos países desenvolvidos, a idade da fé perdeu muito de sua força. A maioria das pessoas aceita a religião sem pensar muito a respeito. Não existe uma ligação viva com Deus. Enquanto isso, a descrença ganha força. Como seria diferente?

Uma vez exposto o abismo entre nós e Deus, uma espécie de profunda decepção sobe à superfície. Todas as catástrofes pelas quais passamos dificultam confiar em uma divindade benigna, amorosa. Quem pode refletir sobre o Holocausto ou os ataques de 11 de Setembro de 2001 e acreditar que Deus é amor? E podemos pensar em outros incontáveis desgostos. Se você investigar o que realmente acontece quando as pessoas pensam em Deus, verá que a zona de conforto dessas pessoas no que diz respeito à religião está cada vez menor. E elas são acometidas por dúvidas e inseguranças.

Por um bom tempo o ônus da fé ficou a cargo do religioso imperfeito. Se Deus não intervém para aliviar o sofrimento ou conceder a paz, a causa deve estar nas nossas próprias imperfeições. Neste livro, eu virei a mesa e devolvi o ônus a Deus. É hora de fazer algumas perguntas contundentes.

O que Deus tem feito por você ultimamente?

Na tarefa de prover a si mesmo e à sua família, o que faz mais diferença: ter fé ou trabalhar duro?

Será que você *de fato* entregou-se a Deus e deixou que ele resolvesse um problema espinhoso para você?

Por que Deus permite tanto sofrimento no mundo? Será que tudo isso não passa de uma brincadeira de mau gosto ou de uma promessa vazia da existência de um Deus amoroso?

Perguntas como essas nos incomodam tanto que costumamos evitá-las e, para milhões de pessoas, elas simplesmente perderam a relevância. Estamos sempre de olho na próxima tecnologia que vai melhorar a nossa vida. Um Deus relevante no século XXI está praticamente extinto.

A meu ver, a verdadeira crise da fé não tem nada a ver com o número cada vez menor de fiéis que frequentam a igreja, uma tendência que começou na Europa Ocidental e nos Estados Unidos na década de 1950 e se mantém até hoje. A verdadeira crise diz respeito a encontrar um Deus que faz alguma diferença na nossa vida e em quem podemos confiar. A fé é uma encruzilhada na estrada, e todos nós chegamos a ela. Um caminho leva a uma realidade sustentada por um Deus vivo, enquanto o outro leva a uma realidade na qual Deus não apenas se faz ausente, como não passa de uma ficção. Em nome dessa ficção, as pessoas lutaram e morreram, torturaram infiéis, conduziram cruzadas sangrentas e promoveram todos os horrores imagináveis.

O Novo Testamento apresenta uma desoladora demonstração de desdém quando Jesus está pregado na cruz – uma maneira lenta e agonizante de morrer –, e as pessoas cospem nele em escárnio, inclusive os sacerdotes de Jerusalém: "Salvou os outros, e a si mesmo não pode salvar-se. Se é o Rei de Israel, desça agora da cruz, e crê-lo-emos. Confiou em Deus; livre-o agora, se o ama" (Mateus 27:42-43).

O amargor contido nessas palavras não diminuiu com o tempo, mas sugere um argumento ainda mais inquietante. Jesus ensinou que as pessoas devem confiar cegamente em Deus, que a fé pode mover montanhas. Ele ensinou que não se deve trabalhar duro hoje nem poupar para amanhã, porque Deus tudo proverá. Deixando de lado o significado místico da crucificação, será que pessoas comuns, como você e eu, deveriam confiar em Deus a esse ponto?

Sem perceber, as pessoas encontram a encruzilhada no caminho várias vezes ao dia. Não escrevo da perspectiva cristã – não pratico qualquer religião organizada na minha vida pessoal –, mas Jesus nunca quis dizer que basta esperar sentado que Deus proverá dinheiro, comida, abrigo e muitas outras bênçãos. Ele se referia ao desjejum do dia seguinte e ao abrigo de hoje à noite. "Pedi e receberás, batei e a porta se abrirá" se aplica às escolhas que fazemos agora. E os riscos aumentam muito, porque, se Deus decepciona sempre que nos nega ajuda, nós decepcionamos sempre que escolhemos o caminho da descrença, o que acontece literalmente a cada hora do dia.

Todos nós temos, dentro de nós, a semente da incredulidade, que nos dá muitas razões para não termos fé. Eu gostaria de, como um ser humano compassivo, testemunhar o espetáculo de uma crucificação e me compadecer. Mas, na minha vida cotidiana, eu trabalho, poupo para o futuro e, quando escurece, ando ressabiado por rua perigosa, olhando para todos os lados. Tenho mais fé em mim mesmo do que em um Deus externo. Chamo isso de "ponto zero", o nadir, ou o ponto mais baixo da fé. No ponto zero, Deus não faz muita diferença, pelo menos não nas dificuldades que enfrentamos no nosso dia a dia. Visto da perspectiva do ponto zero, Deus é irrelevante ou impotente. Ele pode ver o nosso sofrimento e se compadecer ou se limitar a dar de ombros.

Para que Deus tenha um futuro, temos de sair do ponto zero e encontrar uma nova maneira de viver espiritualmente. Não precisamos de novas religiões, de escrituras melhores nem de algum testemunho mais inspirador sobre a grandeza de Deus. As versões que temos já são boas (e ruins) o suficiente. Um Deus merecedor da nossa fé deve fazer alguma diferença, e não vejo como isso pode acontecer a menos que ele comece a nos ajudar em vez de nos desapontar.

Uma mudança tão radical requer algo igualmente radical: repensar completamente a realidade. Se a realidade se limitar ao que vemos na superfície, não há nada ali que nos inspire fé. Podemos ficar 24 horas atentos ao noticiário e fazer o possível para sobreviver às adversidades. A história muda, no entanto, se a realidade se estender a dimensões mais elevadas. Pode não ser possível recriar um Deus que nunca existiu, mas podemos reparar uma conexão quebrada.

Decidi escrever um livro sobre como se reconectar com Deus, para ele se tornar tão real quanto um pedaço de pão e tão confiável quanto o nascer do sol – ou qualquer outra coisa que você sabe ser real e confiável. Se um Deus como esse de fato existe, não precisamos mais nos desapontar com ele nem conosco. Não precisamos dar um salto de fé. No entanto, precisamos fazer uma mudança mais profunda, repensar as possibilidades. Isso implica uma transformação interior. Se alguém disser: "O reino dos céus está dentro de ti", você não deve pensar, com uma pontada de culpa, *Não em mim*. Você deve perguntar o que pode fazer para que a afirmação seja verdadeira. O caminho espiritual começa com uma curiosidade, com uma abertura à possibilidade de que algo tão inacreditável quanto Deus pode de fato existir.

Milhões de pessoas já ouviram falar que Deus não passa de "um delírio", um *slogan* muito usado por um grupo de ateus militantes, inimigos declarados da fé. Esse movimento inquietante, encabeçado pelo professor Richard Dawkins, encobre seus ataques fervorosos, muitas vezes pessoais, com a ciência e a razão. Mesmo quando as pessoas não se descrevem como *ateias*, muitas delas ainda vivem como se Deus fosse irrelevante, o que afeta suas decisões no dia a dia. A descrença acaba vencendo onde mais importa.

A fé, para sobreviver, só pode ser restaurada por meio de uma investigação mais profunda do mistério da existência.

No que se refere ao ateísmo não militante, nada tenho a contestar. Thomas Jefferson escreveu: "Não vejo no cristianismo ortodoxo qualquer aspecto positivo", mas ao mesmo tempo ele ajudou a fundar uma sociedade baseada na tolerância. Dawkins e companhia se orgulham de sua intolerância. O ateísmo pode ser bem-humorado e leve, como quando George Bernard Shaw brincou: "O cristianismo pode até ser uma coisa boa, se todo mundo lhe desse uma chance". Cada linha de pensamento tem seu oposto e, quando se trata de Deus, a descrença é o oposto natural da crença.

Não é certo, contudo, supor que o ateísmo sempre se opõe a Deus. De acordo com os resultados surpreendentes de um levantamento da Pew Research conduzido em 2008, 21% dos norte-americanos que se caracterizam como ateus acreditam em Deus ou em um espírito universal, 12% acreditam no céu e 10% rezam pelo menos uma vez por semana. Os ateus não perderam completamente a fé; não há nada na fé a que se opor. No entanto, Dawkins propõe o niilismo espiritual com um sorriso no rosto e um tom tranquilizador. Vi a necessidade de me manifestar contra isso, apesar de não sentir qualquer animosidade pessoal contra ele.

A fé deve ser salva, para o bem de todos. Da fé nasce uma paixão pelo eterno, algo ainda mais forte que o amor. Muitos de nós perderam essa paixão ou nunca chegaram a conhecê-la. Nos meus argumentos a favor de Deus, espero poder incutir o senso de urgência expresso em apenas alguns versos de Mirabai, uma princesa indiana que se tornou uma grande poetisa mística:

> Inquebrável, ó Senhor,
> é o amor que me prende a ti,
> Como um diamante,
> ele quebra o martelo que o atinge.
> Como o lótus que surge da água,
> a minha vida surge de ti.
> Como o pássaro noturno fitando a lua que passa,
> eu me perco em ti.
> Ó, meu amado... Retorna!

Em qualquer momento da história da humanidade, assim é a fé: um clamor vindo do coração. Se você está decidido a acreditar que Deus não existe, estas páginas jamais o convencerão do contrário. No entanto, o caminho nunca se fechará. Se a fé puder ser salva, o resultado será mais esperança. Por si só, a fé não leva necessariamente a Deus, mas faz algo do que precisamos ainda mais no momento: ela possibilita Deus.

POR QUE DEUS TEM FUTURO?

Quando se trata de Deus, quase todos nós, tanto fiéis quanto incrédulos, sofremos de uma espécie de miopia. Vemos só o que está diante dos nossos olhos e, em consequência, apenas cremos no que vemos. Os fiéis veem Deus como um parente bondoso, conferindo méritos e justiça ao julgar nossas ações na Terra. Os outros pensam em Deus como algo muito mais distante, impessoal e desinteressado. No entanto, Deus pode ser mais engajado e estar mais próximo que isso, até mais próximo que a respiração.

Em todo momento, alguém neste mundo se espanta ao constatar que a experiência de Deus é real. Deslumbramento e certeza ainda despontam. Levo sempre comigo um trecho de *Walden*, de Thoreau, no qual ele fala do "solitário trabalhador de uma fazenda nos arredores de Concord, que nasceu pela segunda vez". Como nós, Thoreau se pergunta se é possível acreditar no testemunho de alguém que afirma ter tido uma "experiência religiosa peculiar". Para responder a essa questão, ele recorre ao passado distante: "Zaratustra, milhares de anos atrás, percorreu o mesmo caminho e teve a mesma experiência, mas, sendo um sábio, soube que se tratava de uma experiência universal".

Se você se vir subitamente mergulhado em uma experiência que não tem como explicar, Thoreau sugere, basta lembrar que você não é o único. O seu despertar pertence a uma grande tradição. "Que ele [o lavrador solitário] comungue humildemente com Zaratustra e, pela influência liberalizadora de todos os grandes homens, com o próprio Jesus Cristo, permite o naufrágio da 'nossa igrejinha'".

Na linguagem contemporânea, seria possível dizer que Thoreau nos aconselha a confiar na nossa crença mais profunda de que a experiência espiritual é real. Os céticos subvertem completamente esse conselho. O fato de Deus ter sido vivenciado no decorrer das eras só demonstra que a religião é um remanescente primitivo, um resquício mental que só conseguimos rejeitar se treinarmos o cérebro para isso. Para os céticos, Deus sobreviveu no passado em razão do poder dos sacerdotes de impor a fé, proibindo qualquer divergência entre os seguidores. Contudo, todas as tentativas de esclarecer a questão – de afirmar, de uma vez por todas, que Deus é absolutamente real ou absolutamente irreal – continuam dando em nada. A confusão persiste e todos nós já fomos acometidos por conflito e dúvida.

Como você se posiciona agora?

Vamos passar do abstrato ao pessoal. Ao pensar em como você se posiciona na questão de Deus, é quase certo que se encaixa em uma das três situações a seguir:

Descrença: Você não aceita que Deus é real e expressa sua descrença vivendo como se ele fosse totalmente irrelevante.

Fé: Você espera que Deus seja real e expressa essa esperança na forma da fé.

Conhecimento: Você não tem qualquer dúvida de que Deus é real e vive como se ele estivesse sempre presente.

Quando alguém se põe a buscar um caminho espiritual, a ideia é passar da descrença ao conhecimento. O caminho está longe de ser claro, contudo. Quando acordamos pela manhã, como deveríamos seguir o caminho espiritual? Será que deveríamos tentar viver o momento presente, por exemplo, uma atitude vista como espiritualizada? A paz deve ser encontrada no momento presente, se é que ela pode ser encontrada em algum lugar. No entanto, Jesus descreve em linhas gerais até que ponto uma decisão como essa na verdade é absolutamente radical:

> Por isso vos digo: não andeis cuidadosos quanto à vossa vida, pelo que haveis de comer ou pelo que haveis de beber; nem quanto ao vosso corpo... Mas buscai primeiro o reino de Deus e a sua justiça, e todas estas coisas vos serão acrescentadas. Não vos inquieteis, pois, pelo dia de amanhã, porque o dia de amanhã cuidará de si mesmo (Mateus 6:25, 33-34).

Na versão de Jesus, viver no presente implica ter plena confiança de que Deus tudo proverá. A confiança de Jesus em Deus não tem limites. Deus proverá todas as necessidades de Jesus. Mas o que dizer dos pobres trabalhadores judeus que ouviam os sermões, lutando para sobreviver, vivendo sob o jugo implacável da opressão romana? Eles poderiam ter nutrido esperanças de que a Providência Divina cuidaria deles e poderiam até ter tido fé suficiente para acreditar nisso. Mesmo assim, a entrega era um ato místico. Só Jesus se encontrava em um estado de consciência absolutamente enraizado na Providência Divina, vendo Deus em tudo.

Todos nós temos as sementes da descrença, porque nascemos em uma era secular que questiona tudo o que é místico. É melhor ser livre e cético do que viver preso a mitos, superstições e dogmas. Quando entramos em contato com nosso cético interior, não é de estranhar que vivamos em um estado de descrença. No entanto, para a maioria das pessoas, a descrença também é um estado de infelicidade. Ficamos muito insatisfeitos em um mundo totalmente profano, no qual voltamos nossa mais profunda reverência aos heróis dos esportes e das histórias em quadrinhos e ambicionamos ter um corpo perfeito. A ciência não nos dá qualquer garantia de que a vida tem algum sentido quando descreve o universo como um vazio frio governado pelo acaso.

E assim a fé persiste. Queremos nos sentir em casa no universo. Queremos nos sentir ligados à criação. Acima de tudo, prescindimos da liberdade se ela implicar viver em um estado perpétuo de ansiedade e insegurança, se ela for uma liberdade que perdeu seus vínculos com o sentido da vida. Assim, a crença religiosa se mantém por toda parte, não importa se a considerarmos um apego injustificado à fé ou um respeito às tradições dos antepassados. Bilhões de pessoas não têm qualquer alternativa suportável.

E o que dizer da terceira etapa, que, depois da descrença e da fé, um certo conhecimento de Deus, é a etapa mais rara e mais fugidia? Para entrar com segurança nessa etapa, é preciso passar por uma experiência transformadora ou milagrosamente manter a alma inocente como a de uma criança. Nenhuma dessas opções é realista para a maioria das pessoas. Os que retornam de experiências de quase morte, que por si só já são extremamente raras, não conseguem apresentar quaisquer provas concretas de "ir para a luz" e são incapazes de convencer um cético. Para eles, o que mudou é pessoal, interno e subjetivo. Quanto à inocência das crianças, temos uma boa razão para abandoná-la. A alegria da infância é um estado ingênuo, ainda não formado e, apesar de ser um estado feliz, ansiamos por vivenciar um mundo mais amplo, um mundo de realizações. Os picos criativos da história humana são atingidas por adultos, não por bebês crescidos.

Digamos que você consiga se reconhecer em um dos três estados: a descrença, a fé e o conhecimento. Tudo bem se eles estiverem misturados e você passar apenas alguns momentos em cada um. De acordo com modelos estatísticos frios, a maioria de nós se concentra no meio de uma curva de Gauss, em forma de sino, fazendo parte da grande maioria que acredita em Deus. Nas extremidades da curva se encontra uma pequena minoria: à esquerda, os ateus convictos; e à direita, os profundamente religiosos que dedicam a vida a buscar Deus. Mas é justo dizer que a maioria das pessoas que responderam que acreditam em Deus não sente nem deslumbramento nem certeza.

Em geral dedicamos nossos dias a tudo, menos a Deus: cuidar da família, procurar amor, buscar o sucesso, ter posse de mais bens materiais nas infinitas prateleiras do consumismo.

Ninguém se beneficia da confusão atual. A descrença vem acompanhada de sofrimento interior e o temor de que a vida não faz sentido algum. (Os ateus que afirmam viver felizes em um universo aleatório não me convencem. Eles não acordam todo dia de manhã dizendo: "Que maravilha, mais um dia sem sentido algum".) O estado de fé também é insustentável, mas por razões diferentes: no decorrer da história o estado de fé levou à inflexibilidade, ao fanatismo e à violência desesperada em nome de Deus. E o estado do verdadeiro conhecimento? Parece ser algo reservado aos santos, extremamente raros.

No entanto, Deus se oculta em algum lugar, como uma presença secreta, nessas três situações, seja como um negativo (a divindade da qual você se afasta quando dá as costas à religião organizada), seja como um positivo (uma realidade mais elevada à qual você aspira). Uma presença indistinta não equivale a uma importância concreta e muito menos à coisa mais importante do universo. Se for possível fazer que Deus volte a ser verdadeiro, acredito que todo mundo concordará em tentar.

Este livro propõe que qualquer um pode passar da descrença à crença e ao verdadeiro conhecimento. Cada uma dessas etapas é um estágio evolutivo e, ao explorar o primeiro, você perceberá que o próximo se abre naturalmente. A evolução é voluntária quando aplicada ao mundo interior. Você tem toda a liberdade de escolher o que quiser. Uma vez que dominar a descrença em todos os detalhes, pode escolher ficar por lá ou avançar para a fé. Depois de explorar a fé, você pode aceitá-la como seu lar espiritual ou escolher transcender essa etapa. Ao final da trajetória você encontrará o conhecimento de Deus, que é tão viável quanto as duas primeiras fases... E muito mais real. Conhecer Deus não é nada místico, da mesma forma como saber que a Terra gira ao redor do Sol. Nos dois casos, um fato é constatado e todas as dúvidas prévias e crenças errantes naturalmente caem por terra.

DEUS É UM VERBO, NÃO UM SUBSTANTIVO

A fé tornou-se algo quase impossível de impingir, especialmente a si mesmo. O nosso antigo modelo de Deus está sendo desmantelado diante dos nossos olhos. Em vez de sair catando os pedaços, uma mudança mais profunda deve ocorrer. A racionalidade, a experiência pessoal e a sabedoria de muitas culturas já estão se unindo. Essa nova síntese é algo como "Deus 2.0", quando a evolução humana dá um salto nas questões do espírito.

O Deus 1.0 refletia as necessidades humanas, que são muitas e variadas, e essas necessidades receberam uma personificação divina. As necessidades vinham em primeiro lugar. Como precisamos de proteção e segurança, projetamos Deus como nosso protetor divino. Como a vida precisa ser ordenada, fizemos de Deus o legislador supremo. Em uma inversão do Livro de Gênesis, criamos Deus à nossa imagem e semelhança. Ele fazia aquilo que nós queríamos que ele fizesse. Vejamos a seguir as sete etapas que concebemos para um Deus como esse.

Deus 1.0

FEITO A NOSSA IMAGEM E SEMELHANÇA

1. A necessidade de segurança e proteção

Deus torna-se um pai ou uma mãe. Controla as forças da natureza, trazendo boa ou má sorte. As pessoas são como crianças vivendo sob a proteção de Deus. Não é possível saber o que ele pensa; ele age por capricho, concedendo amor ou punição. A natureza é ordenada, mas ainda perigosa.

Esse é o seu Deus se você ora em busca de salvação, vê o divino como uma figura de autoridade, acredita em pecado e redenção, anseia por milagres e vê os desígnios de Deus em ação na ocorrência de um súbito acidente ou desastre.

2. A necessidade de realizar e atingir objetivos

Deus assume o papel de legislador. Ele define regras e as segue. Assim é possível prever como será o futuro: Deus recompensará os que seguem a lei e punirá os que a desobedecem. Com base nessa premissa, as pessoas podem ter uma vida boa e conquistar o sucesso material. O segredo é trabalhar duro, o que agrada a Deus, e fazer parte de uma sociedade seguidora das leis, espelhando as leis da natureza. O caos é dominado e a criminalidade é mantida a distância. A natureza existe para ser domada, e não temida.

Esse é o seu Deus se você acredita que Deus é sensato, quer que você tenha sucesso, recompensa o empenho, distingue o certo do errado e criou o universo para atuar de acordo com leis e princípios.

3. A necessidade de formar vínculos sociais, famílias e comunidades amorosas

Deus passa a ser uma presença amorosa no coração das pessoas. O olhar do adorador se volta para dentro. Formar vínculos com os outros transcende a sobrevivência mútua. A humanidade é uma comunidade unida pela fé. Deus deseja que edifiquemos uma "cidade sobre um monte", uma sociedade ideal. A natureza existe para nutrir a felicidade humana.

Esse é o seu Deus se você é um idealista, vê a natureza humana com otimismo, acredita na essência que une toda a humanidade e se mantém aberto para ser amado por uma divindade clemente. O perdão será sentido por dentro, não concedido por um sacerdote.

4. A necessidade de ser compreendido

Deus passa a ser neutro, imparcial. Saber tudo é a tudo perdoar. A ferida que se abriu na natureza humana e que divide o bem do mal começa a ser curada. Aumenta a tolerância. Vemos os malfeitores com empatia, pois Deus nos mostra sua empatia. Diminui a necessidade de recompensas e punições claras. A vida tem muitos tons de bem e mal e tudo tem sua razão de ser. A natureza existe para nos mostrar toda a variedade da vida em sua forma mais criativa e mais destrutiva.

Esse é o seu Deus se ele entende em vez de julgar, se você se vê com simpatia porque Deus o vê com simpatia, se você aceita o bem e o mal como aspectos inevitáveis da criação, se você se sente compreendido por Deus.

5. A necessidade de criar, descobrir e explorar

Deus passa a ser uma fonte criativa. Por vontade dele, nascemos imbuídos de curiosidade. Deus permanece um mistério, mas revela um segredo após o outro em sua criação. Nos extremos distantes do universo, o desconhecido é um desafio estimulante e uma fonte de deslumbramento. O que Deus quer de nós não é adoração; ele quer a nossa evolução. O nosso papel é descobrir e explorar. A natureza existe para nos proporcionar mistérios infindáveis que desafiam a nossa inteligência; sempre teremos mais descobertas a fazer.

Esse é o seu Deus se você vive para explorar e ser criativo, se está no seu melhor diante do desconhecido, se confia plenamente que a natureza pode ser desvendada, inclusive a natureza humana, desde que nos mantenhamos questionando e nunca nos contentemos com as verdades estabelecidas, predeterminadas.

6. A necessidade de inspiração e orientação moral

Deus passa a ser puro deslumbramento. Quando a razão atinge os limites da compreensão, o mistério permanece. Sábios, santos e pessoas de inspiração divina desvendaram esse mistério. Sentiram uma presença divina que transcende o cotidiano. O materialismo é uma ilusão. A criação foi concebida em duas camadas, a visível e a invisível. Milagres se tornam reais quando tudo é um milagre. Para chegar a Deus, é preciso aceitar a realidade das coisas invisíveis. A natureza é uma máscara do divino.

Esse é o seu Deus se você dedica a vida a buscar um caminho espiritual. Você quer saber o que está por trás da máscara do materialismo, descobrir a fonte da cura, vivenciar a paz e entrar em contato direto com a presença divina.

7. A Unidade, o estado que transcende todas as necessidades

Deus torna-se Um. A satisfação é completa porque você atingiu o objetivo da sua busca. Você sente o divino por toda parte. O último resquício de separação se dissipou. Você não sente mais a necessidade de separar santos de pecadores, porque Deus permeia tudo. Neste estado, você não conhece a verdade, você *se torna* a verdade. O universo e todos os eventos do universo são expressões de um único Ser fundamental, que é consciência pura, inteligência pura e criatividade pura. A natureza é a forma externa que a consciência assume ao se desvelar no tempo e no espaço.

Esse é o seu Deus se você se sente completamente conectado com sua alma e sua origem. Sua consciência se expandiu e passou a abranger uma perspectiva cósmica. Você vê tudo o que acontece na mente de Deus. O êxtase dos grandes místicos, que parecem ser especiais ou escolhidos por Deus, passa a ser disponibilizado também a você, porque você atingiu a plena maturidade espiritual.

O Deus que executa o plano até o fim, o Deus como uma Unidade, é diferente dos outros. Não é uma projeção. É um estado de absoluta certeza e deslumbramento. Se conseguir chegar a esse estado, você deixou de projetar. Todas as necessidades foram satisfeitas; o caminho termina com a própria realidade.

Vendo essa lista, você pode não se identificar com qualquer necessidade que Deus pode prover. Isso é compreensível quando a crença é confusa. Nenhuma versão de Deus é contundente a ponto de conquistar a sua devoção. A confusão também tem raízes no modo como o cérebro processa as escolhas. Quando você está em um restaurante decidindo se quer pedir uma salada verde ou um *cheeseburger* nadando em gordura, grupos distintos de neurônios do córtex cerebral organizam as suas opções. Um grupo promove a salada enquanto o outro promove o *cheeseburger*. Você está tomando uma decisão.

Ao mesmo tempo, cada grupo neuronal envia sinais químicos para anular a atividade do outro. Esse fenômeno, conhecido como "inibição cruzada", está começando a ser estudado pelos pesquisadores do cérebro. Todo mundo já conhece a noção básica: nos esportes, os fãs torcem pelo próprio time e vaiam o outro. Em qualquer conflito armado, os soldados são informados de que Deus está ao seu lado, mas não ao lado do inimigo. A lógica do "nós contra eles" provavelmente tem profundas conexões cerebrais. No que se refere a dúvidas espirituais, a ideia de um Pai amoroso é submetida à inibição cruzada junto com a ideia de um Pai punitivo. Cada uma dessas ideias tem o próprio fundamento lógico e uma neutraliza a outra. Um pai amoroso deveria amar igualmente todos os filhos, mas todos os povos favorecidos por Deus sofreram sem uma causa justa. O comportamento de Deus é tão errático quanto o nosso, de modo que qualquer razão para adorar um tipo de Deus é inibida por uma versão conflitante. Sete versões conflitantes, na verdade.

Se o Deus 1.0 é uma projeção, será que isso quer dizer que Deus não existe? Pensar assim não seria pôr mais um prego no caixão de Deus? Não necessariamente. O fato de Richard Dawkins e companhia rejeitarem Deus não significa que a perspectiva deles é completa ou verdadeira. Peça a qualquer adolescente para descrever os pais e é certo que você obterá uma descrição, no mínimo, duvidosa. Um adolescente tem uma visão confusa, nebulosa, dos pais. Confunde a necessidade de amor, segurança e proteção de uma criança com a necessidade de independência, autossuficiência e individualidade de um adulto. Quando os dois modelos se encontram, promovem a inibição cruzada um do outro. Ninguém acreditaria completamente nas críticas que um adolescente faz dos pais, muito menos aboliria a instituição da família com base nessas críticas. Da mesma forma, com a nossa visão confusa de Deus, acabamos não sendo testemunhas confiáveis da verdadeira natureza do divino, e as nossas dúvidas não significam que Deus deveria ser abolido.

Uma nova versão, Deus 2.0

Toda era cria um Deus que só é adequado por um tempo (apesar de esse tempo às vezes poder ser medido em séculos). A nossa presente era tem demandas espirituais mínimas: queremos uma divindade que podemos ignorar livremente.

Como, então, deveríamos recriar Deus? Estou falando de Deus no mundo ocidental. Outras variedades de Deus não estão prontas para ser renovadas. O islamismo fundamentalista representa uma ação reacionária que tenta desesperadamente preservar o Deus 1.0, insistindo na versão mais primitiva, um Deus que protege os fiéis da aniquilação. Um Deus como esse não tem como deixar de ser uma questão de vida ou morte. Também não me refiro ao Deus do Oriente, que possui uma longa tradição de ver Deus como uma Unidade. É o Deus 1.0 na sétima etapa, uma presença que imbui toda a criação. Essa divindade não fica em um local fixo, mas sim nas origens da nossa consciência, que só podem ser encontradas ao final de uma viagem interior. Deus, o eu superior, é a revelação final. Incontáveis pessoas na Ásia são ensinadas a acreditar no eu superior. Na Índia ele é chamado de Atman, mas essas pessoas não chegam a empreender a viagem interior. Como acontece no Ocidente, a maioria das pessoas do Oriente vive como se Deus fosse opcional, um mero ornamento de seu patrimônio cultural que faz pouca ou nenhuma diferença na vida prática.

Para ter um futuro, Deus deve cumprir as promessas feitas em seu nome ao longo da História. Em vez de ser uma projeção, o Deus 2.0 é o contrário. Ele é a realidade a partir da qual a existência surge. À medida que você avança em sua jornada interior, a vida cotidiana se imbui de qualidades divinas como amor, perdão e compaixão. Você vivencia essas qualidades como uma realidade. O Deus 2.0 é muito mais que isso. Ele é a interface entre você e a consciência infinita. Na nossa presente era, vivenciar Deus é algo raro, quase nunca mencionado, porque o nosso foco está no mundo externo e em metas materiais. Quando você dá início ao processo de encontrar Deus, o mundo interior se revela. Vivenciar Deus passa a ser a norma, nada espetacular como algum tipo de milagre, mas no sentido muito mais profundo de uma transformação.

Deus 2.0

FAZENDO A CONEXÃO

Primeira conexão: o despertar da vivência de Deus

Você fica centrado. A mente se acalma e passa a ser mais autoconsciente. A inquietação e a insatisfação diminuem. Você tem momentos de júbilo e paz interior que se tornam cada vez mais frequentes. Encontra menos resistência em sua vida. Sente que tem um lugar importante no contexto mais geral das coisas. A vida fica mais fácil. Você sente menos estresse, menos dificuldade e menos pressão.

Uma conexão mais profunda: a vivência transformadora de Deus

A consciência superior passa a ser uma realidade. Você passa a dar valor a simplesmente ser. Seus desejos se concretizam com muito menos esforço do que antes. Você tem relances de *insight* e entende as razões da sua existência e o seu propósito no universo. Você não se deixa mais levar por distrações externas. Sente-se emocionalmente conectado aos entes queridos. A ansiedade e as dificuldades diminuem bastante. Sua vida é permeada de um senso de justiça.

Conexão total: seu verdadeiro eu é Deus

Você se funde com sua origem. Deus revela-se como consciência pura, a essência de quem você é. Com o tempo, essa essência se irradia por toda a criação. Você sente a luz da vida dentro de si. Tudo é perdoado; tudo é amado. Seu ego individual se expande para se transformar no ego cósmico. À medida que sua iluminação se aprofunda, você vivencia um segundo nascimento. A partir desse ponto, sua evolução virá na forma de uma jornada pelo transcendente.

Na realidade você já está completamente conectado com Deus, já que estamos falando da origem da existência. Mas há diferentes estados de consciência, e a realidade muda dependendo do estado em que nos encontramos. Se a sua consciência está voltada para fora, focada no mundo material com seus precários altos e baixos, você não perceberá qualquer Deus. O mundo exterior lhe bastará. Se, em vez disso, você for além das aparências externas, focando-se em valores mais elevados, como o amor e o entendimento, a sua fé em Deus lhe dará segurança e tranquilidade. Mas é só quando você transforma a própria consciência que Deus se revelará claro, real e valioso. Até então, o divino tem uma realidade nebulosa e chega a ser quase inútil. Os céticos têm razão de questionar esse tipo de Deus. No entanto, eles estão equivocados por não enxergarem um Deus melhor.

Em resumo, o Deus 2.0 é um processo. Um verbo e não um substantivo. Uma vez que você dá início ao processo, este se desenrola naturalmente. Você saberá que está no caminho certo porque cada passo irá trazer *insights*, clareza e experiências expandidas que validam a realidade da consciência superior.

Na presença da consciência, Deus surge. Você saberá disso com a mesma certeza com que sabe que tem pensamentos, sentimentos e sensações. Você pensará "Isto é Deus" com a mesma facilidade com que pensa "Isto é uma rosa". A presença de Deus será tão palpável quanto o bater do seu coração.

OS TRÊS ESTADOS DE CONSCIÊNCIA

Vejamos o que está por vir. Precisamos atribuir o mesmo peso aos três estados nos quais as pessoas se encontram atualmente, já que tanto a descrença quanto a fé e o conhecimento têm o seu propósito. São degraus que vão do "Sem Deus", passando pelo "Talvez Deus", até chegar ao "Deus em mim".

Descrença: Neste estágio, a pessoa é orientada pela razão e pela dúvida. Parece sensato se posicionar no grupo dos "Sem Deus". Chega-se a esse posicionamento questionando todas as contradições de Deus e os mitos que cercam a religião. A ciência desempenha seu papel, não provando nem refutando Deus, mas nos mostrando como fazer perguntas céticas. A descrença não é uma mera negação: há também o ateísmo positivo, do tipo que se concentra em Deus como uma possibilidade, mas se recusa a aceitar as tradições, os dogmas ou a fé sem provas. Essa linha de descrença leva à clareza mental. Força-nos a crescer e agir como adultos, espiritualmente falando, e nos opõe à força da inércia que leva muitos a aceitar às cegas as lições dominicais de catecismo.

Imagine que o seu cérebro tem vias neurais dedicadas à descrença. Essas vias processam o mundo que você percebe através dos seus cinco sentidos. Elas se baseiam em objetos que podem ver e tocar. E desconfiam de tudo o que é místico. As rochas são sólidas, as facas são afiadas, mas Deus é intangível. Boa parte de você está conectada a essa área cerebral, que se estende por diversas regiões do cérebro. Os impulsos primitivos de fome, medo, raiva, sexo e autodefesa o lançam ao mundo físico, aqui e agora. A vida passa a satisfazer os desejos no momento presente, sem adiar a gratificação para quando você chegar ao céu. Ao mesmo tempo, a descrença incorpora a função cerebral superior da razão e do discernimento, bem como todo o projeto (que não tem uma localização fixa no cérebro) de desenvolvimento de um ego forte, um "eu" que nunca passa muito tempo satisfeito. Todo esse processamento neural atua contra a realidade de Deus. Não adianta fingir. A vida é um capataz rigoroso e Deus foi incapaz de mudar esse fato.

Fé: Mesmo com a vida moderna deteriorando todas as religiões organizadas, as pessoas ainda se identificam com a fé. Em pesquisas, 75% dos americanos se identificam com alguma religião organizada, mesmo tendo as suas dúvidas. Para os céticos, agarrar-se à fé parece coisa de crianças e fracos. Na pior das hipóteses, é uma defesa primitiva que protege os incapazes de lidar com a realidade. No entanto, para o processo de restaurar Deus, a fé é fundamental. A fé nos dá um objetivo e uma visão. A fé nos informa do nosso destino bem antes de chegarmos lá. (Gosto da metáfora de que a fé é como sentir o cheiro do mar antes de vê-lo.)

A fé pode ser negativa. Todos nós sabemos dos perigos do fanatismo fundamentado na fé. É assustadoramente fácil passar de crente na promessa de recompensas celestiais a homem-bomba. E a fé cobra seu preço não só dos fanáticos. O "bom" católico e o "bom" judeu se orgulham de não pensar por conta própria. A fé sustenta um impulso profundamente conservador e, a bem da verdade, todos nós desejamos a segurança e o senso de pertencimento proporcionados pelas tradições a seus fiéis.

A fé abre as próprias redes neurais no cérebro. Uma parte importante dessa atividade ocorre no sistema límbico, a sede das emoções. A fé está ligada ao amor da família e à devoção aos pais na infância. A memória evoca a saudade de um tempo e de um lugar melhor, e a fé sugere que é possível voltar a esse tempo e lugar. No entanto, o cérebro superior também é envolvido no processo. No decorrer da história das religiões, os fiéis sempre foram perseguidos. Dar a outra face em vez de vingar-se requer que o cérebro superior se atenha a valores evoluídos, como compaixão, perdão e desapego. Todos nós já sentimos a batalha interior entre o perdão e a retaliação, um exemplo clássico de inibição cruzada em ação no cérebro.

Conhecimento: O único jeito de acabar com o conflito interno é atingir um estado de certeza. O caminho leva de "Eu tenho fé na existência de Deus" a "Eu sei que Deus existe". Você pode incitar o ceticismo em crianças pequenas (até existe um *site* dedicado a mostrar às crianças como "escapar" de Deus) do mesmo modo como pode ludibriar os fiéis e convencê-los a seguir um falso messias. O conhecimento é diferente quando vem de dentro. Você sabe que você existe; você sabe que é consciente. O Deus 2.0 só precisa de uma base e nada mais. A expansão da consciência leva naturalmente ao verdadeiro conhecimento espiritual.

Deus não é como o cometa Halley: não dá para esperar que ele apareça no céu. Deus também não pode ser encontrado exclusivamente pela lógica e pelo raciocínio. Felizmente, não precisamos disso. Começamos procurando e a nossa busca avança naturalmente a partir daí. Deus não é como os dinossauros. Basta um fóssil de *Tyrannosaurus rex* para provar que os dinossauros andaram pelo planeta no passado. Conhecer a Deus consiste em muitas experiências acumuladas ao longo da vida, uma epifania em câmera lenta, por assim dizer. Você sem dúvida experimentará picos temporários, revelações surpreendentes e momentos nos quais a verdade irá parecer incrivelmente clara. Alguns poucos seletos podem cegar-se com a luz de Deus na estrada para Damasco. Para eles, Deus se revela em um lampejo.

Mas o cérebro conta uma história diferente. Um funcionamento cerebral saudável depende de vias neurais confiáveis que funcionam do mesmo jeito toda vez. Se você aprendeu a tocar piano ou jogar futebol, a habilidade passou a ser confiável porque você abriu vias neurais específicas. Você terá as suas habilidades reforçadas ou enfraquecidas por cada experiência que tiver. Mesmo sem você perceber, o seu cérebro está sempre abrindo novos caminhos e contornando ou até destruindo outros. No nível microscópico, onde os neurônios se encontram, Deus precisa dos próprios caminhos.

Numa epifania em câmera lenta, você treina o seu cérebro a se adaptar às experiências espirituais. Segundo uma noção popular, qualquer pessoa pode dominar uma habilidade se dedicar 10 mil horas a ela: tocar violino, fazer truques de mágica, desenvolver uma supermemória ou qualquer outro objetivo. Essa teoria tem a sua validade, porque alterar velhos caminhos e abrir novos caminhos requer tempo e repetição. Deus 2.0 é mais que um projeto de reconfiguração do cérebro, mas, a menos que o seu cérebro seja remodelado, será impossível vivenciar Deus. De acordo com um ditado da tradição indiana védica: "Não é um conhecimento que se aprende. É um conhecimento no qual você se transforma". Visto pelas lentes da neurociência, isso é literalmente verdade.

O processo de Deus incorpora a pessoa como um todo. Convido você a descrer de tudo o que já ouviu falar sobre Deus e, ao mesmo tempo, convido-o a manter a fé. Se Deus é Um, tudo deve ser incluído, até o ceticismo mais radical. A realidade não é frágil. Mesmo se você duvidar de uma rosa, ela não murchará e morrerá. O único pré-requisito é aceitar a possibilidade de que o Deus 2.0 pode ser real.

Um dia perguntaram a um famoso guru: "Como devo ser seu discípulo? Devo adorá-lo? Devo aceitar cada palavra como uma verdade?". O guru respondeu: "Nada disso. Basta abrir a sua mente à possibilidade de que o que eu digo pode ser verdade". Suprimir qualquer potencial interior, inclusive o potencial de encontrar Deus, aborta o processo. A semente morre antes de brotar. Abrir a mente é como abrir as cortinas de uma janela. A luz entra por conta própria.

***

Acho que já ficou claro que não estamos falando de um momento do tipo "Jesus voltará". A autotransformação é mais parecida com o desenvolvimento infantil. Quando você tinha 4 anos de idade e brincava com bonecas ou carrinhos e assistia à *Vila Sésamo*, o seu cérebro ainda estava se desenvolvendo. Com o tempo, você largou os brinquedos e começou a ler livros. Nunca houve um ponto de encruzilhada, um momento único no qual você teve de escolher ficar ou não com 4, 5, 6 ou 7 anos de idade. Você só foi você mesmo, enquanto uma evolução em um nível invisível exercia sua força.

O processo de autotransformação também funciona assim. Você continua sendo você mesmo, enquanto mudanças invisíveis ocorrem no fundo de seu ser. Você é como um exército. Alguns aspectos da sua personalidade atuam como batedores, explorando o caminho adiante, enquanto outros aspectos ficam para trás, acampados. A sensação de percorrer o caminho espiritual é como flutuar adiante um dia e arrastar-se ou até recuar no dia seguinte. Descrença, fé e conhecimento, todos esses aspectos exercem sua influência.

Mais cedo ou mais tarde, contudo, se você se mantiver autoconsciente e monitorar o processo, o progresso será inevitável. Os dias nos quais você se sentirá seguro e protegido ficarão cada vez mais frequentes e os dias nos quais você se sentirá sozinho e perdido se tornarão cada vez menos frequentes. Os momentos de júbilo aumentarão. Sentir-se seguro em sua essência passará a ser seu normal. O ego é como um holograma, no qual qualquer pequeno detalhe pode se destacar do todo. O processo que nos leva a vivenciar Deus embaralha o velho holograma, lasca por lasca. Ao final do processo, uma nova totalidade será revelada a você. Essa totalidade é Deus.

O CAMINHO PARA DEUS

Etapa 1: Descrença

Dawkins e seus delírios

A descrença não é o inimigo natural da fé. Na verdade, nos tempos modernos, a descrença é um ponto de partida razoável. Mas não é um bom lugar para terminar a trajetória. Os mais virulentos protestos contra Deus podem ser usados para limpar a mente de crenças falsas, abrindo o caminho para uma fé mais robusta. Nesse sentido, Richard Dawkins, um inimigo declarado de Deus, torna-se um aliado tácito de Deus.

Quando *Deus, um delírio* foi publicado em 2006 e entrou na lista dos mais vendidos, Dawkins deu ao ateísmo militante sua postura polêmica. Ele não apenas rejeita Deus como também expressa seu desprezo pela espiritualidade como um todo. Ele zomba das nossas aspirações a nos conectar com uma realidade mais elevada, fundamentando seus argumentos nas bases mais simplistas: não existe nada mais que o mundo físico. Ele retrata a religião como um estado delirante, sem qualquer base na realidade.

Não há como negar o poder da argumentação de *Deus, um delírio* ao acusar a religião em suas formas mais fanáticas. Em certo ponto, Dawkins recorre à pacífica canção de John Lennon "Imagine" e manipula a letra para defender sua ideia.

> Imagine, com John Lennon, um mundo sem religião. Imagine um mundo sem terroristas suicidas, sem os ataques de 11 de Setembro, sem os atentados ao metrô de Londres, sem Cruzadas, sem caça às bruxas,

> sem a Conspiração da Pólvora, sem a Partição da Índia, sem conflitos entre israelenses e palestinos, sem massacres de sérvios, croatas, muçulmanos, sem a perseguição dos judeus como "assassinos de Cristo", sem conflitos sectários na Irlanda do Norte, sem "crimes de honra", sem televangelistas batendo a carteira dos crédulos ("Deus quer que você doe até doer").

À medida que os terríveis exemplos se acumulam, a confiança de Dawkins cresce. Ele não oferece esperança nem simpatia. Ele só está expressando seu desprezo. "Imagine um mundo sem o Talibã para destruir estátuas antigas, sem decapitações públicas de blasfemadores, sem a flagelação da pele de mulheres pelo crime de revelar um centímetro de seu corpo."

Seria de se pensar que, expostos a essa longa lista de horrores, os fiéis correriam para aderir à causa dos ateus, mas não é o que acontece. O declínio da religião organizada nos Estados Unidos, bem como na Europa ocidental, teve início nos anos 1950 e não perdeu força. As catástrofes do século XX esvaziaram as igrejas e templos numa velocidade constante. As massas, contudo, não se congregaram em torno da descrença ao estilo de Dawkins, que não acredita em Deus e sente a necessidade de atacar qualquer pessoa que se diz fiel. Por que as pessoas abandonaram a religião sem abandonar Deus? Essa é uma questão importante à qual Dawkins permanece cego.

Vamos voltar a 1966, quando a revista *Time* publicou uma reportagem de capa levantando a pergunta: "Será que Deus está morto?". Uma brecha se abriu e com isso as pessoas ousaram fazer a pergunta até então impensável; nas quatro décadas que se seguiram, a lacuna só aumentou. O que Dawkins fez foi jogar uma bomba na fenda. (A *Time* lhe deu a capa em 2007 pela iniciativa.) Ele chamou o Deus do Antigo Testamento de um "modelo pavoroso", usando termos absolutamente claros:

> [Jeová é] o personagem mais desagradável de toda a ficção: ciumento e se orgulhando disso; um maníaco por controle, mesquinho e injusto; um abusador vingativo, eugenista sedento de sangue; machista, homofóbico, racista, infanticida, genocida, filicida, pestilento, megalomaníaco, sadomasoquista e caprichosamente malévolo.

Um mundo sem Deus, Dawkins afirmou, seria melhor em todos os sentidos.

Passando para o Novo Testamento, Dawkins escreveu: "As evidências históricas de que Jesus reivindicou qualquer tipo de condição divina são mínimas". Se tais evidências chegassem a surgir, indicariam que Jesus poderia ter sido um louco ou, na melhor das hipóteses, só um "equivocado". A única razão plausível para explicar o apelo da religião, segundo Dawkins, é que os nossos antepassados ouviam contos de fadas e, como "crianças ingênuas", acreditavam neles como se fossem verdade. Até dá para entender o cérebro primitivo ser ludibriado, mas nós precisamos crescer. Se Dawkins pode nos convencer de uma vez por todas de que Deus é uma relíquia inútil da era da superstição, o Espírito Santo não teria qualquer chance de sobreviver (mesmo sendo um "espírito").

Dawkins se orgulha de ser o ateu absoluto, capaz de proezas como a que envolveu a visita do papa Bento XVI ao Reino Unido, em 2010. Aquela fora a primeira visita oficial de um pontífice à Grã-Bretanha. Foi considerada polêmica por uma série de razões, inclusive o posicionamento da Igreja sobre contracepção e o escândalo envolvendo o sacerdócio em casos de abuso sexual. Já a participação de Dawkins numa manifestação em protesto contra o papa foi muito mais radical. As acusações foram absolutamente exaltadas e temerárias. Antes disso, ele tinha apoiado a ideia de emitir um mandado de prisão contra o papa, por "crimes contra a humanidade". No protesto, Dawkins fez um discurso lembrando a associação de Bento XVI com a Juventude Hitlerista nos anos 1930, sem mencionar que todos os jovens alemães foram obrigados a isso na época – na verdade, o pai do papa chegara a se manifestar contra Hitler. Dawkins acusou a Igreja de apoiar o nazismo, apontou que Hitler foi um católico-romano (o ditador nasceu numa família católica, mas deixou de praticar a fé após a infância) e repetiu a denúncia de que o papa era "um inimigo da humanidade".

O anticatolicismo nessa estirpe virulenta – o editor de um respeitado jornal católico caracterizou o ataque como "lunático" – jamais foi aceitável na sociedade civilizada. Isso promove a discórdia e o preconceito religioso. Dawkins já era uma celebridade devido à publicação de *Deus, um delírio*, e seu prestígio acadêmico mascarava atitudes que seriam consideradas vergonhosas caso ele fosse um cidadão comum – o que teria sido sua desgraça. Ele se apropriou indevidamente da autoridade conferida por seu *status* de professor e biólogo da Universidade de Oxford. Em seu próprio campo de atuação, as obras anteriores de Dawkins sobre a evolução e a genética fizeram dele possivelmente o popularizador da ciência mais respeitado de sua geração – seu título oficial de Oxford não se refere a nenhum campo ou especialização científica específica nem tem qualquer relação com a área de pesquisa; ele é um professor da cátedra Simonyi para Compreensão Pública da Ciência. Sua decisão de promover a incompreensão pública de Deus foi uma decisão perversa.

De acordo com o autor, *Deus, um delírio* é voltado a um público específico: todos os céticos que permanecem na religião dos pais, mas não acreditam mais nela e se incomodam com as maldades cometidas em nome de Deus. Uma multidão de pessoas quer escapar da religião, ele escreve, "sem perceber que tem a opção de sair". Com efeito, o lema de *Deus, um delírio* é "Eu não sabia que podia". Dawkins acredita que está promovendo o progresso do espírito humano e se apresenta como um combatente em prol da liberdade. Como ele declara na primeiríssima página: "Ninguém precisa se desculpar por ser ateu. Pelo contrário, é algo para se orgulhar, encarando o horizonte distante de cabeça erguida".

Deus, um delírio recebeu algumas críticas mordazes pelas táticas extremistas às quais o autor recorre. A religião é muito mais que os atos terríveis cometidos por fanáticos, mas não na argumentação de Dawkins, quando afirma explicitamente que a religião moderada deveria ser condenada em pé de igualdade com o fundamentalismo mais intolerante. (Um capítulo chega a ser intitulado "Como a 'moderação' na fé alimenta o fanatismo".) O ateísmo militante sem dúvida equivale ao absolutismo. Uma vez rotulado de "extremamente nocivo", o ato de crer em Deus faz com que um santo seja tão culpado quanto Osama bin Laden.

As multidões de céticos à espera de serem libertados pela mensagem de *Deus, um delírio* são inexistentes. Elas são o delírio de Dawkins.

Não é difícil identificar as falhas, os erros e as táticas evasivas de Dawkins. No entanto, acredito que muitos leitores deram um salvo-conduto a *Deus, um delírio*. Dawkins proclama defender a racionalidade contra a irracionalidade e enaltece a sociedade secular como sendo superior à sociedade religiosa. Eu, contudo, suspeito que a maior razão seja de ordem psicológica. Dawkins tranquiliza os céticos preocupados afirmando que eles não precisam se sentir culpados, confusos, perdidos ou solitários. Eles estão à beira de um novo mundo, melhor e mais esclarecido que qualquer coisa que a espiritualidade pode ter a oferecer. Ele oferece o ateísmo como uma fonte de consolo e tranquilização – e pode até ser para alguns leitores.

No entanto, se a possibilidade de Deus é tão retrógrada que qualquer mente racional deveria rejeitá-la, por que Einstein dedicou tanto tempo na tentativa de encaixar Deus no novo universo que foi o primeiro a explorar? Vale a pena responder essa pergunta, considerando que o contraste gritante entre o racional e o irracional domina todas as páginas de *Deus, um delírio*. Se a maior mente do século XX não aceitava que a ciência é o inimigo da religião, talvez os argumentos de Dawkins deixem a desejar. Qual guia para o futuro merece a nossa confiança, afinal?

A espiritualidade de Einstein

Einstein não era um fiel convencional, mas era compassivo o suficiente para perceber que a perda da fé pode ser algo devastador, ainda mais se Deus for um elemento central em sua vida. A história de Einstein começa alinhada à de muitos céticos do século XX. Na juventude, ele rejeitou a religião e o próprio judaísmo por razões de lógica, incapaz de aceitar a verdade literal dos eventos narrados no Antigo Testamento. A criação em sete dias, Deus falando a Moisés por meio de uma sarça-ardente, Jacó lutando com o anjo... A mentalidade lógica de muitos judeus da virada do século não lhes permitia abraçar o mundo milagroso do judaísmo antigo. (Já mais velho, Einstein afirmou: "A ideia de um Deus pessoal me é estranha e chega a parecer ingênua".) Einstein transcendeu a fé ortodoxa enquanto, pessoalmente, ainda se engalfinhava com sua condição de judeu. Ele poderia ter seguido o caminho fácil de um Dawkins, usando a ciência como uma arma para combater os vestígios da fé. *Deus, um delírio* inclui uma breve seção sobre Einstein, acolhendo-o como um "cientista ateu". Einstein estava longe de ser um místico. Dawkins, contudo, desconsidera uma jornada pessoal que chegou a ter o mesmo direcionamento que a espiritualidade até os dias de hoje.

Einstein se interessava pela essência da religião, que ele considerava absolutamente autêntica e sincera. Um caso curioso se destaca na biografia escrita por Walter Isaacson. Num jantar em Berlim, em 1929, que contava com a presença de Einstein, a conversa se voltou à astrologia, que os convidados descartaram como uma mera superstição inverossímil. Quando alguém sugeriu que Deus se encaixava na mesma categoria, o anfitrião tentou silenciá-lo, lembrando que até Einstein acreditava em Deus. "Impossível!", o convidado exclamou. Em resposta, Einstein explicou uma de suas razões mais sutis e mais firmes para acreditar:

> Tente desvendar, com os nossos recursos limitados, os segredos da natureza e verá que, por trás de todas as leis e conexões discerníveis, permanece algo sutil, intangível e inexplicável. A veneração por essa força que transcende qualquer coisa que somos capazes de compreender é a minha religião. Nessa medida, posso dizer que sou um religioso.

Esse comentário é repleto de possibilidades. Reforça a ideia de que a busca moderna por Deus não deveria envolver a velha imagem de um patriarca sentado no trono. Não era isso que Einstein buscava. Ele estava à procura de Deus por trás da cortina das aparências materiais. O mais importante nesse argumento é a *sutileza*. Como todos os cientistas, Einstein explorou o mundo material, mas notou uma área de existência mais sutil. Observe que ele não afirmou que sua crença religiosa se baseava na fé. Era uma questão de percepção e de descoberta pela mente.

Einstein ousou ao tentar descobrir se uma única realidade abrange tanto o impulso de acreditar em uma realidade superior quanto o impulso de explicar a natureza em termos de leis e processos que atuam de forma independente do espírito. Tempo, espaço e gravidade não precisam de Deus, mas sem Deus o universo nos parece aleatório e sem sentido. Einstein expressou essa dicotomia em sua célebre frase: "A ciência sem a religião é manca. A religião sem a ciência é cega".

Outra de suas frases famosas retoma a questão da mente:

> A inclinação religiosa se encontra na tênue consciência que reside no homem de que toda a natureza, incluindo os seres humanos que nela habitam, de modo algum é um jogo casual, mas uma obra de leis e normas, de que existe uma causa fundamental para toda a existência.

A ênfase é na ordem da natureza. Einstein não podia acreditar que a beleza intrincada que nos cerca é acidental. Ele dedicou a vida a combater o universo aleatório explicado pela mecânica quântica. Sem entender direito o que ele quis dizer, o público se pôs ao lado de Einstein quando ele afirmou que Deus não joga dados com o universo.

Para mim, contudo, o que se destaca na passagem citada é quando ele diz: "toda a natureza, incluindo os seres humanos que nela habitam". Cientistas menores, inclusive céticos conhecidos, como Dawkins, cometem o erro de acreditar que o homem pode ficar de fora da natureza e observar seu funcionamento como se fossem crianças com o rosto pressionado contra a vitrine de uma loja de doces. Eles presumem uma objetividade do tipo que a física quântica aboliu completamente quase cem anos atrás. O observador exerce um papel ativo no objeto observado. Vivemos em um universo participativo.

Além de um argumento puramente científico, Einstein estava ciente da ambiguidade da condição humana. A nossa "tênue consciência" de algo além do universo observável nos coloca numa posição peculiar. Em que deveríamos confiar, na consciência ou em fatos objetivos? A própria ciência nasceu na "tênue consciência", se pararmos para pensar a respeito. Em vez de aceitar o mundo da visão, da audição, do tato, do paladar e do olfato, a mente científica transcende as aparências. Ela pensa: "Leis invisíveis podem estar em atuação aqui. A criação de Deus pode seguir essas leis. Deus pode até querer que seus filhos as descubram para reverenciar a Criação".

Não devemos esquecer que Copérnico, Kepler e Galileu tiveram de travar uma batalha pessoal na era da fé. Eles foram ao mesmo tempo homens de sua era e pioneiros de uma nova era. Na época, a religião definia o modo como as pessoas deviam participar do universo. A primeira regra era que Deus transcende o mundo visível. Só foi possível mudar isso e afirmar que a matemática transcende o mundo visível depois de uma batalha interior porque, uma vez que a matemática é elevada, as leis da natureza que operam de acordo com a matemática também são elevadas. É entrar num terreno perigoso. De repente pensamentos antes inimagináveis entram na sua cabeça. Talvez Deus esteja sujeito às mesmas leis. Ele não tem como anular a gravidade, por exemplo. Ou será que Deus só está brincando de ser impotente? Se decidiu permitir uma operação mecânica de sua Criação, como se fosse governada pela precisão matemática, ele poderia muito bem destruir o mecanismo todo, se quisesse.

A busca de Einstein fez incursões nesse mesmo mundo nebuloso. Ele não tinha como explicar o que havia além do tempo e do espaço – levou a matemática do tempo e do espaço até onde pôde –, mas não cometeu o erro crasso de rejeitar sua "tênue consciência" da realidade superior como sendo retrocesso à superstição. Esse tipo de ambiguidade frustrou muitas pessoas na época. Dawkins está certo em apontar em *Deus, um delírio* que tanto fiéis quanto ateus gostam de escolher o que mais lhes agrada nas declarações contraditórias de Einstein sobre Deus. Todo mundo quer respostas definitivas do maior pensador do mundo.

Um conceituado rabino enviou um telegrama exasperado a Einstein: "Você acredita em Deus? Resposta paga. Cinquenta palavras". Einstein respondeu: "Acredito no Deus de Spinoza, que se revela na harmonia ordenada de tudo o que existe, mas não em um Deus que se ocupa do destino e das ações da humanidade". Influenciado pelo filósofo e livre-pensador holandês Spinoza, ele ficou fascinado com a possibilidade de a matéria e a mente formarem uma única realidade e de Deus ser a inteligência suprema que permeia essa realidade. Ele enalteceu Spinoza como sendo "o primeiro filósofo a se ocupar da alma e do corpo como uma coisa só e não como duas coisas separadas".

Lá pela meia-idade, Einstein rejeitou um Deus pessoal, posicionando-se fora dos limites da tradição judaico-cristã. Mas não completamente: em uma entrevista, perguntaram a Einstein, então com 50 anos, se ele foi influenciado pelo cristianismo, ao que ele respondeu: "Sou judeu, mas sou fascinado pela personalidade luminosa do Nazareno". Claramente surpreso, o entrevistador perguntou se Einstein acreditava que Jesus de fato existiu. "Sem dúvida. Ninguém pode ler os Evangelhos sem sentir a presença real de Jesus. Sua personalidade pulsa em cada palavra. Nenhum mito é imbuído de tanta vida".

Mesmo assim, Einstein pessoalmente avançava na direção de uma espiritualidade muito mais secular que esse comentário sugere. A espiritualidade secular vislumbra sem preconceitos a totalidade da existência. Deus e a razão podem coexistir sem conflito. Como? O vínculo está no nível da mente. O objetivo final de Einstein, segundo ele, era desvendar a mente de Deus. Mas, para isso, a mente humana deve ser desvendada antes. Afinal, a nossa mente é o filtro através do qual percebemos a realidade e, se esse filtro for distorcido e incompreendido, não temos como desvendar a mente de Deus. Ou pensamos como ele ou ele pensa como nós. Se nenhuma dessas opções for verdadeira, não pode haver qualquer conexão.

Einstein supera Dawkins em todos os sentidos como um guia para a religião e para a ciência. Sem qualquer sinal de arrogância, Einstein escreveu: "O que me separa da maioria dos que se autodenominam ateus é um sentimento de absoluta humildade no que se refere aos segredos inacessíveis da harmonia do cosmos". (*Deus, um delírio* não menciona a jornada espiritual de Einstein, o que não destoa da relação pouco rigorosa de Dawkins com a verdade.) Para mim, o aspecto mais inspirador é o fascínio de Einstein por um nível de criação que quase podemos alcançar. É aquele lugar invisível onde nasce o deslumbramento. Em seu credo de 1930, intitulado "No que acredito", encontramos a seguinte frase: "Perceber que por trás de qualquer coisa que pode ser vivenciada há algo que a nossa mente não tem como compreender, cuja beleza e sublimidade nos toca apenas indiretamente, isso é religiosidade". Declarações como essas abrem o caminho para uma visão ampla e tolerante da busca espiritual. Nesse sentido, Einstein suplanta a rigidez dos céticos cientificistas dos dias de hoje, que descartam o Deus pessoal, mas deixam uma esterilidade vazia no lugar.

Uma resposta ao ateísmo militante

Richard Dawkins, em sua defesa do ateísmo como uma forma de progresso, recebeu o apoio de outras personalidades de destaque. Elas incluem três escritores que frequentam a lista dos mais vendidos: o filósofo Daniel Dennett, o finado polemista Christopher Hitchens e o para-raios anticristão, ex-estudante de budismo e neurocientista Sam Harris. Os livros que eles escrevem são provocações deliberadas, e fico intrigado ao ver como os argumentos deles contra Deus são rasos. Eles distorcem a espiritualidade sem pensar duas vezes e se valem de táticas desleais sem qualquer escrúpulo. Hitchens, por exemplo, rejeita os testemunhos espirituais sem ao menos lhes dar a palavra.

> Qualquer argumento intelectual decente deve começar excluindo pessoas que alegam saber mais do que seria possível saber. Você já começa dizendo: "Bom, para início de conversa, isso aí está errado. Então vamos prosseguir a partir daí". Dessa forma, o teísmo é descartado já na primeira rodada. Simplesmente fica fora do jogo.

Eu, pessoalmente, não consigo pensar numa fórmula melhor para a desonestidade intelectual. Os porta-vozes do ateísmo militante não confrontam a própria miopia, mas se deleitam com ela. É o que todos os ideólogos fazem, o que os leva a sair por aí às cegas fazendo declarações equivocadas. Veja algumas amostras retiradas de conversas gravadas:

> Harris: "Todos os religiosos tendem a criticar as crenças alheias, do mesmo modo como nós, ateus. Eles rejeitam os pseudomilagres... eles percebem como a fé alheia abusa da confiança de seus fiéis".
>
> Hitchens: Os religiosos "gostam da ideia de que [Deus] não pode ser demonstrado, porque, caso contrário, não teriam um objeto para direcionar a fé. Se todo mundo tivesse visto a Ressurreição e todo mundo soubesse que foi salvo por isso, viveríamos num sistema inalterável de crença, que teria de ser policiado".
>
> Harris: "Se a Bíblia não for um livro mágico, o cristianismo se dissipa. Se o Alcorão não for um livro mágico, o islamismo se dissipa. Será que alguém conseguiria encontrar nesses livros... uma única frase que poderia ter sido proferida por alguém que não considerava um carrinho de mão como uma nova tecnologia?

Os preconceitos abundam, mas, na presente era de ceticismo, o ateísmo militante tem recebido uma boa dose de respeito intelectual. Dennett, que argumenta que somos todos "zumbis" seguindo mecanicamente os ditames do cérebro, é muito elogiado por derrubar noções desgastadas como a alma e o "*self* pessoal". O livro provocativo de Hitchens, *deus não é grande* (ele escolheu grafar *Deus* em letras minúsculas, tanto na capa quanto no texto), foi um finalista do prestigiado prêmio estadunidense National Book Award.

Em 2011, nos últimos dias de vida sucumbindo ao câncer de esôfago – o lastimável resultado de uma vida inteira bebendo e fumando inveteradamente –, Hitchens escreveu uma carta aberta para uma convenção anual de ateus nos Estados Unidos. Sua mensagem foi comovente em sua resistência a qualquer espécie de conversão no leito de morte. Vejamos alguns trechos.

> Percebi, à medida que o inimigo [a morte] torna-se cada vez mais conhecido, que qualquer súplica visando à salvação, redenção e libertação sobrenatural me parece ainda mais vazia... do que antes.

> Acho mais interessante reservar a minha confiança a duas coisas: a capacidade e os princípios da ciência médica avançada e a camaradagem de inúmeros amigos e familiares, todos imunes aos falsos consolos da religião.
>
> São essas forças, entre outras, que acelerarão o dia em que a humanidade se emancipará dos grilhões, forjados pela mente, do servilismo e da superstição.

Os termos que Hitchens usa em sua carta para condenar uma visão de mundo antiga e desacreditada já são bem conhecidos na retórica do ateísmo militante: "superstição", "falso consolo", "grilhões do servilismo forjados pela mente", "pseudociência emburrecedora" e a "bajulação" da religião organizada. Contra essas forças hostis, ele recorre às forças do bem, que estão ao seu lado: decência, ceticismo, "nossa solidariedade inata", coragem, "a autêntica resistência a tolices insidiosas" e por aí vai.

A retórica, por si só, não passa de retórica e poucos levam a sério a sugestão de que os ateus são modelos de decência e moralidade, enquanto todos os fiéis são submissos e supersticiosos. A natureza humana não pode ser categorizada com tanta facilidade. No nível emocional, o que mais me incomoda é o comportamento abusivo que busca espezinhar os primeiros brotos da espiritualidade pessoal. Pela minha experiência, os que abandonam a segurança das fés tradicionais normalmente se sentem inseguros. Seu anseio espiritual é vago e pouco formado. Essas pessoas não têm como se proteger dos argumentos dos ateus militantes. Dawkins, Hitchens, Harris e Dennett são escritores e pensadores profissionais que dominam a arte da persuasão. Eles não têm escrúpulos em se valer de argumentos desonestos só para ganhar uma discussão ou por puro desdém aos adversários. Em um piscar de olhos, Dawkins e seus asseclas associam qualquer pessoa que ouse pronunciar a palavra "Deus" ao mais afrontoso fundamentalismo religioso. O ateísmo também tem seus vários matizes. Vale repetir que, de acordo com o levantamento da Pew conduzido em 2008, 21% dos norte-americanos que se autodenominam ateus acreditam em Deus ou em um espírito universal. O mesmo levantamento revelou que 12% dos ateus acreditam no céu e 10% oram pelo menos uma vez por semana.

E o que dizer da alegação de que todos nós apreciaríamos mais a vida se abandonássemos a noção afrontosa da existência de Deus? O escritor de origem irlandesa e estadunidense T. C. Boyle desmascarou esse argumento em uma pesarosa observação em uma entrevista ao *New York Times*. Ao falar sobre a morte – os romances de Boyle tocam muito na questão da morte –, seu comentário revelador atinge o cerne da desilusão.

> Nas gerações anteriores, as pessoas tinham um senso de propósito; todo mundo morreria um dia, mas havia um Deus, e a literatura e a cultura prosseguiriam. Hoje em dia, é claro, Deus deixou de existir e a nossa espécie está prestes a ser condenada, de modo que não temos mais um senso de propósito. Nós acordamos de manhã, constituímos família, temos uma conta bancária, vamos ao dentista e tudo mais. Mas no fim das contas não temos absolutamente qualquer propósito, além de estarmos vivos.

Para muitos, esse tipo de desilusão parece bastante concreto, mas ninguém consideraria isso um estado de espírito feliz. Vamos deixar de fora a maculada palavra *Deus*, com todas as suas conotações negativas, e substituí-la pelo que as pessoas buscam no caminho espiritual, como *paz interior*, *realização espiritual*, *alma*, *consciência superior*, *transcendente*. Eliminar essas ideias da face da Terra não é a solução para uma vida mais feliz. É mais como uma prévia do inferno na Terra. A felicidade que supostamente resulta do abandono das nossas aspirações espirituais é vazia.

Não é difícil ver isso. Mas é difícil combater essa ideia, porque o ateísmo militante faz o diagnóstico certo e ao mesmo tempo oferece o remédio errado. O remédio certo é a renovação espiritual. Somos essencialmente seres espirituais. O nosso lugar na criação não é definido pela nossa inteligência – embora nos orgulhemos dela –, mas sim pelo desejo de atingir um estado mais elevado. O ateísmo militante gostaria de esmagar esse aspecto tão precioso. Ele gostaria de trocar a tragédia de um Deus fracassado pela tragédia de não ter uma alma. A ciência e os dados que os ateus militantes coletam não contêm qualquer deslumbramento, admiração ou mistério. A alegria da existência só é real dentro de nós. Da mesma forma como adicionamos o deslumbramento, também podemos excluí-lo.

***

Christopher Hitchens morreu de câncer dez dias antes do Natal de 2011. Tinha 62 anos. A coragem existencial que ele demonstrou no "longo embate que estou travando com o espectro da morte" é respeitável e tocante. É igualmente respeitável dedicar a vida a buscar um caminho espiritual e, ironicamente, os dois caminhos convergem. A espiritualidade também é existencial. A espiritualidade nos pergunta quem somos, por que estamos aqui e quais são os valores mais elevados a serem almejados.

O erro do ateu é monopolizar o centro moral das atenções, declarando que a verdade pertence apenas aos céticos. A verdade é um processo de descoberta, e alguém que desdenha o processo precisa acordar antes de afirmar que o outro está dormindo. Nos levantamentos, as pessoas são quase unânimes ao expressar sua crença em Deus. No entanto, a semente da descrença continua lá. Para dar início ao processo de renovação de Deus, todos nós precisamos olhar a nossa própria descrença no espelho. Pode parecer uma perspectiva assustadora ou desanimadora. Não é. Ao remover as ilusões, resta-nos a verdade, e a verdade suprema é Deus.

O ornitorrinco

É difícil comprovar a existência de Deus, mas também é difícil comprovar uma das criações mais extravagantes da natureza: o ornitorrinco. Se o ornitorrinco não existisse, ninguém acreditaria muito numa criatura tão improvável. Ele tem membranas entre os dedos das patas e um bico parecido com o bico de um pato. O macho pode dar uma picada venenosa com um esporão nas patas traseiras. A fêmea não dá à luz como os outros mamíferos, mas põe ovos como peixes, répteis ou aves. Digamos que um matemático seja convocado para calcular a improbabilidade de uma criatura como essa. Munido de um número suficiente de variáveis confiáveis, ele calcularia uma probabilidade estatística, que seria extremamente baixa. Um mamífero reptiliano parecido com um peixe vai contra todas as probabilidades. E eis que, para a nossa grande surpresa, contra tudo e contra todos, o ornitorrinco sai da toca à beira de um córrego australiano. (Eles são tímidos, criaturas noturnas.)

Receba com cautela os argumentos baseados em probabilidades. Na juventude, Einstein trabalhou como atendente no Escritório de Patentes da Suíça. Quais são as chances de um atendente daquele mesmo escritório hoje acabar se revelando o próximo Einstein? É absurdo elaborar uma pergunta nesses termos (é como perguntar quais são as chances de um surdo se tornar o próximo Beethoven). Mesmo se você tiver chances plausíveis (dez zilhões para um), o próximo Einstein não vai ser encontrado usando a probabilidade. Do mesmo modo, ao tomar um ônibus, você não perde tempo calculando a probabilidade de o ônibus levá-lo aonde você quer ir. Você simplesmente consulta o itinerário para descobrir. Muitas perguntas erradas levam a respostas erradas.

Em *Deus, um delírio*, Dawkins fundamenta toda a refutação da existência de Deus no argumento da improbabilidade. É um exemplo clássico de uma pergunta errada. Esse argumento pode ser encontrado no capítulo intitulado "Por que quase com certeza Deus não existe", no qual o autor apresenta uma pretensa objetividade. Numa escala de 1 a 7, na qual 1 é a certeza de que Deus existe e 7 é a certeza de que ele não existe, Dawkins se coloca no 6: "Não tenho como saber com certeza, mas acredito que a existência de Deus é bastante improvável e vivo com base na premissa de que ele não existe".

Por que a existência de Deus deveria ser reduzida a um cálculo de probabilidades, como se fosse uma corrida de cavalos? Você não precisa recorrer a um estatístico ao deparar com um ornitorrinco, e o mesmo se aplicou a Deus no decorrer de três mil anos. As pessoas tiveram muitas experiências diretas com Deus ao longo da história. Escrevendo uma geração após a Crucificação, São Paulo declarou que mais de quinhentos convertidos viram a ressurreição de Cristo. Maomé subiu a uma caverna acima de Meca, onde encontrou paz e tranquilidade, só para ser confrontado com o anjo Gabriel, que lhe ordenou: "Recita!". E Maomé imediatamente se pôs a recitar os versos do Corão. A história religiosa está repleta de epifanias, revelações, visões, milagres e maravilhas. No caso de um fenômeno tão universal quanto a espiritualidade, a experiência direta tem a sua importância. Um cético tem o direito de desconsiderar algo tão genérico quanto uma pesquisa de opinião. Saber que algo entre 80% e 90% dos estadunidenses acreditam em Deus não prova muita coisa a menos que você entreviste cada respondente e investigue as razões dessa crença.

Deus (ao contrário do ornitorrinco) pode ser invisível, mas a música também é. Nós não duvidamos da nossa experiência pessoal com a música, mas o que diria um cético surdo? Como você provaria a esse cético a existência da música? Você poderia levá-lo a uma sala de concertos onde as pessoas estão congregadas para ouvir música. Se mesmo assim ele não se convencesse, você teria muitas outras opções: conservatórios musicais, fábricas onde instrumentos musicais são feitos e por aí vai. Mais cedo ou mais tarde, mesmo se o cético surdo fosse incapaz de validar a existência concreta da música, a ampla experiência dos outros acabaria sendo convincente – a não ser que ele estivesse absolutamente decidido a não se deixar convencer.

Dawkins está absolutamente decidido a não reconhecer a existência de Deus, de modo que a experiência direta dos outros não faz qualquer diferença para ele. Os outros não passam de pessoas iludidas e ludibriadas. *Deus, um delírio* inclui um detalhado índice remissivo. No entanto, alguns nomes não foram incluídos: Buda, Lao-tsé, Zaratustra, Sócrates, Platão, São Francisco de Assis e os evangelistas Mateus, Marcos, Lucas e João. Dawkins rejeita toda a experiência espiritual do passado com um mero dar de ombros. Ele também deixa de mencionar Confúcio, e a única referência que ele faz ao confucionismo é associada ao budismo porque, para Dawkins, os dois na verdade não possuem uma natureza espiritual: "Não me ocuparei com outras religiões como o budismo e o confucionismo. Na verdade, o fato de elas serem tratadas não como religiões mas como sistemas éticos ou filosofias de vida já é bastante revelador".

Muitas gerações de sacerdotes budistas e lamas tibetanos se surpreenderão com a novidade. Dawkins é o tipo de escritor que gostaria que o leitor aceitasse que o judaísmo foi "originalmente um culto tribal a um Deus único, feroz e desagradável, que tinha uma obsessão mórbida por restrições sexuais, pelo cheiro de carne queimada" e assim por diante. Ele nem pensa na possibilidade de esses insultos exagerados poderem prejudicar sua própria credibilidade como um cientista objetivo.

Um grande corpo de pesquisas científicas procura verificar as experiências espirituais e paranormais. *Deus, um delírio* não se detém muito nos resultados imparciais dessas pesquisas e simplesmente não pondera objetivamente os prós e contras no que diz respeito às controvérsias sobre reencarnação, experiências de quase morte e eficácia das orações. Na década de 1960, por exemplo, no Departamento de Psicologia da Universidade de Virgínia, o psiquiatra Ian Stevenson iniciou um estudo de longo prazo para investigar crianças que parecem se lembrar de suas vidas passadas. Em geral esse tipo de coisa acontece entre os 2 e 7 anos de idade e desaparece rapidamente após essa idade. Com base em mais de quatro décadas de pesquisas, mais de 2.500 estudos de caso foram compilados. As crianças se lembram de onde moraram, de amigos e parentes e dos detalhes da morte nas vidas passadas. Várias crianças do Japão e dos Estados Unidos se lembraram de ter morrido em combate na Segunda Guerra Mundial. Em um caso, um menino se animou ao ver um cinejornal mostrando aviões de combate sobrevoando o Pacífico e, quando um dos aviões desceu, ele apontou para a tela e disse: "Aquele era eu". A família foi atrás dos sobreviventes daquela batalha específica e eles descreveram em detalhes o piloto que o menino achava que tinha sido. Ele acertou todos os detalhes e até alguns nomes.

Devido às minhas origens indianas, eu não me espanto com esse tipo de evento, que muitos indianos conhecem e no qual acreditam. Crianças que diziam se lembrar de ter morado em uma determinada vila eram levadas para essa vila e muitas vezes tinham memórias confirmadas de ruas, casas e pessoas. Stevenson se pôs a investigar esses relatos e a equipe de investigação que dá prosseguimento a seu trabalho já coletou centenas de exemplos comprovados no mundo todo. Os exemplos mais impressionantes envolvem crianças que nasceram com marcas duplicando feridas que levaram à sua morte na vida passada, como uma bala no peito.

Um estudo independente que analisou os dados coletados pelas pesquisas de Stevenson concluiu que, "no que diz respeito à reencarnação, ele coletou, meticulosa e objetivamente, uma série detalhada de casos... nos quais é difícil explicar as evidências com base em qualquer outra hipótese". Esse fascinante objeto de estudo está aberto ao escrutínio científico para ser examinado por qualquer pessoa. O mesmo pode ser dito de todos os fenômenos que céticos como Dawkins ridicularizam em vez de investigar. No mínimo, as experiências que não entendemos merecem ser analisadas cientificamente, ainda mais se somos cientistas. Dawkins considera esse tipo de pesquisa fraudulenta por definição, de modo que se limita a citar um único estudo ambíguo, evitando as montanhas de pesquisas objetivas.

Dawkins dedica algumas páginas aos cientistas que acreditam em Deus. Ele já começa expressando a sua indiferença por Copérnico, Kepler, Galileu e Newton porque o prestígio desses cientistas contribui pouco para "um argumento que já começa ruim". Mas Darwin, o ídolo de Dawkins, teria recomendado mais cautela. Na juventude, Darwin foi um religioso, no sentido convencional. Em sua autobiografia, ele escreve: "A bordo do *Beagle*, eu costumava ser bastante ortodoxo e recordo de ter sido objeto de boas gargalhadas por parte dos oficiais (embora eles também fossem ortodoxos) por citar a Bíblia como uma autoridade incontestável em determinada questão moral". Sua dúvida surgiu com uma questão convencional que muitos outros vitorianos tinham dificuldade de entender: como o Deus único pode tolerar a existência de muitos deuses, como Shiva e Vishnu? Teria ele mensagens distintas para os hindus e os cristãos? Darwin encontrou muitas razões para duvidar da verdade literal dos Evangelhos e, depois de muita reflexão, ele diz: "Aos poucos foi crescendo em mim a descrença no cristianismo como uma revelação divina".

Mas não foi com base na evolução que Darwin abandonou a religião bíblica, um fato que pode ser um tanto quanto incômodo se você se fundamenta na evolução como um dos pilares do seu posicionamento ateísta. Darwin só ponderou sobre a questão de um Deus pessoal mais para o fim de sua vida, quando ele de fato usou a seleção natural para refutar os argumentos em defesa de um criador benigno e amoroso. É notável como Darwin foi reservado ao escrever sobre sua incredulidade. Ele se compara a um cego para a cor vermelha em um mundo no qual todas as pessoas conseguem ver o vermelho. Desse modo, ele entende que "o argumento mais comum para explicar a existência de um Deus inteligente se baseia na profunda convicção interior e em sentimentos que a maioria das pessoas é capaz de experimentar". Na juventude, ele tendia a pensar da mesma maneira. Durante a viagem no *Beagle*, ele escreveu em seu diário que ficou tão impressionado com a selva brasileira que se convenceu de que só a existência de Deus poderia explicar aquilo. Mas, com o passar dos anos, foi deixando de confiar nesses sentimentos: "Não me convenço de que tais convicções e sentimentos interiores possam de alguma forma ser utilizados como evidências do que realmente existe".

Sem dúvida, ele já estava preparando o terreno para a ciência moderna, que se vale apenas de evidências objetivas. No entanto, Darwin estava longe de ser um crítico efusivo de Deus. Depois de falar sobre a possibilidade da imortalidade e de outros atributos de Deus, ele diz: "Não posso ter a pretensão de lançar ao menos um pequeno raio de luz sobre tais problemas obscuros. Não temos como solucionar o mistério da origem de todas as coisas e eu, de minha parte, devo me contentar em permanecer um agnóstico". O jeito que Dawkins encontrou para se livrar desse fato inconveniente é dizer que, no século XIX, a pressão para acreditar era tão intensa que os incrédulos relutavam em expressar o que realmente pensavam. Ele cita Bertrand Russell, um ateu famoso entre os filósofos, que, ao discorrer sobre como esse tipo de pressão inibia os cientistas até no século XX, disse: "Eles ocultam o fato em público porque temem perder sua fonte de renda".

Contra essa conjectura, que parece fraca até para Dawkins, ele desconsidera que um cientista pode acreditar em Deus porque, como afirma o geneticista Francis Collins, a ciência é boa em explicar o mundo natural, mas não o sobrenatural. Segundo Collins, um cristão fiel, "os dois mundos, para mim, são muito reais e muito importantes.

Eles são investigados de maneiras diferentes. Eles coexistem. Eles iluminam um ao outro".

Faz diferença se grandes cientistas acreditam ou não em Deus? Copérnico, Newton e os outros não conduziram experimentos para verificar a existência de uma divindade. Eles também não se baseavam na experiência pessoal direta (embora as biografias deles revelem algumas experiências como essas, que pessoas de todo tipo têm). Não faria muita diferença conduzir um levantamento com os grandes cientistas para investigar o que eles pensam sobre a arte, já que os dois campos são completamente distintos.

Considerando que a obra *A origem das espécies* foi tão utilizada para combater a Bíblia e a fé cristã como um todo, por que Darwin evitou o ateísmo? Um jovem admirador mandou uma carta perguntando a Darwin sobre suas crenças religiosas e recebeu uma resposta ponderada. Foi um verdadeiro exercício de expressão de princípios elevados em cima do muro. Darwin escreveu:

> É impossível responder sua pergunta em poucas palavras e não estou certo de que eu seria capaz, mesmo se me alongasse na resposta. Posso dizer, no entanto, que a impossibilidade de conceber, com o nosso "eu" consciente, este grande e maravilhoso universo como uma obra do acaso, me parece ser o principal argumento a favor da existência de Deus.

Isso nos leva de volta às possibilidades e às probabilidades. Na era da fé, as pessoas contemplavam os intrincados padrões da natureza e imediatamente viam a mão de um criador. A ascensão da ciência questionou percepções intuitivas como essas. Todos os aspectos da natureza passaram a requerer dados de algum tipo. A matemática suplantou a "religião natural", como era chamada. Vejamos qual desses dois lados as probabilidades de fato favorecem. O que é mais provável, a existência ou a inexistência de Deus?

Será que Deus é o 747 supremo?

Uma resposta famosa foi proposta para essa pergunta. Em 1982, o astrofísico britânico *Sir* Fred Hoyle deu uma palestra no rádio e mencionou, de passagem, que "um colega meu descobriu que uma célula de levedura e uma aeronave 777 têm o mesmo número de partes, o mesmo nível de complexidade". A explicação científica atual para como todas as partes complexas de uma célula de levedura se reuniram é a aleatoriedade. Hoyle tentou calcular a probabilidade de o mero acaso ter "montado" uma célula viva. As chances eram minúsculas. O que sobreviveu foi uma analogia impressionante que não depende de ele ter acertado nos cálculos (o modelo do avião mudou, mas o argumento continua o mesmo): "A probabilidade de formas superiores de vida poderem ter surgido dessa forma [isto é, aleatoriamente] é comparável à probabilidade de um tornado passando por um ferro-velho montar um Boeing 747 com as peças contidas no ferro-velho".

A analogia foi brilhante porque qualquer pessoa pode entender... e acreditar nela. Um Boeing 747 tem mais ou menos seis milhões de peças e é preciso inteligência, projeto e planejamento para montá-las e criar uma aeronave. Hoyle não foi um criacionista e não acreditava em Deus. Seu objetivo era mostrar que estruturas extremamente complexas não podem ser explicadas pelo acaso.

É fácil estender a analogia do ferro-velho e do Boeing 747 para reforçá-la ainda mais. Reforçá-la mil vezes, na verdade: o DNA humano tem seis *bilhões*, e não seis milhões, de nucleotídeos (as "letras") no código genético. Eles são dispostos com precisão e delicadeza. Sérias deficiências, como deformidades de nascença e problemas genéticos podem resultar de uma imperfeição na disposição de apenas alguns genes. Isso sugere a presença de um *Design* Inteligente, apesar de os termos *inteligente* e *design* terem se transformado em chavões do criacionismo. O criacionismo ganhou muito destaque na mídia com cristãos fundamentalistas que revestiam a história bíblica da criação com uma ciência vacilante. O resultado foi macular o conceito de inteligência na natureza, um efeito negativo que perdurará ainda por um bom tempo.

Dawkins se aproveita disso voltando-se, capítulo após capítulo, contra os fundamentalistas religiosos. Segundo ele, se você sugerir que a natureza parece ser o fruto de alguma espécie de *design*, está no mesmo barco furado que alguém que acredita na verdade literal do Livro de Gênesis. Dawkins participa de debates com teólogos e sai ileso (segundo ele), porque seus adversários, confusos e munidos de menos poder de fogo intelectual, são forçados a recorrer a argumentos embolorados de que Deus tem um lugar especial na natureza, um lugar fora do alcance da ciência. Na prática, diz ele, os teólogos colocam Deus numa zona segura e o isentam do raciocínio científico. Se não estivesse escondido nessa zona segura, Deus não sobreviveria ao escrutínio que aplicamos a amebas, elétrons e ossos de dinossauros.

A analogia do ferro-velho e do Boeing 747 é convincente demais para ser ignorada, e *Deus, um delírio* deve enfrentá-la diretamente. Como Dawkins escreve: "O principal argumento é o da improbabilidade". Ele seleciona um panfleto religioso publicado pela Watchtower Bible and Tract Society – o braço editorial dos Testemunhas de Jeová – que defende o criacionismo. O panfleto menciona exemplos de formas de vida complexas que sugerem a interferência de um Deus criador. Um dos exemplos é o *Euplectella*, uma esponja de águas profundas chamada de esponja-de-vidro. (É um presente tradicional na Ásia como um símbolo do amor romântico, porque dentro de cada esponja vive um macho e uma fêmea de camarão, protegidos no ninho. Quando se acasalam, a prole sai nadando pelo oceano em busca do próprio ninho em outra *Euplectella*.) O esqueleto da esponja é formado por milhões de fibras de vidro tão intricadamente entrelaçadas que seu *design* chamou a atenção de fabricantes de fibra óptica. A esponja converte ácido silícico, encontrado na água do mar, em sílica, a base química do vidro. O panfleto da Watchtower afirma que a ciência não tem como explicar as origens de tamanha complexidade: "Mas sabemos de uma coisa. O acaso provavelmente não é o criador".

Dawkins tenta surpreender o leitor concordando com essa premissa. Ele afirma que a aleatoriedade de fato não explica bem o esqueleto de vidro da esponja. Ninguém acreditaria que tamanho requinte poderia ter surgido por acaso. Dawkins tenta nos pegar de surpresa com essa suposta reviravolta, considerando que ele costuma recorrer muito aos argumentos da aleatoriedade e da probabilidade. Mas ele refuta a analogia do ferro-velho e do Boeing 747 voltando-a contra si mesma. O problema, diz ele, é que Fred Hoyle, apesar de todo o seu brilhantismo, equivocou-se completamente em sua interpretação da evolução. O segredo da teoria da seleção natural, a base de sua genialidade, é que ela não precisa do acaso. Os seres vivos competem de maneira egoísta. Eles agem deliberadamente. As plantas querem luz e água. Os animais querem comida e um parceiro para se acasalar. Assim que a videira evolui e consegue subir, se enroscando, ao topo de uma árvore na floresta, ela recebe a luz que tanto deseja. Um chita que desenvolve, pela evolução, articulações soltas nos ombros consegue correr cada vez mais rápido e por mais tempo e superar outros grandes felinos na caça às gazelas. Passo a passo, todo ser vivo conquista seu direito de sobreviver e os passos estão longe de ser aleatórios.

Então, por que, Dawkins pergunta, a nossa mente insiste em procurar um Deus criador do mundo físico? Porque supomos, segundo ele equivocadamente, que algumas coisas são tão belas e complexas que só podem ser frutos de um *design*. Pense, por exemplo, na intrincada hélice da concha de um *nautilus*, na mesma hélice espiral no centro de uma rosa, nas fitas duplas de DNA e na disposição das sementes de um girassol. Os nossos olhos nos dizem que só um criador poderia ter concebido tamanha beleza e complexidade.

Bem, sim e não. É natural associar uma máquina feita pelo homem, como um relógio de bolso, a um criador, diz Dawkins. Os relógios não se montam sozinhos. Mas não é assim que a natureza funciona. As galáxias, os planetas, o DNA e o cérebro humano se montaram sozinhos. Como? Darwin explicou como a vida surgiu na Terra. A complexidade se desenvolve com base em uma sequência de pequenos passos. Você pode se impressionar ao ver um enorme mosaico romano, mas, ao olhar de perto, vê que ele é todo feito de minúsculas lascas de pedra colorida. Uma lasca não impressiona ninguém. O darwinismo explica que os minúsculos passos da evolução não têm nada de improvável; eles são os elementos básicos de tudo o que há de complexo no mundo natural. A escolha entre Deus e o acaso é uma escolha ilusória, Dawkins escreve. A verdadeira escolha é entre Deus e a seleção natural.

Se você quiser algo realmente improvável – a ponto de desprezar completamente sua existência –, basta pensar em Deus. Dawkins chama Deus de "a suprema artimanha do Boeing 747". Um Deus capaz de criar todas as formas de vida de um só golpe, como declara o Livro de Gênesis, teria de ser mais complexo que sua criação, mais complexo que o DNA, que os *quarks*, que bilhões de galáxias e tudo o mais que surgiu ao longo de 13,7 bilhões de anos desde o Big Bang.

É *extremamente* improvável que um ser como esse esteja escondido por trás da cortina da natureza. Qualquer um pode dar uma espiada no registro fóssil e constatar por conta própria o processo lento e inexorável da evolução. Segundo Dawkins, Hoyle acabou se desviando do assunto quando levantou a questão da aleatoriedade. A resposta certa é que um Deus criador vai contra *quaisquer* probabilidades. Dawkins menciona seu colega ateu Daniel Dennett, da Universidade Tufts, que por ser um filósofo é apresentado como um pensador profundo nesse tipo de questão. Em uma entrevista de 2005 para um jornalista alemão, Dennett aborda "a ideia de que é preciso algo grande, inteligente e sofisticado para criar algo menor". De acordo com Dennett, um ingênuo pode achar que essa noção é intuitivamente correta. "Você nunca vai ver um sapato fazendo um sapateiro. Nunca verá uma ferradura fazendo um ferreiro. Nunca verá um pote fazendo um oleiro".

Dennett chama isso de "teoria do efeito cascata" para explicar a criação. Deus é um ferreiro fazendo ferraduras em uma escala cósmica. Dennett, que Dawkins apresenta como um "filósofo cientificamente esclarecido", dá credibilidade ao argumento da improbabilidade. Os dois concordam que um ferreiro ou relojoeiro cósmico é complexo demais para ser provável. A ciência, diante de uma escolha, prefere a explicação mais simples. A explicação da aleatoriedade é muito forçada, de modo que deixa de ser adequada. Um Deus infinitamente complexo não é uma boa explicação. Resta a evolução. Caso encerrado.

Talvez sim ou talvez não

Na vida real, pouquíssimas pessoas acreditam em Deus por terem adentrado no território nebuloso da teoria da probabilidade. Vamos nos deter um pouco nesse problema espinhoso. Você acredita na analogia do Boeing 747? Eu acredito. Na sua forma mais afrontosa, *Deus, um delírio* transforma Deus em uma caricatura simplista. É absurdo perguntar se Jeová criou ou não o DNA. Devemos descartar o argumento distorcido de Dawkins de um Deus pessoal que criou o universo. Não passa de uma variação de considerar Deus como um ser humano, só que muito mais esperto. Muitas pessoas, como vimos, só conseguem pensar em Deus em termos de uma imagem humana. Quando alguém vira as costas para a religião organizada, é esse o Deus que está sendo rejeitado.

Dawkins dedica quase quatro centenas de páginas para demolir Deus sem parar para pensar que um pai no céu pode não ser a única maneira de pensar sobre o divino. Assim que você retruca: "Não é bem esse Deus que eu tinha em mente", o argumento distorcido do Deus Pai passa a ser irrelevante. A religião organizada viu-se encurralada por recusar-se a encontrar uma alternativa viável para o Deus Pai, mas essas alternativas estão por aí. No século V, Santo Agostinho já rejeitava a interpretação literal da Bíblia. A crença moderna se distanciou muito da visão literal, mas Dawkins prefere olhar para o outro lado.

Uma possibilidade é que Deus *se tornou* a criação. (Einstein sugeriu algo parecido na sua famosa frase sobre querer conhecer a mente de Deus, embora ele não tenha dito explicitamente que Deus se incluía nas leis que regem o tempo e o espaço.) Em outras palavras, Deus não é uma pessoa, mas a totalidade da natureza. Sendo a origem da existência, ele é o ponto de partida do nosso "eu". Deus não é o nosso pai; ele não é um relojoeiro montando peças para fazer um relógio (uma imagem concebida no século XVIII para explicar como um único criador inteligente monta todas as engrenagens do cosmos). Ele não tem sentimentos nem desejos. Ele é o próprio ser. Tudo existe porque ele existiu antes. Um Deus como esse não precisa ser intrincado.

Conceber um Deus que deve ser mais complexo que o universo inteiro não passa de uma enganação. Os teólogos medievais argumentavam que Deus tinha de ser mais complexo que sua criação. O discurso de Dawkins e Dennett é mais adequado às salas de aula da Universidade de Paris lá pelo ano 1300. No século XVIII, a analogia do relojoeiro se popularizou devido a um movimento conhecido como deísmo, ao qual Thomas Jefferson pertencia, que tentava reconciliar a fé e a razão. Os deístas aceitavam que Deus não está presente no mundo, e a lógica lhes dizia que os milagres não podem existir porque contrariam as leis da natureza. Como adorar uma divindade ausente e que não faz milagres? Em um deus racional que criou o universo, colocou-o em movimento e se afastou? Para os deístas, Deus é como um relojoeiro que construiu uma máquina, deu corda nela e a deixou funcionando por conta própria.

Dawkins deturpa essa ideia exigindo que o Deus relojoeiro seja mais complexo que o universo. Nem todo mundo aceitaria essa exigência, e com razão. Quando aperta um botão para ligar uma lâmpada, você está executando uma intenção simples. O fato de o cérebro conter cem bilhões de neurônios e talvez um quatrilhão de conexões sinápticas é irrelevante. Ninguém precisa analisar todos esses neurônios e conexões para calcular a probabilidade de eles resultarem no movimento da sua mão. É sua intenção que a move; a complexidade do cérebro atua para concretizar um ato simples. A complexidade não é um obstáculo à formação de pensamentos, palavras e ações que constituem a condição humana. O cérebro é complexo demais para ser desvendado por uma pessoa, mas todos nós o usamos todos os dias.

Deus na verdade poderia ser a coisa mais simples de todas. Ele é uma unidade. A diversidade se desdobra a partir dessa unidade, e a diversidade – o universo em expansão, bilhões de galáxias, o DNA humano – é complexa a ponto de nos desconcertar e confundir. Porém sua origem não precisa ter essa diversidade toda. Picasso originou dezenas de milhares de obras de arte, mas ele não precisou imaginar todas de uma só vez em sua mente. Da mesma forma como a seleção natural, Deus pode produzir o mundo natural aos poucos, a menos que você insista, como Dawkins, que a interpretação literal do Livro de Gênesis é a única história da criação na qual os religiosos acreditam. A alternativa que acabei de expor, a de que Deus tornou-se a criação, também tem uma longa tradição.

O próximo argumento de Dawkins é decisivo: *designs* complexos não requerem um criador. Em uma frase triunfante de *Deus, um delírio*, o autor explica por que a seleção natural é a única teoria viável para a evolução da vida: "Uma vez formado o ingrediente vital – alguma espécie de molécula genética –, a verdadeira seleção natural darwiniana pode se seguir, e a vida complexa surge em decorrência".

A maioria dos não cientistas deixaria de detectar o engodo desse argumento. A analogia do ferro-velho e do Boeing 747 não é refutada pelo que aconteceu *depois* que a vida já surgiu. E como o DNA foi formado, para início de conversa? O DNA é uma substância química, mas é preciso recorrer à física para explicar sua estrutura. Para a física, a sequência de eventos que foi do Big Bang ao DNA é uma cadeia única. As mesmas leis da natureza devem estar em ação. Não pode haver rupturas na cadeia ou o DNA não teria surgido.

Bastariam alguns poucos elos a menos, bilhões de anos atrás, para toda a empreitada cair por terra – por exemplo, se a água não tivesse surgido da combinação de oxigênio com hidrogênio. No início, o cosmos estava repleto de hidrogênio e oxigênio livre, como acontece hoje. O DNA não teria como existir sem a água, e a água deve ter sido abundante durante centenas de milhões de anos. Considerando que 99,9999% do oxigênio e do hidrogênio do universo não se transformam em água – e pode acrescentar, a esse número, quantas casas decimais desejar –, o fato de a água ter surgido na Terra não é uma questão de minúsculas etapas prováveis. Muito pelo contrário. Argumentos em defesa da ideia de que só existe vida na Terra continuam fortes e não precisam ser argumentos baseados em um Deus bíblico.

Deus, um delírio ofendeu alguns cientistas na mesma medida em que ofendeu os criacionistas. Esses cientistas observaram, em críticas hostis, que a ciência se vale de dados e que Dawkins não apresenta dado algum. Ele não conduziu nenhum experimento nem fez cálculo para sustentar suas ideias ateístas. A crítica científica mais severa, contudo, é que *Deus, um delírio* não apresenta hipótese que *possa* ser testada. O autor se alia a conclusões predeterminadas e não tem tempo para quaisquer argumentos fora aqueles que o conduzem ao destino desejado.

Um eminente biólogo, H. Allen Orr, cita a afirmação de Dawkins de que "devemos culpar a própria religião, e não o *extremismo religioso* – como se isso fosse uma terrível perversão da religião verdadeira, decente". Orr observa sem qualquer simpatia: "Como você pode ter notado, ao falar sobre a religião, Dawkins acaba se revelando um instrumento obtuso, com dificuldade de distinguir os unitários de fanáticos que incendeiam clínicas de aborto". Dawkins tenta derrubar o Deus bíblico, mas, para garantir uma luta injusta, só se volta à versão mais simplista do Deus da Bíblia.

Se você se propõe a explorar o universo escolhendo os dados que quer e ignorando todo o resto, acaba perdendo grande parte da riqueza e da beleza da vida. Deus não é uma ficção sobrenatural bizarra, como Dawkins afirma. Ele é a origem do nosso mundo interior, onde também nascem a arte, a música, a imaginação, as ideias visionárias, o amor, o altruísmo, a filosofia, a moral e os laços humanos. Este mundo tem as próprias verdades. Podemos atingi-las quando as vivenciamos. Só um alienígena de outro planeta tentaria provar a existência do amor ponderando as probabilidades. Só alguém que nunca viu um ornitorrinco recorreria a estatísticas para provar que tal criatura jamais poderia existir. O mesmo vale para a abordagem de Dawkins para Deus.

O CAMINHO PARA DEUS

Etapa 2: Fé

Transcendendo o ponto zero

"Tornei-me a Morte, a Destruidora de mundos." Muitas pessoas que nunca chegaram a ler o *Bhagavad Gita* estremecem ao reconhecer essa citação. Ela foi proferida por J. Robert Oppenheimer, diretor do Projeto Manhattan, quando a primeira bomba atômica foi detonada no deserto do Novo México. Ele poderia muito bem ter dito: "Eu sou o Homem, o Destruidor de Deus". A data, 16 de julho de 1945, marca o ponto zero da fé. Um Deus protetor e amoroso perdeu toda a credibilidade diante da fúria desenfreada da destruição atômica. Muito poucas pessoas, fora os fiéis mais fervorosos, acharam que Deus faria – ou poderia fazer – qualquer coisa para impedir a nossa trajetória na direção da autoaniquilação.

Transcender o ponto zero, o ponto mais baixo da fé, requer foco e empenho. A fé deve ser reconstruída a partir do zero. A inércia simplesmente deixaria a fé escapulir e uma das maiores potências da existência humana ficaria esquecida. O que faz o poder da fé ser tão notável é o fato de ela se opor a tudo o que achamos que sabemos sobre a evolução com base na sobrevivência. A sobrevivência é a necessidade suprema de todos os seres vivos. No entanto, os seres humanos reagem a diversas necessidades que se misturam em uma massa confusa e nebulosa. Em alguns casos, buscamos comida, abrigo e a proteção da família. Em outros, já temos essas coisas garantidas e elas ficam em segundo plano. O que torna a fé tão extraordinária é que, às vezes, ansiamos por coisas invisíveis tão intangíveis que não conseguimos colocar em palavras.

(Você saberia dizer a diferença entre "Ele tem um bom coração" e "Ele tem uma boa alma"?) Porém, as questões da fé às vezes suplantam todas as outras necessidades da nossa vida, até a sobrevivência.

No mesmo ano em que a bomba atômica mudou o mundo, os Aliados libertaram os sobreviventes dos campos de concentração nos quais a Solução Final havia sido executada. Cenas de sofrimento indescritível foram reveladas bem como histórias de presos que se ofereceram para morrer no lugar dos outros.

Um dos exemplos mais inspiradores foi de um frade franciscano polonês chamado Maximiliano Kolbe, que morreu em Auschwitz em 1941. Ele foi preso pela Gestapo por abrigar judeus no mosteiro que fundara em Niepokalanów, um centro de publicação de materiais da religião católica na Polônia. Fotografias dele mostram um homem resoluto com óculos de aro preto e cabelo cortado rente. Kolbe foi adepto fervoroso da fé e missionário no Japão. Naquele país, construiu uma missão em uma montanha perto de Nagasaki. Anos mais tarde, quando a bomba atômica destruiu a maior parte da cidade, a missão permaneceu intacta. Os devotos de Kolbe insinuaram que isso devia ter sido o resultado de uma inspiração divina, que o levou a escolher construir a missão no lado da montanha em que o prédio ficaria protegido da explosão.

Pouco depois de ele ter sido levado a Auschwitz, em maio de 1941, alguns prisioneiros tinham conseguido escapar e as autoridades decidiram se vingar. Eles escolheram dez presos que seriam mantidos em celas subterrâneas até morrerem de fome. Quando um dos escolhidos gritou angustiado, Kolbe se ofereceu para ficar no lugar dele. Kolbe passou as duas semanas seguintes orando e cantando com os outros condenados, sempre enfrentando seus algozes com determinação. Os outros nove morreram, mas Kolbe sobreviveu. Ele foi executado sumariamente com uma injeção de ácido carbólico. Seu corpo foi cremado nos fornos de Auschwitz, que se tornaram um sinônimo dos piores crimes contra a humanidade.

A morte do padre Kolbe sempre me emocionou, apesar de estar enredada no destino complexo da fé moderna e nos ensinamentos católicos sobre os mártires que morrem por Deus. Seu caminho para a santidade se abriu com rapidez. Em 1950, duas curas milagrosas lhe foram atribuídas. Ele foi beatificado em 1971 e canonizado em 1982 pelo papa João Paulo II, um compatriota polonês que também sofreu nas mãos dos nazistas. Li relatos de que São Maximiliano, como ele agora é conhecido, emitia uma luz quando orava e que os judeus de Auschwitz enfiavam nas tábuas dos alojamentos, antes de encarar a própria morte, bilhetinhos declarando sua fé no sobrenatural.

Esse resumo da história desse extraordinário fiel traz à tona todos os paradoxos da fé. Um homem que demonstrou uma enorme fé não contou com a proteção de Deus, que o deixou morrer. Foi a sua vida, e não a sua morte, que se tornou a maior prova de agradecimento que Kolbe poderia dar a Deus. Será que nós deveríamos ter fé nesse tipo de divindade? Costuma-se ensinar as crianças, desde pequenas, que é natural adorar Deus, mas histórias de milagres fazem a fé suprema parecer algo sobrenatural. Nesse caso, o enorme abismo entre o racional e o mágico parece tornar-se intransponível. Mas é o aspecto milagroso dos santos – em oposição ao seu comportamento virtuoso – que mais atrai os fiéis e que é mais desdenhado pelos céticos.

A história de Kolbe demonstra que todos nós temos as sementes da descrença e da fé. Sei de algumas pessoas cuja fé fez de Deus uma poderosa fortaleza, como foi o caso de Martinho Lutero. E sei de algumas pessoas que perceberam até que ponto a fé pode ser delicada, como exprime Tagore: "A fé é o pássaro que pressente a luz e canta quando o alvorecer ainda está na penumbra". Se o seu coração foi tocado por essas palavras, você penetrou em um dos mais profundos segredos espirituais: o mais delicado também pode ser imortal. Enquanto o coração sobreviver, a fé também sobreviverá.

Perder a fé acontece a uma pessoa de cada vez e isso pode ser dito de recuperar a fé. Minha abordagem da fé diz respeito à etapa intermediária da renovação de Deus. Não é a etapa final, porque fé é crença, e crença é menos que conhecimento. Para algumas coisas, um estágio intermediário é desnecessário. Quando pede um *mousse* de chocolate no restaurante, você não precisa testar a sua fé de que a sobremesa será servida. Mas todos nós podemos sentir o terror das vítimas dos campos de concentração à espera de Deus para resgatá-las. A fé é debilitada quando Deus não atende as nossas expectativas; ela se aproxima da morte quando Deus parece nos ignorar por completo.

Qualquer que seja o caminho, quando você chega ao ponto zero, passa praticamente por esse mesmo padrão de decepção.

O ponto zero da fé

COMO DEUS O DESAPONTOU?

> Ele ignorou as suas preces.
> Ele não o protegeu quando você esteve em perigo.
> Você não sente o amor divino.
> Ele não teve piedade de você.
> Você adoeceu e não foi curado.
> Você viu pessoas más se dando bem, enquanto a bondade não foi recompensada. Você foi vítima de abuso e violência, e ninguém impediu isso. Uma criança inocente morreu.
> Você foi vítima de acidentes e traumas sem qualquer razão.
> Você sofreu pesar, ansiedade ou depressão, e Deus não lhe deu qualquer alento.

Todo mundo passou pelo menos por alguma dessas dificuldades e às vezes por algo pior. A história da humanidade é um cemitério de preces sem resposta proferidas por milhões de pessoas que sofreram e morreram desnecessariamente. A teologia se saiu com várias desculpas: o *Deus otiosus*, ou “Deus ocioso”, cuja função terminou depois da criação; e o *Deus absconditus*, ou “Deus oculto”, que ao mesmo tempo está e não está no universo. Mas a teologia não oferece muito consolo quando Deus não responde às nossas preces na hora do desespero. A maioria das pessoas acredita – compreensivelmente – que Deus deveria nos dar amor, misericórdia e proteção em momentos de dificuldade. Em geral, nós mesmos conseguimos resolver as crises menores.

A alternativa cética

Uma vez que você se acomodou no ponto zero, o que o levaria a sair dele? Se Deus não existe, esse é o lugar mais realista para ficar. Não é a minha intenção voltar a arar os campos do ateísmo, mas de fato parece racional aceitar o mundo como ele se apresenta a nós. Essa é a posição dos céticos religiosos. Deus passa a ser apenas mais um fenômeno, como a aurora boreal ou a fusão a frio: *Mostre-me e eu acreditarei.* O ceticismo requer alguma prova visível, de modo que é o contrário da fé. Um fiel não precisa que Deus lhe bata à porta ostentando alguma identificação oficial.

Nos dias de hoje, o ceticismo mais inflexível se associou à ciência: antes de acreditar em qualquer coisa, os céticos linha-dura exigem dados mensuráveis, experimentos com resultados replicáveis, análises imparciais de colegas cientistas... Enfim, todo o aparato associado ao método científico. Na ausência desses elementos, a crença tem grandes chances de ser depreciada, se não caluniada. O ceticismo se considera uma refutação realista e prática de todo tipo de superstição, credulidade e fantasia que mantém o mundo em cativeiro.

Michael Shermer, editor da revista *Skeptic*, cita com aprovação um colega cético que diz que “a questão de Deus – ateísta, agnóstico, teísta, o que for” – é simplesmente a pergunta errada a fazer. O que faz com que ela seja errada?

> Os deuses que só vivem na cabeça das pessoas são muito mais poderosos que os deuses que vivem em algum lugar no mundo, pela simples razão que: (1) esta última variedade simplesmente não é encontrada por aí e (2) os deuses da nossa cabeça efetivamente afetam a nossa vida.

Na lista de decepções que levam as pessoas a se afastar de Deus, cada item representa um fator positivo para um cético, um sinal de alerta para encarar a vida como ela é e não como gostaríamos que fosse.

Respostas céticas para os descrentes

Deus ignorou suas preces?

Resposta: As preces jamais são atendidas. O que você pensa dentro da sua cabeça não tem qualquer efeito sobre os eventos externos.

Deus não o protegeu quando você esteve em perigo?

Resposta: Você é responsável pelos riscos que corre. Culpar uma força superior indica falta de autossuficiência, para não dizer uma fraqueza infantil. Nenhum adulto precisa de um pai sobrenatural no céu.

Você não sente o amor divino?

Resposta: O amor é um produto de reações químicas no cérebro. Ele não existe fora de sua manifestação física. A verdade científica é que tanto o amor romântico quanto o amor divino podem não passar de uma fantasia.

Deus não teve piedade de você?

Resposta: O desejo de obter misericórdia não passa de uma ilusão nascida do desejo fútil de escapar das leis da natureza. Toda causa tem seu efeito. O esquema todo é mecânico. Ninguém está isento do determinismo.

Você adoeceu e não foi curado?

Resposta: A doença é um processo complexo que a ciência médica continua a investigar. Um dia saberemos exatamente por que certas pessoas são acometidas por certas doenças. Quando isso acontecer, novos medicamentos resolverão toda a questão da cura.

Você viu pessoas más se dando bem, enquanto a bondade não foi recompensada?

Resposta: O que chamamos de bem e mal são traços evolucionários que se desenvolveram tendo em vista a sobrevivência. Quando desvendarmos melhor a seleção natural, saberemos qual comportamento ideal pode manter as sociedades unidas.

Essa pequena amostra dá uma ideia de como o ceticismo encara o ponto zero. Toda reclamação contra Deus tem uma resposta científica. Mesmo se a ciência atual estiver aquém das expectativas, ela terá condições de nos dar respostas melhores no futuro. Com o passar dos anos, fui percebendo que as premissas dos céticos são muito mais difundidas que os argumentos dos ateus. Os céticos se sentem superiores por se considerarem necessários para o progresso da ciência. Sem um cético por perto, a humanidade ainda acreditaria que Zeus lança raios sobre os homens.

O ponto de vista cético conquista uma grande aceitação popular, penso eu, quando ataca alvos fáceis. A revista *Skeptic* dedica muitas páginas a expor charlatães, fraudes médicas e pseudociência. E quase não dedica espaço a uma análise séria de ideias especulativas sobre Deus, a alma, a consciência e a natureza da realidade. Traça um limite ao redor de explicações materialistas e convencionais (consideradas boas e verdadeiras), e tudo o que ficar fora desse limite é considerado território de mentes iludidas. Desmascarar um charlatão que se diz médico sem dúvida tem a sua utilidade. Expor vigaristas também tem o seu valor, apesar de normalmente serem as vítimas que disparam o alarme e não os céticos científicos. Quando a cruzada dos céticos invade o território de pensadores autênticos e de mente aberta, contudo, os efeitos são nocivos. Qualquer adepto da medicina alternativa da mente-corpo, por exemplo, pode ser alvo do mesmo desdém que os charlatães. Na década de 1980, membros do corpo docente das faculdades de medicina de Boston se enfureceram quando eu – ou qualquer outro médico interessado em tratamentos alternativos – propus que a conexão entre a mente e o corpo era real. A remissão espontânea do câncer era quase completamente ignorada. (Um respeitado oncologista disse-me que o câncer era um jogo de números e estatísticas, e que ele não tinha qualquer interesse nos raros casos em que um tumor desaparecia sem tratamento médico.) O ceticismo pode ser negativo ao reprimir a curiosidade, ao ocultar a intolerância por trás da desculpa de que só as diretrizes científicas oficiais são válidas para explorar o desconhecido. Poderíamos chamar isso de curiosidade institucionalizada.

É muito mais difícil passar Deus pelo crivo dos céticos. Para eles, uma pessoa que acredita em Deus simplesmente não tem como ser um pensador racional. E, se a pessoa usar a palavra fatal *sobrenatural*, as comportas se abrem para o repúdio desdenhoso. Francis Collins, como já mencionei, é um respeitado geneticista e diretor dos Institutos Nacionais de Saúde, nos Estados Unidos, além de ser um cristão praticante e acreditar na Bíblia. Nessa rara posição, ele é um bom exemplo de como a fé pode coexistir com a razão.

Collins relata a experiência espiritual que mudou sua vida no livro *A linguagem de Deus*:

> Num lindo dia de outono, caminhando pela Cordilheira das Cascatas, a magnificência e a beleza da criação de Deus venceram a minha resistência. Ao fim de uma curva, me deparei com uma bela e inesperada cachoeira congelada, com centenas de metros de altura, e soube que a busca havia terminado. Na manhã seguinte, me ajoelhei na grama molhada pelo orvalho enquanto o sol nascia e me entreguei a Jesus Cristo.

Não há nada que induza o ceticismo nessa descrição de uma experiência culminante, quando o mundo cotidiano das aparências se transforma subitamente. Para Collins, sua experiência foi de natureza religiosa, como seria para qualquer pessoa em busca de um caminho espiritual. No entanto, cada um interpreta as experiências à sua própria maneira: o famoso fotógrafo de paisagens Ansel Adams teve uma experiência semelhante ao escalar a Serra Nevada, uma experiência que ele interpretou como sendo uma epifania artística. Os dois homens foram tomados por admiração e reverência diante do esplendor da natureza. Collins dedicou sua vida interior a Cristo enquanto Adams dedicou a sua à fotografia. As experiências culminantes possuem um elemento em comum: em uma súbita expansão de consciência, a máscara do mundo material cai, revelando um significado oculto.

Sam Harris compara Collins (cujas credenciais científicas superam as de Harris em uma ordem de magnitude) com um cirurgião que "tentava operar usando apenas os dedos dos pés. Seu fracasso é previsível, espetacular e vil". Vamos deixar as hostilidades de lado. Na verdade Harris – e todos os céticos que pensam como ele – se opõe à mentalidade que encontra mensagens na natureza, comunicações codificadas expressas na beleza e no *design* de montanhas, no alvorecer, no arco-íris etc. Desdenhando o fato de que inúmeras pessoas viram a mão de Deus em ação, ele faz um comentário sarcástico da experiência de Collins: "Se esse relato de uma pesquisa de campo lhe parecer um pouco insubstancial, não se preocupe. Um perfil recente de Collins publicado na revista *Time* oferece dados complementares. No perfil, lemos que a cachoeira congelada se dividia em *três*, o que inspirou o bom doutor a pensar na Trindade".

Neste ponto, Harris observa: "Pensamentos suicidas podem ocorrer a qualquer leitor que tenha depositado uma confiança indevida na integridade intelectual dos outros membros da raça humana". Acho que não é bem assim. A maioria dos leitores respeitaria a experiência como autêntica. Os leitores podem até ansiar por uma experiência como essa.

Na verdade, nunca ouvi falar de alguém que tenha reagido a uma experiência similar, nem de longe, com "pensamentos suicidas", e o bom senso lhes diria que a conversão de Collins não precisa provar nada para a ciência. Como observou o célebre matemático e físico Eugene Wigner: "Onde, na equação de Schrödinger, está a alegria de estar vivo?". Se eu disser que estou apaixonado pela mulher mais bonita do mundo, o que exatamente o cético prova apontando para a improbabilidade de encontrar a mulher mais bonita do mundo dentre três bilhões de mulheres?

A existência humana seria fatal sem momentos de inspiração. Em troca de momentos como esses, quando o amor, a beleza e a possibilidade de atingir uma realidade mais elevada se tornam vividamente concretos, nós suportamos uma boa dose de tédio, rotina, trabalho mundano e sofrimento. O ceticismo, contudo, denigre a iluminação interior ou tenta desconsiderá-la, explicando-a como alguma espécie de anomalia cerebral. Um artigo publicado em 2007 na revista *Skeptic* analisou um debate entre Dawkins e Collins organizado pela revista *Time*. Collins defendeu Deus com base em uma crença que a ciência não tem como refutar: "Deus não pode ser completamente contido na natureza". Do ponto de vista de um cético, essa posição não passa de uma desculpa. Ela pressupõe a existência de Deus e evita a necessidade de apresentar provas.

No entanto, a posição dos céticos também se fundamenta nas próprias premissas. Veja com um Deus atemporal é descrito em um artigo da revista *Skeptic*: "Se não há tempo, não há qualquer mudança. Se não há mudança, não há qualquer ação. Se não há ação, não há qualquer criação. Se Deus existe fora do tempo, ele seria absolutamente impotente para fazer qualquer coisa!".

Esse argumento pressupõe que o atemporal é um lugar ao qual podemos nos referir da mesma forma como nos referimos a Pittsburgh ou a Nova Délhi. É tão difícil, se não impossível, pensar em algo que reside fora do tempo que até os físicos mais avançados do mundo ficam confusos. A questão é que nesse ponto a lógica deixa de ser aplicada e o mesmo pode ser dito do mundo linear de causa e efeito. Não é por acaso que a crença de Collins em um Deus transcendental permeia todas as tradições espirituais. Afinal, a origem da natureza não pode ser encontrada procurando na natureza.

No entanto, as falhas do ceticismo não fazem com que a fé seja perfeita. Em seu livro, Collins afirma que "de todas as visões de mundo possíveis, o ateísmo é a menos racional". Uma afirmação como essa, vinda de um cientista de renome, tem o seu peso, mas a exortação de Collins a outros cristãos fundamentalistas destoa da racionalidade, como o termo costuma ser interpretado pela maioria das pessoas: "Vocês, fiéis, estão certos ao agarrar-se ao conceito de Deus como o criador, vocês estão certos ao agarrar-se à conclusão de que a ciência não oferece resposta alguma para as questões mais prementes da existência humana". *Sir* Isaac Newton, um cristão convicto, poderia ter concordado com essas palavras. Dois grandes cientistas também podem ser grandes religiosos. Mas isso pode não fazer mais qualquer diferença: o ceticismo já ensinou todo mundo a suspeitar de tudo.

Não é uma questão de manipular a ciência para se encaixar ao que diz a Bíblia. A harmonia que Collins busca, entre a ciência e a fé, é absolutamente racional.

> Deus, que não se limita ao espaço e ao tempo. Ele criou o universo e criou leis naturais que o regem. Buscando povoar esse universo, de outra forma estéril, com criaturas vivas, Deus escolheu o mecanismo elegante da evolução para criar micróbios, plantas e todo tipo de animais.

Tudo o que Collins nos pede para fazer é manter a mente aberta. A fé, da forma como evoluiu na era da ciência, é uma questão de possibilidades, não de dogmas. Se você mantiver a mente aberta, não terá dificuldade de conceber a possibilidade de que algo além do espaço e do tempo atuou como a origem do universo. A verdadeira questão – e é aí que a controvérsia começa – é se a criação veio ou não do "nada", ou seja, de uma origem não física. Será que esse "nada", esse "vazio", tem espaço para uma organização superior, o tipo de mente que poderia se encaixar à perfeição nas leis da natureza a tal ponto que até a menor alteração teria significado a ruína do universo em suas origens? Afinal, com uma alteração inferior a um bilionésimo na lei da gravidade, por exemplo, o universo nascente teria entrado em colapso com o próprio peso depois do Big Bang; uma alteração na direção oposta teria levado o universo a se desfazer em ventos incontroláveis de protogases, sem jamais chegar a formar átomos e moléculas.

Esse delicado ajuste do universo é indiscutível e somos beneficiários diretos disso. De alguma maneira, a criação surgiu em uma harmonia tão perfeita que o DNA humano entrou em cena 13 bilhões de anos mais tarde. Pelo fato de Collins aplicar um sentido religioso ao problema, ele é patentemente desconsiderado pelos arquicéticos. Harris o ignora completamente e nem chega a lhe dar os créditos por um posicionamento racional. Os céticos nunca dão o benefício da dúvida a alguém que não pensa como eles – a cabeça deles está fechada. Mas o problema não tem nada a ver com jogar limpo. Toda nova descoberta requer alguma fé, inclusive as descobertas científicas. É impressionante pensar na lista de coisas que requerem fé na nossa vida.

É preciso ter fé para...

Acreditar em si mesmo.
Acreditar no progresso.
Aceitar que o raciocínio lógico soluciona os problemas.
Confiar nas próprias emoções.
Atingir momentos de *insight*.
Enxergar além das aparências superficiais e confiar no que vê.
Deixar o seu corpo se curar.
Sentir uma conexão com outra pessoa.

Todas essas coisas são tão básicas que nem lhes damos muito valor, como se ter fé em Deus fosse algo completamente diferente e especial, ou sobrenatural e irracional. Todos esses atos mundanos de fé, contudo, precisaram estar bem firmes para possibilitar o experimento científico da história da humanidade. É especialmente estranho que os céticos zombem de quem explora os fenômenos sobrenaturais, considerando que um item da lista – enxergar além das aparências superficiais e confiar no que vê – é uma característica distintiva da ciência. Os caçadores de fantasmas não fazem nada a mais nem a menos que os físicos em busca de *quarks*.

Acreditar que a pessoa a seu lado pensa como você é um enorme salto de fé. Um dos pioneiros da psicologia, o brilhante psicólogo William James, falou do "espaço entre duas mentes" que não se pode transpor. É praticamente impossível que dois irmãos, mesmo os criados na mesma casa com os mesmos pais, pensem da mesma maneira. Um deles pode adorar caçar e pescar enquanto o outro pode preferir ler Proust. Aceitamos, com base na fé, que existe uma conexão entre a nossa mente e a mente dos outros. Suponha que você chegue de mansinho por trás de alguém, bata palmas bem alto e a pessoa não reaja. Será que ela é surda ou só está ignorando você? Será que ela está distraída com alguma coisa ou está com raiva de você? O silêncio indica imediatamente até que ponto duas mentes estão distantes uma da outra. Os homens gostam de reclamar que as mulheres esperam que eles saibam ler mentes (*Ele*: "Por que você não me disse que não queria encontrar a minha ex-namorada?". *Ela:* "Você já deveria saber disso".). Na verdade, passamos a vida inteira tentando ler a mente dos outros.

Então vejamos o que acontece quando você perde a fé no seu corpo. Por exemplo, temos uma fé cega no nosso coração, que passa a vida toda batendo sem erro 40 milhões de vezes por ano, ou 2,8 bilhões de vezes em 70 anos. O mecanismo que sustenta os batimentos cardíacos é tão complexo que só agora a medicina moderna está começando a desvendá-lo. (Para um leigo, esses mecanismos microscópicos são tão invisíveis e misteriosos quanto Deus.) Basta o coração começar a falhar, como no caso das dores no peito conhecidas como angina, para a nossa fé ser abalada. O resultado para quase todos os pacientes com problemas cardíacos é uma grande ansiedade. De repente percebemos que um órgão de tecido muscular do tamanho de um punho que se contrai e relaxa é o que nos separa da morte.

Reduzir todos os aspectos da vida a fatos e dados quantitativos é, francamente, uma afronta. (Nós simplesmente daríamos risada de alguém que dissesse: "Eu não acredito que você ama seus filhos. Só vou acreditar se você me mostrar um exame de imagiologia cerebral provando isso".) As exigências do ceticismo interessam em grande parte aos cientistas profissionais que são obrigados a seguir diretrizes rígidas quando conduzem suas pesquisas. Eles devem analisar os novos resultados com ceticismo até encontrar provas viáveis. Einstein teve de esperar que sua teoria da relatividade fosse confirmada pela observação, o que aconteceu durante um eclipse solar em 1919. Cálculos feitos pelo astrônomo *Sir* Arthur Eddington embasaram a previsão da teoria de que a luz de estrelas distantes seria dobrada em uma curva pelo campo gravitacional do Sol. No entanto, naquele experimento, como em todos os experimentos, a questão central é que *a ciência não é como a vida real*. Suas restrições são artificiais e especializadas.

O famoso filósofo britânico Bertrand Russell foi um ateu declarado e causou sensação com seu ensaio de 1927, intitulado "Por que não sou cristão". Quando perguntaram a Russell como ele defenderia sua descrença se morresse e acabasse no céu diante do criador, ele respondeu: "Não há provas suficientes, Deus. Não há provas suficientes!". Os céticos gostam de citar essa história, mas não é essa a questão. As chamadas "regras da evidência" que se aplicam a eventos e coisas materiais não se aplicam a Deus. Ele não tem como ser reprovado em um teste ao qual não se submeteu. Vou explicar.

Imagine que um carro se descontrolou na rua, resultando em um acidente fatal e na morte do motorista. Quando a polícia rodoviária chegou, encontrou vários observadores no local do acidente. Os policiais perguntaram o que aconteceu. O primeiro observador disse: "Estão vendo aquelas marcas de pneu? Sou um físico, e o acidente aconteceu porque a força de deslocamento do veículo foi maior que a força do atrito". Um segundo espectador discordou. "Vejam a posição das rodas. O motorista fez uma curva repentina, o carro saiu da estrada e entrou nesta vala. Sou um piloto de avião. O acidente foi causado porque o motorista mudou de direção." Um terceiro observador, sentindo o cheiro de vapores de álcool no cadáver, anunciou que é um médico e que o acidente foi causado porque o motorista dirigia embriagado.

Os três observadores assumiram um ponto de vista diferente e apresentaram evidências para embasar sua conclusão, mas note que não existe qualquer maneira científica para resolver as diferenças de opinião. A resposta depende da pergunta que se faz. A percepção define a realidade. Agora imagine um carro em alta velocidade e uma mulher aflita que abre a porta do passageiro e salta do carro gritando: "Fred! Você disse que ia se matar, mas nunca achei que fosse até o fim". A explicação dela é a correta, porque ela sabe o que está por trás do acidente. O acidente foi causado pelo estado emocional perturbado do motorista. A lição a ser aprendida nesse caso é que as descrições nunca chegam ao sentido do evento, às intenções. Os céticos, até os mais brilhantes como Russell, criam falsas expectativas. Não importa o tipo de dados externos analisados (marcas de derrapagem, rodas viradas, álcool na corrente sanguínea), não é possível inferir o que motivou as ações de alguém – ou o motivo para o suicídio da pessoa.

Martin Luther King Jr. fez uma sugestão interessante para transcender o ceticismo. "Fé", disse ele, "é dar o primeiro passo mesmo quando não vemos a escada inteira". Pensando sobre a conversão de Collins, proponho alguns princípios práticos que são perfeitamente compatíveis com a racionalidade e ao mesmo tempo escapam do jugo opressivo do ceticismo:

A fé é pessoal. Não precisa ser justificada para ninguém.

A fé requer participação ativa – quem está de fora não tem como julgar a fé.

A fé é uma maneira de explorar a realidade, mas não precisa passar por nenhum teste científico.

A fé vê além das aparências físicas.

O que importa na fé é a intenção.

O ceticismo dos outros às vezes me coloca em algumas situações engraçadas. Um dia eu estava dando uma palestra sobre questões espirituais na Inglaterra. Um homem inoportuno ficava interrompendo até que finalmente se levantou esbravejando: "Ninguém deveria ouvir essas baboseiras! Isso tudo é um grande absurdo".

Tomado de surpresa, perguntei: "E quem é o senhor, se me permite perguntar?".

Ele se empertigou e respondeu: "Sou o diretor da sociedade dos céticos britânicos".

"Não acredito no senhor", eu declarei. A plateia caiu na risada e ele saiu do auditório, batendo os pés.

Uma definição melhor

Quando Deus nos decepciona, a ficha cai. Um *best-seller* dos anos 1980 resume bem a perda da fé no título brilhante: *Quando coisas ruins acontecem às pessoas boas*. Quando coisas ruins se abatem sobre nós, não importa se acontecer no nosso país, na Bósnia ou em Ruanda, a confiança mais básica que nos liga a Deus – a promessa de que o bem prevalecerá sobre o mal – é debilitada e pode até cair por terra. A nossa fé tem os seus limites.

Eu diria que os fracassos de Deus não bastam para provar que ele não existe. Deus não pode ter sucesso se for um mero disfarce para nós – já falamos dessa divindade, o Deus 1.0. Imagine que você tenha rezado pedindo para Deus ajudar um amigo ou parente a se recuperar de um câncer de pulmão, mas a pessoa acabou morrendo. Deus, na qualidade de um supermédico cujo remédio não funcionou, se revela uma decepção para você. Ele não lhe deu o que você queria. E você não tem como saber por quê. Digamos que o falecido tivesse sido um fumante inveterado a vida inteira. Nesse caso, Deus poderia simplesmente estar sendo racional. Ele deixou as leis da natureza agirem como normalmente agiriam sobre o corpo humano.

Ou Deus poderia ter escolhido a justiça à misericórdia. É justo que uma pessoa que ignora todas as advertências sobre cigarros e câncer de pulmão não deva ser milagrosamente salva. Um milagre seria um ato de misericórdia, mas e o que dizer de todas as outras pessoas que evitaram o tabagismo e mesmo assim foram acometidas por câncer? Será que um bom pastor deveria salvar só as ovelhas negras? Um Deus inconstante e caprichoso criado à imagem e semelhança do homem não tem como ser real. Nós julgamos e culpamos Deus como se ele fosse uma extensão de nós mesmos.

A realidade de Deus está oculta por trás do nosso Deus fictício. Pediram que Buda garantisse a seus seguidores que Deus realmente existe. Afinal, quem poderia saber melhor a resposta que o Iluminado? No entanto, ele teve o cuidado de não atender a esse pedido, porque a única resposta viável requer uma jornada pessoal. Não é fácil transcender nossas concepções fictícias da espiritualidade, mas é necessário. É fascinante ver no Google as repostas para a pergunta "Onde fica o céu?". Uma resposta, tirada do Gênesis, revela que o céu é o envoltório atmosférico que engloba a Terra, porque Deus disse: "Encham-se as águas de seres vivos e voem as aves sobre a terra, sob o firmamento do céu". (Gênesis 1:20). No entanto, a autoridade bíblica também fala do céu celestial, onde ficam as estrelas, e de um céu que vai ainda além, o paraíso que é "a casa de Deus". Se pensarmos assim, nos colocamos firmemente no reino de um Deus que precisa de uma moradia em algum lugar.

A *Enciclopédia católica* complica ainda mais as coisas. Para começar, temos o céu onipresente, que "está por toda parte, do mesmo modo como Deus está por toda parte. De acordo com essa perspectiva, os bem-aventurados podem transitar livremente por todas as partes do universo e ainda permanecer com Deus e ver por toda parte". Essa resposta passa a imagem de um Deus humanizado que vive num lugar só. Mas será que um "lugar" chega a ser necessário? A enciclopédia reconhece um estado mais abstrato, "o estado de contentamento dos justos na próxima vida". Depois de várias guinadas e reviravoltas teológicas, chegamos à noção de que o paraíso é um estado da alma, enquanto alguns teólogos continuam defendendo a imagem ensinada no catecismo. Eles argumentam que Deus "deve ter uma casa especial e gloriosa, na qual os bem-aventurados têm sua morada e onde costumam habitar, apesar de serem livres para se deslocar por este mundo".

Todas essas respostas dependem de uma premissa deprimente: que as pessoas comuns não terão qualquer experiência direta de Deus. Perguntaram a um psicólogo por que pessoas comuns que não são viciadas em jogos de azar continuam indo a cassinos mesmo sabendo que têm mais chances de perder do que de ganhar. "Porque sempre que ganham no caça-níqueis", ele respondeu, "elas veem uma prova de que Deus as ama". A teologia elabora suas tortuosas respostas com base nos relatos dos grandes mestres espirituais. Todo o resto da humanidade fica de fora. Eu sugeriria que esse argumento está equivocado. Deus tem a chance de ter êxito sempre que a pessoa, qualquer pessoa, se conecta com a realidade superior, o eu superior ou a consciência superior – você escolhe a terminologia que preferir. Quanto mais forte for essa conexão, mais seguro Deus se torna.

Só então o paraíso também se tornará real. E nem precisa ser o único céu. Quando as pessoas relatam uma experiência de quase morte, algumas contam que viram o céu. A descrição mais comum chega a parecer infantil. O céu é um campo verdejante com flores oscilando ao vento e filhotes de animais brincando sob um céu azul. Para um cético, essa descrição lembra muito imagens vistas em livros infantis para ser real. É mesmo. No entanto, se o céu se localizar na consciência, como um "estado de alma", não precisamos de uma imagem fixa ou de alguma imagem mais adulta. Deixe todas as imagens de lado e você terá uma *tábula rasa* na qual qualquer representação do céu acaba sendo viável. A *tábula rasa* é a própria consciência.

Estabelecendo as condições

A nossa fé só será plenamente restaurada quando Deus voltar a executar suas "funções". A atuação de Deus deve ser constante e confiável. Não pode ser um jogo de azar, uma fantasia ou um ato imaginário que prova que ele nos ama. A fé deve nos conduzir para além das expectativas frustradas e recuperar a possibilidade de confiarmos em Deus. Isso exige muito de Deus, e muitas pessoas naturalmente relutam em seguir por esse caminho. Se *exigência* for uma palavra forte demais, podemos dizer de outra forma. Quando pedimos que Deus faça alguma coisa, basicamente estamos dizendo: "Eu acredito que o senhor pode fazer isso". Assim, a fé se transforma em algo funcional, uma conexão prática.

Durante séculos qualquer pessoa que culpasse Deus, mesmo que fosse apenas uma leve insinuação, por algum evento negativo era considerada uma herege. Incontáveis inocentes foram torturados e mortos pelo único crime de fazer perguntas. A herança dessa época horrenda é imediatamente pensar, cheio de culpa, "qual é o meu problema?", ao questionar a religião dos pais. Quando Daniel Dennett diz que a maioria dos religiosos é conformista, ele não está errado. As pessoas demonstram mais uma "crença na crença" – expressando sua lealdade à própria religião para não destoar dos outros – do que uma verdadeira crença.

Para ser válida, a crença deve ter uma base na realidade. A única base que faz sentido para mim é acreditar em um Deus que cumpre o que promete. Basta inverter os elementos da lista do Ponto Zero da Fé (na página 74). A fé é justificada quando:

As suas preces são atendidas.
O bem vence o mal.
A inocência não é destruída.
Você sente o amor de Deus.
Você é protegido por Deus.
Deus a tudo provê.

Defendo o argumento de que todos esses elementos são aspectos concretos de Deus. Portanto, nós, como fiéis, temos o direito de vivenciar esses elementos. Não somos crianças birrentas batendo o pé no chão até conseguir o que queremos. Só queremos que Deus realize suas funções naturais. O vínculo entre Deus e a humanidade é um vínculo vivo. Se isso for verdade, a realidade superior não está muito longe daqui. Não é possível dizer o número exato de quilômetros que precisaremos percorrer nem o tempo exato que levaremos na estrada para chegar lá. A realidade superior é o aqui e o agora quando estamos conectados a ela. Ela dá forma à realidade cotidiana que vivenciamos com todas as suas demandas e dificuldades. A fé por si só não bastará para concretizar essa realidade. Mas, sem fé, não é possível conceber uma realidade superior. Você não tem como testá-la nem perceber em que pontos ela toca a sua existência.

Sou fascinado por poetas que transformam seu mundo interior em um encontro com o divino. Hafiz (1325-1389), um poeta persa medieval da tradição sufi, ensinava o Corão e ocupou cargos nas cortes de vários regimes locais. Os temas de seus poemas normalmente eram mundanos, refletindo prazeres como a caça e a bebida. Ele e outros poetas persas criaram epigramas maravilhosos, como este:

Tua alma há muito se afogou no meio de um vasto mar
Enquanto tu afirmavas estar com sede.

Ou este, sobre o sentido da vida:

O tempo é uma fábrica onde todos labutam,
Ganhando em amor para romper os próprios grilhões.

Ainda mais impressionante, Hafiz transforma a vida cotidiana, transmitindo a essência luminosa que se oculta por trás dela. Isso leva a uma imagística surpreendente.

Realmente se perder é como apontar uma arma para a própria cabeça
E puxar o gatilho; é preciso ter coragem.
Encarar a verdade implica amarrar um saco sobre a tua cabeça
Até sufocar; é preciso ter fé.
É preciso ser valente para seguir as pegadas de Deus e adentrar no desconhecido
Onde tantas coisas podem te assoberbar e amedrontar.

Essa é a jornada da fé reduzida a uma psicologia descomplicada. Hafiz coloca em palavras a paixão e a insegurança que preenchem a existência humana, e nos voltamos a ele devido à urgência com a qual ele as sente. Ele descreve um estado no qual coração e mente se unem para revelar a verdade da vida, em toda a sua profundidade. Não propõe uma mera projeção rudimentar de um pai amoroso.

Confia em mim e mergulha o punhal cravejado de pedras preciosas no teu coração.
É o que é preciso para se perder.
Não há outro caminho de volta para Deus.

Sinto uma verdade instintiva nessa poesia, mas como é possível traduzir a inspiração em termos práticos? O punhal de Hafiz mergulhado no coração evoca a empolgação da coragem. Mas a questão na verdade é transformar o seu mundo interior em um lugar onde você pode se encontrar com Deus. Os poetas têm a liberdade de fazer isso. Nós também, quando o ponto zero deixa de ser tão inflexível.

Repasse a lista do Ponto Zero da Fé (na página 74). Para cada item da lista, há várias possibilidades que podem flexibilizar qualquer noção rígida. Vejamos o primeiro item: *Deus ignorou as minhas preces.* Os céticos diriam que as preces jamais são atendidas. A fé não implica prometer que a sua próxima prece será atendida, mas apresenta algumas novas possibilidades que abrem uma janela para Deus. Vejamos algumas dessas possibilidades:

> Pelo menos uma das minhas preces foi atendida. Vou observar para ver se isso realmente acontece.
>
> Talvez não seja melhor que a minha prece seja atendida neste exato momento e eu deva prestar atenção a outras bênçãos na minha vida.
>
> A minha prece não ser atendida me fez perceber que o que eu queria era egoísta e que era melhor almejar algo mais elevado.
>
> Talvez Deus não tenha atendido as minhas preces, mas as preces de alguma outra pessoa. Vou investigar.
>
> Pode ser bom não ter as minhas preces atendidas. Talvez Deus tenha me dado algo ainda melhor do que o que eu queria.

A fé se fundamenta em novas possibilidades. Quando percebe isso, você se liberta dos extremos, tanto da crença absoluta quanto do ceticismo absoluto. A questão das preces gerou séculos de discussões. Os ateus afirmam que esses séculos foram desperdiçados em uma mera ficção. Já os agnósticos dão de ombros e dizem que a resposta é inconclusiva. Porém, nada pode ser verdade até ser testado. As possibilidades abertas pela fé são libertadoras pelo simples fato de serem possíveis. Em todos os casos, um vínculo é forjado entre os mundos interno e externo. Deus pode estar por toda parte, como sustenta a teologia, mas ele tem de chegar lá um passo de cada vez.

Como ter fé

COMO SAIR DO PONTO ZERO

Preces: Abra a sua cabeça para a possibilidade de os seus pensamentos terem algum efeito sobre o mundo "lá fora". Uma prece não passa de um tipo especial de pensamento. Se a prece formar uma conexão com o mundo exterior, ela pode se tornar realidade.

Acaso: Abra a cabeça para a possibilidade de que todos os eventos têm algum sentido. Acasos são eventos para os quais não conseguimos encontrar uma razão. Se expandirmos a nossa visão para revelar a razão dos sentidos, percebemos que nada acontece por acaso.

Sorte: Abra a cabeça para a possibilidade de o bem e o mal serem as duas metades de um mesmo processo. Se você descobrir o propósito mais elevado da sua vida, as duas metades começarão a fazer sentido. Com isso, a sorte, boa ou má, se tornará irrelevante.

Sofrimento: Abra a cabeça para a possibilidade de os eventos acontecerem para acarretar o mínimo de sofrimento. Se a misericórdia divina existe, talvez ela só permita o sofrimento para podermos crescer e evoluir. Nesse caso, não precisamos resistir às causas do nosso sofrimento. Só temos de aceitar que existe uma saída em algum lugar.

Solidão: Abra a cabeça para a possibilidade de que você nunca esteve sozinho. Se existe uma presença reconfortante por toda parte, talvez ela viva dentro, e não fora, de você. A solidão é o resultado natural de sentir-se vazio por dentro. A cura é a plenitude interior.

E isso é só o começo e essas são só algumas novas possibilidades. Para algumas pessoas, elas não serão satisfatórias. Dizer que o sofrimento é um meio para crescer e evoluir, por exemplo, não fará sentido para quem não acredita na vida após a morte. Muitos horrores permanecem sem explicação se tivermos só esta vida. Mas não estou aqui para convencê-lo de que existe uma vida após a morte. Ao pensar sobre o sofrimento – que é o que impede milhões de pessoas de acreditar em Deus –, tente encontrar a sua própria nova possibilidade. E a sua possibilidade pode até ser baseada no ceticismo: "O sofrimento não faz sentido, mas é possível viver sem ser destruído por ele". Ou "Eu temo o sofrimento, mas existe a possibilidade de superar o meu medo".

Basta manter em mente que o objetivo é se libertar da descrença rígida. Ninguém está pedindo para você dar um salto de fé, mas você não pode simplesmente esperar que Deus apareça na sua frente. Se você está preso na rigidez da descrença, precisa deixar a sua consciência fluir para se libertar. Pegue cada item da lista do Ponto Zero da Fé que se aplica a você e anote as novas possibilidades que se ramificam desse item. Tente detalhar o máximo possível. Vejamos, por exemplo, o item *Eu não sinto amor divino*. No mundo cristão ocidental, onde as crianças aprendem desde cedo que "Jesus te ama", deixar de sentir o amor de Deus é uma grande razão para desistir dele. Mas pense nas outras possibilidades:

> Você poderia ser mais predisposto a ser amado pelos outros, o que pode abri-lo para o amor divino.
>
> Você poderia conhecer alguém que sentiu o amor de Deus, seja em um livro, seja na vida real. Você pode aprender alguma coisa com a experiência dos outros.
>
> Você poderia começar usando a beleza da natureza para abrir uma conexão com um Deus amoroso.

> Você poderia expandir a sua definição de amor, talvez não como um sentimento caloroso de afeto, mas sim como um amor divino expresso na forma de boa saúde, bem-estar e uma vida livre de preocupações e infortúnios.

Esses exemplos não devem ser confundidos com provas do amor divino. É muito melhor ir abrindo a sua mente à medida que o caminho se revela à sua frente, porque assim você tem uma possibilidade concreta de transformação. Hafiz expressa essa possibilidade em outro poema visionário:

> Quando a mente se torna como uma bela mulher
> Concede tudo o que se quer de um amante.
> Consegues mergulhar tão fundo?
> Em vez de fazer amor no corpo
> Com outros filhos de Deus,
> Por que não buscar o verdadeiro Amante
> Que está sempre diante de ti
> Com os braços abertos?
> Então enfim estarás livre deste mundo,
> Como eu.

Se você se comoveu com essas palavras, isso é um sinal de que encontrou o ponto de partida da fé. A fé tem sido descrita como uma vela à janela, a luz que espera ser vista por Deus. Talvez uma imagem melhor seja da tradição espiritual indiana: a fé é como uma lamparina deixada a uma porta aberta. Ela lança sua luz ao mesmo tempo para o mundo e para dentro da casa. Quando o mundo "lá fora" estiver tão repleto de Deus quanto o mundo "aqui dentro", a fé cumpriu sua função.

Má-fé

A má-fé nos afasta de Deus. Muitos caminhos fazem isso e nem todos se consideram religiões. A ciência pode ser usada com má-fé para destruir a crença sem oferecer qualquer boa alternativa. Isso não implica rotular a ciência de inimiga da fé, já que, se o objetivo for obter o verdadeiro conhecimento de Deus, a ciência pode ser de grande ajuda. É possível identificar a má-fé, não importa o rótulo utilizado, analisando seus resultados. O Deus preconizado pela má-fé não melhora a vida de ninguém.

A fé, como Deus, deve poder ser testada. Como escreve um conhecido evangelista popular: "A fé ativa Deus". Será que é verdade? Não é difícil imaginar dois times adversários em uma final de campeonato de futebol rezando de joelhos pela vitória (uma cena que não raro vemos na TV), sendo que todo mundo sabe que um dos times não ativará Deus, já que um deles inevitavelmente perderá o jogo. Em situações terríveis nas quais vidas são perdidas, não podemos dizer que os sobreviventes não morreram porque sua fé ativou Deus. Talvez o que acontece na verdade seja o contrário. Talvez seja Deus quem precisa ativar a fé. Se Deus não ativar a fé, a fé não tem muita utilidade.

Como a fé é algo pessoal, é complicado e muitas vezes injusto culpar alguém de má-fé. O que nos interessa aqui é o caminho para o verdadeiro conhecimento de Deus. A fé deveria ajudar a abrir o caminho. Se bloquear o caminho, podemos chamá-la de má-fé *para os nossos propósitos neste livro*. Esse critério me parece bastante específico e justo. Seria injusto nos intrometer onde não fomos chamados só para acusar o culto alheio de ser diferente do nosso. Todas as religiões começaram com um pequeno número de fiéis fervorosos. Desse modo, todas elas poderiam ter sido rotuladas de cultos até crescerem a ponto de se imunizar. Na definição que usamos neste livro, a má-fé se opõe ao crescimento espiritual. Os principais suspeitos são três:

Fé cega.
Preconceito.
Pseudociência.

Cada um desses fatores facilita a distinção entre a fé como um guia para o crescimento espiritual e a fé como um obstáculo a esse crescimento. Tive um ilustre paciente chamado Eknath Easwaran que me disse as coisas mais sábias sobre a fé que já ouvi de uma pessoa. Um homem de grande gentileza e mente refinada, Easwaran – seu primeiro nome – partiu de Kerala, no sul da Índia, e emigrou para a Califórnia (EUA), onde fundou um centro de meditação. (Sua página na Wikipédia de língua inglesa mostra uma foto dele dando aula em uma sala cheia de estudantes de Berkeley, no fatídico ano de 1968. De acordo com a legenda, ele estava lecionando o primeiro curso credenciado de meditação oferecido em uma das principais universidades estadunidenses.) Ele morreu em 1999 aos 88 anos, depois de uma vida inteira dedicada à literatura espiritual clássica da Índia.

Fui criado por uma mãe religiosa e um pai médico que só acreditava na ciência. Com o tempo, embora o meu coração se sentisse mais atraído à minha mãe e sua maneira de ver o mundo, foi o caminho do meu pai que escolhi seguir. Essa escolha impôs uma divisão dentro de mim e, na adolescência, eu simplesmente vivi com um eu dividido – como a maioria das pessoas –, voltando quase toda a minha atenção às questões práticas do dia a dia. Ser médico implica uma formação científica, para a qual eu tinha uma aptidão natural. Tornei-me um exemplo vivo de algo que Eknath Easwaran expressa de maneira simples, tão simples que a maioria ignora completamente esta verdade: "Você é a sua fé".

Ele falava da religião. Por fé, ele se referia a ideias e crenças básicas que orientam a sua vida. Se você acredita que as pessoas são boas e que a vida é justa, essas ideias não ficam paradas passivamente dentro de você como moedas num cofrinho. Elas são dinâmicas e impregnam quem você é. Você não precisa consultá-las como se consultam ideias em um livro. Em um sentido muito concreto, você *é* a soma das suas concepções internas.

A implicação, que eu infelizmente não percebi antes, é que todo mundo tem fé. A fé vive através das pessoas. As pessoas andam, falam, comem e respiram sua fé pessoal. Pode ser uma fé negativa, destrutiva até, como quando alguém dedica a vida à vingança. Defender a sua religião matando infiéis é uma fé destrutiva disfarçada de fé positiva. Easwaran estava simplificando um trecho do *Bhagavad Gita*, no qual o Senhor Krishna transmite ao guerreiro Arjuna a essência da fé:

> A fé de todas as pessoas vem das percepções da mente.
> Ó, Arjuna, o ego-personalidade é a encarnação viva da fé.
> A sua fé é a sua identidade.

De repente, a fé passa a ser muito mais abrangente do que simplesmente se perguntar: "Eu acredito ou não em Deus?". Se você *é* a sua fé, quase nada do que acontece com você pode ficar de fora. Assim, passa a ser de vital importância distinguir a boa-fé da má-fé. A má-fé incorpora crenças fundamentais que se opõem à boa-fé. Se você der uma boa olhada no espelho, verá uma mistura confusa de crenças com raízes na má-fé e outras crenças com raízes na boa-fé. Desenredar os dois tipos de fé é importante para que a fé atue em seu benefício, como deveria.

Fé cega

Toda religião tem dogmas que passam a ser vistos como questões de fé, unindo os fiéis em uma comunidade. Um muçulmano acredita que o profeta Maomé recitou o Corão ao comando do arcanjo Gabriel, que apareceu uma noite enquanto ele meditava em uma caverna acima de Meca. Os cristãos acreditam na Ressurreição e os mórmons, no Livro de Mórmon. Os fiéis não devem questionar essas crenças exclusivas, e espera-se que eles tenham uma fé cega.

Os inimigos da religião tendem a confundir a fé cega com a fé em geral, de uma maneira bastante injusta. Exemplos inócuos de fé se misturam às injustiças radicais cometidas com base na fé cega. Christopher Hitchens escreve sobre um evento decisivo em sua infância. Na escola, uma professora, uma viúva devota, estava encarregada de lecionar estudos da natureza e a Bíblia. Hitchens lembra que ela misturou os dois temas quando disse um dia: "Então dá para ver, crianças, o poder e a generosidade de Deus. Ele fez com que todas as árvores e a grama fossem verdes, que é exatamente a cor que mais descansa os nossos olhos. Imagine como seria terrível se toda a vegetação fosse roxa ou laranja".

A maioria de nós consegue se lembrar de bobagens semelhantes que ouvimos na infância. Os adultos são culpados de serem condescendentes com as crianças e não é difícil imaginar que essa mulher, descrita como inofensiva e carinhosa, tivesse algumas ideias religiosas fantasiosas (não mais fantasiosas que a noção do céu como um lugar onde os bons cristãos um dia tocarão harpa sentados nas nuvens). Hitchens, contudo, diz que ficou horrorizado com aquilo... E teve uma epifania ateia.

> Minhas pequenas sandálias presas nos tornozelos se contorceram de constrangimento por ela. Aos 9 anos de idade, eu ainda não tinha uma concepção do conceito do *design* inteligente, ou da revolução darwiniana em oposição ao que ela tinha dito... Eu simplesmente

> sabia, quase como se tivesse acesso privilegiado a uma autoridade superior, que a minha professora tinha conseguido estragar tudo com apenas duas frases. Os olhos dela é que estavam ajustados à natureza, e não o contrário.

A última frase é discutível, mas o que me surpreendeu na epifania daquele menininho é que toda criança tem uma experiência parecida. Toda criança tem um momento parecido quando percebe que os adultos também erram. É um momento de decepção, porque a vida é mais simples quando pais e professores são perfeitos, mas isso também abre o caminho para o desenvolvimento do próprio *self*. Logo Hitchens começou a questionar outras "esquisitices", como ele as chama.

Se Deus criou todas as coisas, por exemplo, por que ele deveria ser louvado por fazer o que para ele tinha sido tão natural? "Aquilo me parecia no mínimo servil." Se Jesus era capaz de curar um cego, por que não curou a cegueira? Sobre Jesus expulsando demônios que entraram em uma vara de porcos: "Aquilo me parecia sinistro: mais parecia magia negra". Esse tipo de pergunta é precoce, mas Hitchens também tinha dúvidas mais comuns. "Apesar de todas aquelas orações constantes, por que não havia resultados? Por que eu deveria continuar a dizer em público que era um miserável pecador? Por que o tema do sexo era considerado tão venenoso?" Sem dúvida essas questões angustiantes levaram muitas pessoas a perder a fé, embora isso não signifique que essas perguntas não possam ser respondidas. Hitchens deu o salto em direção ao bloqueio total de tudo o que é religioso graças a outro incidente na escola: "O diretor, que... era um tanto quanto sádico e um homossexual enrustido... certa noite fez um discurso prosaico para alguns alunos. 'Talvez vocês não vejam sentido em toda essa fé hoje', disse ele. 'Mas verão um dia, quando começarem a perder entes queridos.'".

Esse pode parecer outro exemplo de devoção inofensiva e de um vislumbre preciso da natureza humana. E poderia muito bem ter vindo de um professor gentil que não fosse um sádico ou um enrustido (podemos presumir que esses rótulos foram incluídos desnecessariamente só para pôr em xeque o caráter do professor). Milhões de pessoas buscam na fé um consolo para o sofrimento. Mas Hitchens lembra que sentiu uma pontada de indignação e incredulidade. O diretor estava basicamente dizendo que “a religião pode não ser verdade, mas isso não importa, já que pode ser uma fonte de alento. Que desprezível”.

É interessante repensar as ideias que nos ocorreram na infância, especialmente se foram transmitidas, como as de Hitchens, como se fossem vindas de uma autoridade superior. As crianças são impressionáveis e as experiências da infância tendem a ficar na memória. No caso, mesmo sendo um pensador e escritor profissional, Hitchens jamais abandonou sua primeira pontada de indignação. Ele nunca pensou que a religião poderia ao mesmo tempo ser reconfortante e verdadeira – do ponto de vista dele, os dois aspectos são mutuamente exclusivos. A descrença cega tem isso em comum com a fé cega: ambas se voltam ao fanatismo ao recorrer a uma mentalidade do tipo tudo ou nada. (É interessante notar que o desdém e a indignação se tornaram verdadeiras marcas registradas dos textos de Hitchens.)

A fé cega e a descrença cega também têm outras coisas em comum. Ambas se recusam a se submeter a testes. Elas condenam o outro lado. Dependem de fortes ligações emocionais. A principal diferença é que a descrença disfarça sua cegueira por trás de um véu de racionalidade. Assim, Hitchens afirma que as preces não levam a nenhum resultado. Essa afirmação desconsidera as inúmeras pessoas que declaram que suas preces foram atendidas. Uma pessoa sensata leva isso em conta como uma evidência. No entanto, permanece o fato de não ser possível testar a veracidade ou falsidade da maioria dos casos de fé cega. A Santíssima Trindade, a Imaculada Conceição, Maomé indo a Jerusalém montado em um cavalo alado e depois ascendendo ao céu... O clamor dos ateus para rejeitar todas as religiões com base nos dogmas religiosos é injusto. Os dogmas são como um bilhete de entrada ou uma carteirinha de acesso ao clube. A maioria das pessoas nasce em alguma religião e, portanto, já tem automaticamente um passe de entrada.

Só mais tarde é que elas têm a oportunidade de ponderar o lado dogmático de sua fé. Quando isso acontece, três perguntas importantes vêm à tona: *O que eu preciso fazer? Que diferença essa crença faz? Eu serei afetado por essa crença?* Vejamos o exemplo do mais básico dos dogmas cristãos: Jesus morreu e renasceu dos mortos. Não é uma crença que pode ser testada. Espera-se que ela seja aceita cegamente se você quiser ser um cristão praticante na maioria das vertentes (mas não em todas). Para quem vê de fora, aceitar a Ressurreição pode parecer irracional. No entanto, se você submeter essa crença às três perguntas acima, percebe que há mais razões para acreditar nesse objeto de fé cega que a mera plausibilidade para uma pessoa racional.

O que eu preciso fazer? Para a grande maioria dos cristãos, a resposta é "nada". A crença na Ressurreição é algo passivo, exceto na Eucaristia, que é voluntária.

Que diferença essa crença faz? Esta é uma pergunta mais ambígua, uma vez que a Ressurreição está ligada ao perdão dos pecados, um tema recorrente para os cristãos. Além disso, como uma questão de consciência, acreditar na Ressurreição é um teste relativamente fundamental. É difícil considerar-se um cristão se você não acreditar que Jesus ressuscitou dos mortos. No entanto, mesmo neste caso a mentalidade do tipo tudo ou nada dos ateus militantes não se aplica. A teologia moderna abre espaço para a fé conviver lado a lado com a dúvida, e muitas vertentes há muito tempo se afastaram de eventos místicos como a Ressurreição, preferindo se concentrar em boas ações e em uma vida moral.

Eu serei afetado por essa crença? Só pelo fato de ser uma crença mística, a Ressurreição afeta os cristãos principalmente depois que eles morrem e vão para o céu. Só então eles descobrirão se Cristo de fato os redimiu de seus pecados. Mesmo assim, o dogma não é uniforme. Algumas vertentes não ensinam sobre o pecado e sobre a redenção e não enfatizam o Dia do Juízo Final. Em resumo, você pode ser um cristão praticante sem ser afetado pela Ressurreição.

Um conhecido ditado evangélico diz que "a fé ativa Deus". Se a presença de Deus requer fé, os riscos são mais altos para a fé mínima que muitos cristãos sentem. Sem fé, Deus permanecerá inerte. O Todo-Poderoso, que pede que aceitemos com base na fé coisas nas quais, no fundo, não acreditamos, nos ignorará. Eu rejeito essa premissa de uma relação de troca de favores. Um Deus que aceita uma pessoa e rejeita outra não pode ser divino, porque, como vimos, ele só estaria imitando a natureza humana. Neste livro, o critério da fé é diferente da aceitação cega. A fé é uma etapa no caminho para o verdadeiro conhecimento de Deus. De acordo com esse critério, a fé cega é questionável, mas não fatal (longe disso). Como um ato místico, a fé cega pode abrir aspectos sutis da mente. Pode levar a uma visão expandida da realidade e permitir que você veja a si mesmo como um ser multidimensional, que existe em outros planos além do físico.

A fé cega passou muitos séculos cumprindo essa função. Sem dúvida, a ascensão da ciência reduziu o poder dos dogmas. Isso, em geral, é bom. A fé testável será muito mais valiosa que a fé não testável. Não temos como contestar os danos causados pela superstição e pela ignorância no decorrer da história da religião. No todo, a fé cega merece ser considerada como um exemplo de má-fé. Não é válido, contudo, igualar a religião à espiritualidade. Você pode questionar a fé cega e rejeitá-la sem prejuízo à sua jornada espiritual. Na verdade, isso provavelmente o ajudaria ao longo do caminho.

Preconceito

Quando a religião cria discórdias baseadas na intolerância e no ódio, ela é claramente culpada de má-fé. Nos Estados Unidos, as igrejas sulinas – piamente justificando a escravidão antes da Guerra Civil e fechando os olhos à injustiça racial por um século depois disso – usaram Deus como uma máscara para o preconceito.

Alguns ensinamentos religiosos chegam a considerar necessário que a fé seja preconceituosa. Vários anos atrás, eu fazia pesquisas para um livro sobre Jesus e fui atrás dos textos escritos por um papa recente (cujo nome não precisa ser especificado). Passando os olhos distraidamente pelo índice remissivo vi que, no verbete "Buda", se lia o seguinte parecer: "Embora algumas pessoas vejam paralelos entre a vida de Buda e de Jesus, trata-se de uma falsa crença. O budismo é uma forma de paganismo cujos seguidores ainda não aceitaram que Jesus Cristo é o salvador do mundo". Outro papa, na época um cardeal, elaborou a condenação encíclica da meditação oriental que se tornou uma doutrina da igreja, alegando que a meditação afastou os católicos das preces à Virgem Maria como uma intercessora de Deus. Fiquei triste com essa postura reacionária, tão preponderante nas crenças dogmáticas. Os fiéis não podem questionar o que a Bíblia ou o Corão condena, seja os infiéis, os homossexuais, comer alimentos proibidos ou direitos iguais às mulheres. A ortodoxia, quando se transforma em preconceito, orgulha-se de ignorar o progresso da humanidade. As atitudes nunca evoluem além da época na qual as escrituras antigas foram escritas.

É preciso combater a intolerância religiosa em todas as sociedades e impedi-la de prejudicar as pessoas. A maioria dos fiéis não sente o problema na vida cotidiana. Os tribunais de justiça estão aí para ordenar transfusões de sangue para crianças gravemente doentes, contornando as objeções religiosas dos pais, ou para defender os direitos das mulheres. A religião, em toda a sua variedade, entrará no mercado de ideias como mais uma voz dentre muitas outras vozes em defesa de mudanças progressistas, como o casamento *gay*. Apesar de tudo isso, no entanto, essas questões não entram no nosso dia a dia como testes de consciência. Devo revelar o meu próprio preconceito aqui. Considero um caso de má-fé qualquer forma de pensamento do tipo "nós contra eles". As religiões tendem a atrair facções estritas, cujo Deus é o único Deus verdadeiro, alegando razões raciais, tribais, políticas e teológicas. Não acho que nada disso seja justificável.

Todos nós conhecemos fiéis fervorosos que rejeitam e até denigrem as outras crenças. O islamismo radical tem causado grandes danos à tolerância de todas as fés, da mesma forma como fez o antissemitismo durante muitos séculos. Não estou aqui para impor o meu preconceito aos leitores. As pessoas mantêm seus preconceitos por razões irracionais. O melhor que pode ser dito é que a religião é apenas um outro ingrediente da mistura. Imagino que a educação familiar não raro promove mais a intolerância que a escola dominical. O preconceito é um ponto fraco da cultura religiosa, muito mais que seus ensinamentos oficiais. Seria mais inteligente deixar o preconceito ser o que sempre foi, um teste de consciência. Cada um deve decidir os próprios limites; cada um deve se posicionar de acordo com as circunstâncias. Em geral, o preconceito é um exemplo de má-fé na sua forma mais flagrante. Todo mundo sabe disso, de modo que não precisamos nos deter nessa discussão aqui.

Por outro lado, há muito a dizer sobre a pseudociência, uma forma de má-fé praticada tanto por fiéis quanto por céticos. Dawkins e companhia rotulam as investigações sérias dos outros como sendo mero charlatanismo se a lógica se desviar de sua linha científica restrita. Por sua vez, o ateísmo militante abusa do método científico para promover os próprios interesses. O significado do termo *pseudociência* varia dependendo do ponto de vista.

A ciência também requer fé

Você pode argumentar que a ciência deveria ser ateia no sentido mais literal: deixar Deus completamente de fora da equação. Não dá para forçar Deus a se encaixar em um modelo científico. Não é possível submetê-lo a testes experimentais, de modo que a alegação de

Dawkins de que Deus não corresponde aos rigores da ciência equivale a um beco sem saída. Nessa mesma lógica, o universo pode ser mensurado e explorado sem recorrer à fé.

Mas, claro, a antiga rivalidade entre a ciência e a fé tem raízes muito mais profundas que a ascensão dos ateus militantes ou de seus adversários declarados, os criacionistas. O espetáculo secundário oferecido pelo embate entre os ateus militantes e os criacionistas tem pouca ressonância nos laboratórios. As listas de *best-sellers* não refletem necessariamente a realidade. Por qualquer padrão realista, o número de fanáticos que defendem um ou outro lado é pequeno. Os cientistas se afligem muito mais ao constatar que muitos estadunidenses – mais da metade, de acordo com um levantamento – acreditam que a criação não poderia ter ocorrido sem ao menos alguma participação de Deus. (Eu tento pensar que essa crença é passiva, como acreditar em óvnis e no monstro do Lago Ness.)

A razão mais profunda para o confronto direto da ciência com a religião nos dias de hoje é que a realidade tornou-se muito difícil de explicar usando, inclusive, os modelos mecanicistas mais complexos. A linha nítida que costumava dividir a ciência do misticismo se tornou irremediavelmente nebulosa. Será que o universo pode ser tão vivo quanto nós? Será que o universo pode ser capaz de pensar? O falecido físico britânico David Bohm sugeriu uma possível resposta quando disse: "Em certo sentido, o homem é um microcosmo do universo. Portanto, o homem é uma pista para desvendar o universo". Os seres humanos se espelharam na natureza. Se realmente somos um microcosmo, o macrocosmo – o universo como um todo – deve ser visto em termos do que nos torna humanos.

De repente, vemos uma profusão de livros escritos por físicos credenciados argumentando a favor de um universo consciente, um universo vivo e até um universo influenciado pela percepção humana. Essa nova visão impõe um desafio radical ao materialismo científico. Pode parecer que Einstein estava em um estado de espírito poético quando declarou que queria conhecer a mente de Deus. Grave especulação, no entanto, é levantada por Freeman Dyson: "A vida pode ter conseguido, enfrentando todas as adversidades, forjar um universo para seus propósitos". Em outras palavras, como o único universo que podemos conhecer é percebido por meio da nossa mente, pode ser que a nossa mente molde a realidade. Uma lente vermelha faz tudo parecer vermelho e, mesmo se existirem outras cores, elas não podem ser conhecidas enquanto estivermos olhando o mundo através da lente vermelha.

Ver o mundo através das lentes da mente humana é um processo muito mais complexo que segurar um pedaço de vidro colorido diante dos olhos, mas a mesma limitação se aplica também a esse caso. A nossa mente vê um jogador de futebol fazer um gol e, por ser linear, entende que o pé precisa atingir a bola antes de ela poder entrar no gol. A história é contada por uma simples relação de causa e efeito. No entanto, com base nas descobertas da física quântica, sabemos que, em um nível mais profundo, o tempo avança para trás e que a causa pode ser atribuída após a ocorrência do efeito. Assim, é possível que a causa e o efeito não existam sem uma mente pronta para ver as coisas dessa maneira. Se você estiver comprometido com um tipo obsoleto de materialismo, uma proposição como essa lhe parecerá absurda. O hábito de se ver no espelho da natureza deixou de fazer sentido quando tudo "lá fora" passou a ser visto como um monte de dados fragmentados – só as migalhas, não o pão.

Neste ponto, é preciso esclarecer um item bastante básico: o universo visível não é o mesmo que a realidade. Quando objetos sólidos são reduzidos a átomos e, em seguida, a partículas subatômicas, eles deixam de ser sólidos. Eles são nuvens de potencialidade. De acordo com a definição da física, a potencialidade não é matéria nem energia, mas algo completamente intangível, por mais sólida que possa ser uma montanha ou por mais potente que possa ser um relâmpago. As partículas, nesse estado, deixam de ser partículas. Elas não têm uma localização específica no espaço, mas cada partícula se origina de ondas quânticas que podem se estender infinitamente em todas as direções. Mesmo se Dawkins pudesse resgatar a noção de que aquilo que vemos é uma referência ao que é real, as teorias mais recentes do cosmos propõem que 4% do universo são compostos de matéria e energia mensuráveis. Os outros 96% consistem nas chamadas energia e matéria escuras, que ainda não são bem compreendidas. Elas não podem ser vistas, apenas inferidas.

O físico Joel Primack, que se especializou em investigar o modo como o universo é construído, usa a imagem de um bolo recheado, uma "sobremesa cósmica" com uma composição surpreendente. A maior parte do bolo (70%) é feita de energia escura com um recheio de matéria escura (25%), como um bolo de chocolate recheado de creme. Primack escolheu o chocolate por ser escuro, apesar de ninguém ter observado a energia e a matéria escuras. Sobram apenas 5% do cosmos que poderiam ser visíveis. A maior parte dessa porcentagem (4,5% do total) é ocupada por átomos flutuantes de hidrogênio e hélio, bem como vários átomos mistos nas profundezas do espaço – chamo a isso de cobertura do bolo. Todo o resto da matéria visível, que inclui bilhões e bilhões de estrelas e galáxias, é como uma pitada de canela por cima do bolo. O universo no qual os materialistas fundamentam a realidade, em outras palavras, equivale a 0,01% da sobremesa cósmica.

Todas as evidências apontam para uma direção: precisamos de um novo paradigma para explicar o cosmos. Precisamos aceitar, antes de mais nada, que os cinco sentidos são as últimas coisas nas quais devemos confiar. Além disso, até teorias tão reverenciadas quanto a teoria da relatividade tornaram-se radicalmente instáveis. A energia escura está ampliando o espaço entre as galáxias mais rapidamente que a velocidade da luz. Desse modo, *alguma coisa* além do espaço e do tempo atua como a principal força para a criação e a destruição do cosmos e, seja o que for, é tão invisível quanto a mente, Deus, a alma e a consciência superior.

O biólogo inglês Rupert Sheldrake, famoso por expressar abertamente suas opiniões, passou décadas elaborando uma visão ousada para criar um novo paradigma. No processo, ele se transformou em um verdadeiro para-raios contra os materialistas incapazes de tolerar a noção de que coisas invisíveis poderiam ser reais. Sheldrake escreveu um artigo revelador sobre as razões pelas quais a má ciência é tão negativa quanto a má-fé:

> A má religião é arrogante, hipócrita, dogmática e intolerante. E o mesmo pode ser dito da má ciência. No entanto, diferentemente dos fundamentalistas religiosos, os fundamentalistas científicos não percebem que suas opiniões são fundamentadas na fé. Eles acham que conhecem a verdade. Eles acreditam que a ciência já resolveu as questões fundamentais. Os detalhes ainda precisam ser resolvidos, mas a princípio as respostas são conhecidas.

Essa é exatamente a postura de Dawkins. Ele e sua turma seguem uma fé baseada no cientificismo, que é a crença de que o método científico um dia vai resolver todos os problemas.

O cientificismo é um tipo de fé e parece ter mais apelo que, digamos, o criacionismo, que rejeita a evolução do universo e da vida na Terra. No entanto, como Sheldrake observa, o cientificismo tem o efeito danoso de rejeitar o raciocínio e as investigações em qualquer direção que não esteja de acordo com as diretrizes convencionais. "A ciência, na sua melhor forma, é um método investigativo imparcial, não um sistema de crenças. Mas a 'visão científica de mundo', baseada na filosofia materialista, tem tanto prestígio devido ao grande sucesso da ciência".

Se a ciência é um sistema de crenças, tão baseada na fé quanto a religião, ela trai os próprios princípios. Torna-se uma pseudociência. No entanto, um leigo – inclusive um cientista comum – na verdade não faz ideia da extensão na qual a ciência recorre à fé. Sheldrake escreve: "Essas crenças materialistas muitas vezes são aceitas sem questionamento pelos cientistas, não porque eles as ponderaram meticulosamente, mas porque eles não as ponderaram. Desviar-se dessas crenças é considerado uma heresia e a heresia não ajuda os cientistas a avançar na carreira". Sheldrake escreveu textos brilhantes sobre as crenças que todos nós tendemos a aceitar sem questionar com base no prestígio da ciência. Essas crenças podem ser resumidas em algumas frases.

A ciência como um sistema de crenças

NO QUE VOCÊ DEVE ACREDITAR PIAMENTE, COM BASE NA FÉ

A crença de que o universo é uma máquina cujas partes funcionais podem ser explicadas e esquematizadas em um diagrama. Feito isso, teremos uma Teoria de Tudo.

O corpo humano também é uma máquina, e um dia a ciência desvendará todos os aspectos até o nível molecular.

Feito isso, as doenças serão erradicadas. Além disso, todas as doenças mentais serão curadas com medicamentos.

A natureza não é imbuída de uma consciência e é o fruto de uma atividade aleatória no nível físico. Um dia a ciência nos convencerá a deixar de acreditar que a vida não tem qualquer finalidade inerente que não seja a sobrevivência.

A luta evolucionária por comida e pelo direito de se acasalar explica as origens do comportamento humano. O comportamento moderno é um resultado direto da evolução darwiniana. Os nossos genes decidem o nosso destino.

A mente pode ser reduzida a processos físicos que ocorrem no cérebro. Como esses processos seguem rigorosas leis da química e da física, a nossa vida é determinista. O livre-arbítrio não tem qualquer função ou, se tiver, apenas uma função secundária.

Nesse sistema de crenças, tudo o que é tangível tem prioridade sobre tudo o que é intangível. Dawkins pertence ao grupo que associa todos os aspectos da psicologia humana à seleção natural. Isso também é pura fé. Não existem fósseis de comportamento, para a sorte de Dawkins, já que nenhuma de suas teorias pode ser testada. Se ele afirma que Deus se originou de um mecanismo de sobrevivência, não há evidências para comprovar nem para refutar a ideia. O caminho fica aberto para as suposições mais fantasiosas. Vamos teorizar, por exemplo, que as mulheres do paleolítico começaram a usar colares porque o adereço atraía homens mais poderosos que, por sua vez, davam a essas mulheres um bife de mastodonte a mais do que para as mulheres que só usavam brincos. A linha da psicologia evolucionária de Dawkins explica o comportamento propondo nada mais que histórias fantasiosas como essa.

A menos que você tenha fé e acredite que a teoria de Darwin deve se aplicar a tudo o que pensamos e fazemos, fica claro que não é o caso. Segundo a teoria da seleção natural, qualquer atributo específico aumenta a nossa eficácia em obter alimento ou conquistar o direito de nos acasalar. Então, como a pintura rupestre nos ajuda a atingir qualquer um desses dois objetivos: o amor de uma mãe por seu bebê ou o prazer que sentimos ao ouvir uma bela música? O público em geral não tem ideia da extensão na qual a crença na psicologia evolutiva é arraigada. Os religiosos são acusados, e com razão, de um discurso retrógrado, aceitando Deus como uma verdade inquestionável. Como Deus deve existir, um fundamentalista cristão consegue ver a mão de Deus em acidentes de avião, em furacões ou no divórcio de uma estrela de Hollywood. Absolutamente qualquer coisa pode se encaixar nesse esquema de pecado e danação.

A ciência deveria ser exatamente o oposto de uma argumentação com base na fé, mas, para Dawkins, até os aspectos mais improváveis do comportamento humano se transformam em mecanismos de sobrevivência. Não consigo deixar de sorrir ao ler a ironia de Oscar

Wilde: "Perdoe sempre os seus inimigos. É tudo o que eles mais odeiam". Ninguém tem como provar que o senso de humor se desenvolveu nos nossos antepassados devido a uma mutação genética aleatória. E como uma mutação como essa os ajudou a sobreviver? Quem sabe isso aumentou as chances de sucesso de conquistar garotas em bares para solteiros na Idade da Pedra? Quando ridiculariza a fé por não se basear em fatos, Dawkins poderia direcionar a mesma acusação ao próprio campo.

Sheldrake disseca detalhadamente as suposições não comprovadas do materialismo em seu livro *A ciência sem dogmas*, que ajuda a desmantelar uma visão de mundo cada vez mais desgastada. Ele é realista quanto às deficiências da natureza humana: "Tanto na religião quanto na ciência, algumas pessoas são desonestas, exploradoras, incompetentes, além de apresentar ainda outras fraquezas humanas". Ele conclui que a ciência está sendo refreada por "premissas centenárias que se cristalizaram em dogmas".

Será que isso realmente afeta o modo como pensamos em Deus? Sim, e de uma maneira bastante direta. Um universo sem sentido não pode ser divino. A atividade aleatória põe por terra qualquer senso de propósito. A mente que se originou de uma atividade eletroquímica não pode conhecer a revelação ou a epifania. A escolha, pelo menos dessa vez, de fato é uma questão de tudo ou nada. Para mim, é mais do que claro que as experiências espirituais de fato existem, que agimos com base no nosso livre-arbítrio e que a nossa vida tem um sentido. Seria possível afirmar, com profunda convicção, que a "religião natural" surgiu da experiência humana e foi se desenvolvendo com o passar dos séculos.

Isso implica que a ciência tem todo o direito de também ser um sistema de crenças. Só se pode exigir que os cientistas admitam as suas regras de fé. A ciência não descreve a realidade, já que nenhuma escola de filosofia jamais conseguiu provar que o universo físico é real. (Nem Stephen Hawking, longe de ser um crente em Deus, confirmou isso.)

Presumimos que as coisas físicas são reais com base nas evidências das informações que recebemos por meio dos cinco sentidos. Isso, contudo, é o mesmo que dizer que aceitamos a realidade subjetivamente. Sem a visão, a audição, o tato, o paladar e o olfato, não existiria uma realidade para ser vivenciada.

O resultado surpreendente é que Deus está em pé de igualdade com as estrelas, as galáxias, as montanhas, as árvores e o céu. Nenhum deles pode ser objetivamente validado. "Esta pedra é dura" não é uma afirmação mais verdadeira que "Eu sinto o amor de Deus". E também não é menos verdadeira, uma vez que as sensações são uma maneira segura de viver no mundo. Se é possível confiar na sensação de que o fogo queima e não deve ser tocado, então sentir o amor de Deus tem o mesmo direito de ser confiável. A única diferença é uma nova visão de mundo. Todos nós estamos mergulhados na visão de mundo do materialismo, de modo que a premissa de que as experiências espirituais devem ser irreais tornou-se uma regra de fé.

Retomarei a intimidadora pergunta "O que é a realidade?" mais adiante, quando chegarmos ao tema do verdadeiro conhecimento de Deus. Todos nós, cientistas ou fiéis, nos orientamos pela realidade. Aonde quer que ela nos leve, devemos segui-la. A descoberta dos fósseis mudou a fé para sempre, conduzindo a mente a um novo modelo de realidade. No presente momento, a mesma coisa está acontecendo graças a descobertas nos mais variados campos, inclusive na biologia, na física, na neurociência e na genética. Um novo modelo de realidade está sendo forjado e, por sua vez, está nos forjando.

No entanto, a mudança não anulou uma antiga frase da Bíblia: "Porque, como imaginou no seu coração, assim é ele" (Provérbios 23:7). Em outras palavras, somos o que os nossos pensamentos fizeram de nós. Meu amigo Eknath Easwaran ecoou essa frase em sua visão da fé como sendo o núcleo invisível no interior de todas as pessoas. Ainda mais antigo que a Bíblia hebraica é o conceito indiano de *shraddha*, uma palavra normalmente traduzida como "fé", mas que inclui tudo o que valorizamos, buscamos obter e vislumbramos. São João da Cruz escreveu: "No entardecer da vida, seremos julgados somente pelo amor". No mundo de devoção católica de São João da Cruz, o universo foi criado como uma dádiva do amor de Deus e o modo como recebemos essa dádiva indica se somos dignos de recebê-la. Não há necessidade, contudo, de traduzir essa verdade em termos religiosos. De acordo com o conceito do *shraddha*, nós vivemos pelo que amamos. Amar Deus não é diferente de amar a ciência, se é isso que essencialmente orienta a nossa vida.

Na má-fé, insistimos que as nossas crenças deveriam definir a realidade para todos. Na boa-fé, nós nos beneficiamos ao máximo do que amamos e desejamos o mesmo para todos. No *Bhagavad Gita*, o Senhor Krishna demonstra uma confiança sublime no poder da realidade de nos levar aonde precisamos ir: "Acolho no meu amor todos os que se aproximam de mim. Em qualquer circunstância, todos seguem o caminho que conduz a mim" (*Gita* 4:11). Chamo isso de poder da realidade e não de poder de Deus, uma vez que uma divindade onipresente deve residir em cada grão de realidade, expressando-se por meio de todas as experiências. Puro misticismo? Só se você optar por não testá-lo. A utilização mais elevada do livre-arbítrio é verificar se ele realmente conduz a Deus. Krishna limita seus poderes quando diz que, se a pessoa não escolher caminho algum, Deus não pode fazer nada. O segredo da natureza humana, felizmente, é que todos nós seguimos o caminho daquilo que mais amamos.

No momento, a fé é uma estação temporária no caminho. Eknath Easwaran analisou profundamente a própria vida, o que o levou a acreditar em mais uma coisa: quando uma pessoa se dedica com fé plena, o objetivo da devoção é atingido. Tudo bem que ele se inspirou no *Gita* para ter essa ideia. O que importa é que sua vida foi longa o suficiente – e plena o suficiente – para comprovar a verdade da noção.

O projeto da sabedoria

A vida fica melhor com a fé. Essa é a proposição diante de nós. À primeira vista, a proposição pode parecer questionável. A fé muitas vezes não traz os benefícios repetidamente prometidos. A fé não recompensada pode levar a desilusão ou desencanto. Isso me lembra de um exemplo comovente. O mundo ficou chocado quando as cartas de Madre Teresa, que a Igreja passou um bom tempo sem divulgar, foram reveladas em 2007. A pequena freira albanesa tinha morrido dez anos antes. Seu trabalho com os pobres em Calcutá fez dela um modelo de caridade cristã que foi muito além das fronteiras do catolicismo. Experimentos psicológicos conduzidos em Harvard usaram filmes de Madre Teresa segurando bebês órfãos doentes nos braços; os filmes foram mostrados aos participantes do estudo. O simples ato de ver as imagens provocou alterações fisiológicas benéficas, reduzindo a pressão arterial e neutralizando vários fatores de estresse.

De repente, as cartas revelaram que aquele exemplo de virtude era afligido por dúvidas, que a atormentaram ao longo de toda a sua trajetória. Nascida com o nome Agnes Bojaxhiu, Madre Teresa recebeu o Prêmio Nobel da Paz em 1979, mas naquele mesmo ano escreveu uma carta a um padre com uma mensagem desoladora. "Jesus tem um amor muito especial pelo senhor. Quanto a mim, o silêncio e o vazio são tão grandes que olho e não vejo, escuto e não ouço."

Os que defendem a canonização de Madre Teresa alegam que suas dúvidas a tornam um exemplo de fé ainda mais heroico. (Sua batalha espiritual foi tão árdua que ela costumava usar um cilício, uma veste ou cinto feito de crina ou pano áspero, cujo desconforto lembrava o sofrimento de Cristo.) No entanto, se as cartas forem interpretadas literalmente, sem maior análise, Madre Teresa enfrentava um dilema espinhoso. Ela tentava viver de acordo com um ideal cristão só para ficar desnorteada quando Deus não a ouvia. Deus nunca mostrou sua presença àquela grande devota, de modo que ela teve de enfrentar uma profunda decepção e (como alguns ateus apontam com alegria) ceticismo sobre a verdade da religião.

Quando a crença é grande, a dúvida nunca está muito longe. Há coisas demais em jogo. Apesar de seu caráter descomunal e de ser um modelo de imensa compaixão, a "santa dos esgotos" não era tão diferente dos fiéis comuns que se sentem abandonados por Deus. A história de Madre Teresa reforça a minha convicção: a fé precisa melhorar a vida para ser válida. O legado da religião pode ser visto de longe, em termos de grandes eras históricas, mas, em última análise, se resume a responder se os fiéis se beneficiaram ou não de sua fé, uma pessoa de cada vez. Se viver uma vida virtuosa dedicada a ajudar os outros o deixa em um estado desprovido de Deus, seu bem-estar não melhorou. Se agarrar-se à religião cria uma base para a intolerância – para não mencionar tortura e guerra –, a fé é usada para aumentar a maldade no mundo. A proposição de que a fé melhora a vida é invalidada.

O que salva a fé dessa análise desoladora é uma força contrária: a sabedoria. A sabedoria corrobora a fé, porque ambas se baseiam no invisível. Ambas devem ser testadas por cada pessoa para verificar sua validade. O que acontece quando você decide viver em boa-fé? A vida acontece, entre o café da manhã e o jantar. O que você pensa, diz e faz deve se transformar em algo de valor. Toda questão do valor requer sabedoria. Cada bifurcação no caminho, por menor que seja, requer uma escolha. Tradições de sabedoria desenvolvidas ao redor do mundo nos proporcionam uma orientação, com base em milhares de anos de experiência humana, sobre quais escolhas tendem a melhorar mais a vida. Vejamos, em linhas gerais, para onde a sabedoria tende a apontar.

Escolhas sábias

AS DECISÕES QUE LEVAM A UMA VIDA CONSCIENTE

> Quando você estiver temeroso e ansioso, não confie na voz do medo.
> Quando estiver em uma situação caótica, encontre um jeito de trazer ordem e tranquilidade à sua vida.
> Diante de um conflito colérico, não decida enquanto a raiva não diminuir.
> Quando encontrar resistência às ideias que mais preza, leve em consideração o ponto de vista dos que resistem.
> Quando sentir a tentação de condenar alguém, veja se o que tanto odeia não está escondido dentro de você.
> Quando estiver em dificuldade, decida se é melhor suportar a situação, tentar mudá-la ou se distanciar dela. Tomada a decisão, aja de acordo.
> Quando souber a verdade, defenda-a.

Esses são apenas alguns exemplos de sabedoria em ação e eles se aplicam a situações do dia a dia, e não a grandes questões espirituais. A tradição védica tem uma história sobre um jovem que partiu em busca do segredo da abundância. Ele passou muitos meses viajando pelos campos, até que um dia, em uma floresta, encontrou um mestre espiritual e lhe perguntou como realizar seus sonhos.

"O que você realmente quer?", perguntou o mestre.

"Quero ter riquezas incalculáveis, mas não por razões egoístas", o jovem respondeu com sinceridade. "Quero usar essa riqueza para ajudar o mundo todo. O senhor poderia, por favor, me contar o segredo para gerar a abundância?"

O mestre concordou. "No coração de cada ser humano há duas deusas. Lakshmi, a deusa da riqueza, é bela e generosa. Se você a adorar, ela poderá conceder-lhe tesouros e riquezas, mas ela é caprichosa e você também poderá perder suas boas graças sem qualquer aviso. A outra deusa é Saraswati, a deusa da sabedoria. Se você venerar Saraswati e dedicar-se à sabedoria, Lakshmi ficará com ciúmes e lhe dará mais atenção. Quanto mais você buscar a sabedoria, maior será o fervor com o qual Lakshmi correrá atrás de você, cobrindo-o de riqueza e abundância."

Esse conselho vai muito além da sabedoria popular que costumamos ouvir, como "Faça o que gosta e o dinheiro virá" ou "Siga a sua paixão". As lições de sabedoria nem sempre são apaixonantes e você pode gostar de uma coisa hoje e de outra coisa amanhã. Em um nível mais profundo, dedicar-se a Saraswati, ou à sabedoria, tem a ver com quem você realmente é, com descobrir seus talentos únicos e se utilizar deles. O caminho para a realização está dentro de cada um de nós. Se você escolher um caminho exterior, em vez do caminho interior, todas as recompensas que podem vir na forma de dinheiro, *status* e posses podem acabar sendo inúteis, porque você nunca chegará a mobilizar o que realmente faz de você uma pessoa realizada. Porém, não adianta dizer que o dinheiro não traz felicidade, porque muita gente se contenta com o que o dinheiro traz. Na verdade, o problema é a programação mental. Se você não tiver outra referência além do materialismo, o caminho menos percorrido nem chega a existir. Pessoas que pensam assim só conseguem enxergar uma grande avenida que leva para o *shopping*.

Como acontece com Deus, a sabedoria só é válida se tiver uma aplicação prática no dia a dia. No entanto, a sabedoria também tem objetivos de longo prazo, que também são o resultado de decisões. Toda tradição espiritual valoriza o objetivo de atingir a paz e não o conflito; o amor e não o medo; o entendimento e não a condenação; o bem e não o mal. Se não conseguimos atingir esses objetivos de longo prazo, não é por falta de visão. As bibliotecas estão repletas de livros contendo ensinamentos sábios. Pelo contrário, o fracasso se deve às decisões de curto prazo que tomamos entre o café da manhã e o jantar. Essas decisões definem o nosso comportamento, nossas atitudes, crenças e até configuram o nosso cérebro.

O cérebro se predispõe de maneira extraordinária a tomar decisões que favorecem o bem, o que incrivelmente já acontece desde a mais tenra idade. Robustas evidências foram coletadas no Centro de Cognição Infantil da Universidade de Yale, onde os bebês são analisados para verificar se possuem um senso moral inato. Em um experimento, os pesquisadores mostram a um bebê uma cena representada por três bonecos. Um boneco tenta abrir uma caixa, mas a tampa é pesada demais para ele abrir sozinho. O boneco da direita o ajuda e juntos eles conseguem abrir a caixa. Já o boneco à esquerda fecha violentamente a caixa, recusando-se a ajudar.

Depois de o bebê ver esse pequeno drama, ele deve fazer uma escolha. Ele prefere brincar com o boneco "bonzinho" ou com o boneco "malvado"? Mais de 80% das vezes, os bebês preferem o boneco bonzinho. E estamos falando de bebês de apenas três meses de idade. Da mesma maneira, se um bebê que mal começou a engatinhar vê a mãe derrubar alguma coisa no chão, ele vai voluntariamente pegar o objeto e entregá-lo à mãe. Só podemos especular sobre as origens dessa predisposição para o bom comportamento, mas nela reside a semente da sabedoria. Não que os bebês sejam sempre bons; não é tão simples assim. O Centro de Cognição Infantil de Yale também conduz um experimento no qual um boneco "malvado" é punido, e foi constatado que os bebês demonstram uma tendência a favorecer a punição, em vez de perdoar o boneco malvado. Desde a infância, somos predispostos a não perdoar. Essa pode ser a semente da nossa mentalidade do tipo nós contra eles, que, segundo alguns pesquisadores, também é inata.

A semente da bondade, para germinar e crescer, requer anos de aprendizado e experiência. O cultivo do bem ocorre longe do alcance dos olhos e é preciso ter fé para continuar seguindo em frente. Se olharmos de fora para a humanidade atual – como um marciano que pousasse com sua nave espacial para estudar a raça humana –, vemos que a sabedoria é suplantada por coisas muito mais visíveis, como a guerra, o crime e a violência. O nosso novo grande salvador é a tecnologia e, se na China 80% dos estudantes se formam em engenharia, esse fato é usado para demonstrar como a sociedade chinesa deve ser orientada para o futuro. Pergunte a qualquer pessoa qual será a solução para o aquecimento global, a superpopulação ou a pandemia global de aids (escolha o problema que quiser) e a resposta quase sem dúvida será que a pessoa aposta suas fichas em um avanço científico no futuro. O número de pessoas que esperam que sejamos salvos pela sabedoria na verdade será minúsculo.

No entanto, essa é uma visão míope. Apesar de tudo, a sabedoria tem crescido na luta contra a loucura humana. A sabedoria, por natureza, se acumula no interior das pessoas, levando a consciência superior a mudar de direção. Somos criaturas visionárias. O nosso instinto é nos aproximar da luz. O que o poeta William Blake quis dizer quando escreveu "E, por toda a eternidade, eu te perdoo e tu me perdoas"? A afirmação não faz sentido se você se concentrar na guerra e nos conflitos que infestam a história sangrenta da humanidade. Se você estiver convencido de que a bondade prevalece, contudo, a afirmação é um exemplo de sabedoria. Quando a família de Anne Frank estava escondida dos nazistas que ocuparam Amsterdã e perseguiram os judeus, Anne Frank escreveu em seu diário: "Apesar de tudo, eu ainda creio na bondade humana". Dá para acreditar nisso sabendo que a Gestapo acabou encontrando a família Frank e a enviou para morrer em Auschwitz no último trem que partiu da Holanda? Nos campos de concentração, prisioneiros morreram vítimas de experimentos médicos hediondos realizados por sádicos como Josef Mengele, o "anjo da morte" de Auschwitz, mas alguns raros abençoados ainda usaram o último suspiro para abençoar seus algozes. Um comportamento extraordinário vence a dor e o sofrimento até diante da morte certa.

A sabedoria, em vez de pesar o bem contra o mal, leva em consideração o valor mais profundo da vida. Praticamos a sabedoria, por exemplo, quando criamos nossos filhos. Um bebê tem um *status* absoluto e, em uma boa família, é objeto de amor incondicional. Enquanto o bebê cresce, os pais lhe ensinam a diferenciar o certo do errado. No entanto, eles nunca dizem aos filhos: "O fato de você existir é errado" ou "Você causou mais mal ao mundo do que bem".

Isso não é um amor cego, mas simplesmente como o amor deve ser. É o que a sabedoria nos diz.

Sabedoria é a capacidade de ver além da superfície das coisas. Nenhuma habilidade é mais valiosa. À primeira vista, uma criança de 2 anos tendo um ataque de raiva é exasperante. A mãe da criança parece querer morrer de vergonha enquanto a criança se joga no chão berrando no supermercado. Quem passa por perto olha a cena com desaprovação. A mãe sente no olhar das pessoas que é julgada por ser uma péssima mãe, incapaz de controlar o filho. Um momento como esse requer sabedoria, requer perceber que as crianças devem ser toleradas, orientadas e amadas por quem são, e não julgadas pelo modo como se comportam. No fundo, transcendendo as aparências da situação, a mãe sabe que aquilo não passa de uma fase da criança.

Algumas mães não conseguem agir com base na sabedoria. Elas se enfurecem com a criança. Elas a culpam por fazer cena no supermercado. Recorrem a broncas ou punição física. Tendem a pensar apenas na vergonha que estão passando e no papel feio que estão fazendo diante dos outros. Em outras palavras, essas mães estão presas na aparência superficial da situação. Elas são incapazes de ver além da superfície.

Recorremos à sabedoria em todo tipo de situações nas quais a coleta de evidências não se aplica. A sabedoria vê o que não pode ser visto a olho nu. Deus é um exemplo imponente, mas algumas situações só podem ser resolvidas com sabedoria. Para a maioria de nós, o primeiro sábio do Antigo Testamento que nos vem à mente é o rei Salomão. Na mais famosa história sobre ele, duas prostitutas levam-lhe um amargo conflito para ser resolvido. Uma delas relata que deu à luz a um filho na casa onde as duas mulheres moravam. Três dias depois, a outra também deu à luz, mas se virou na cama à noite e esmagou o bebê, que acabou morrendo. Ela saiu da cama e trocou seu bebê morto pelo outro. Não havia mais ninguém na casa, exceto as duas. A segunda prostituta alega que é tudo mentira. Então, quem era a verdadeira mãe do bebê vivo?

Esperava-se que, como o rei era um representante de Deus, Salomão fosse capaz de saber intuitivamente quem estava dizendo a verdade. Em vez disso, ele propôs um teste.

> Disse o rei: "Trazei-me uma espada". E trouxeram uma espada diante do rei. E disse o rei: "Dividi em duas partes o menino vivo; e dai metade a uma e metade a outra".
> Mas a mulher, cujo filho era o vivo, falou ao rei (porque as suas entranhas se lhe enterneceram por seu filho), e disse: "Ah! Senhor meu, dai-lhe o menino vivo e de modo nenhum o mateis".
> Porém a outra dizia: "Nem teu nem meu seja; dividi-o!".
> Então respondeu o rei, e disse: "Dai a esta o menino vivo, e de maneira nenhuma o mateis, porque esta é sua mãe".
>
> (1 Reis 3:24-27)

A Bíblia não explica o que tornou o julgamento de Salomão tão sábio, só diz que sua decisão foi recebida com espanto. "E todo o Israel ouviu o juízo que havia dado o rei e temeu o rei porque viram que havia nele a sabedoria de Deus para fazer justiça." Hoje em dia poderíamos dizer que Salomão era um conhecedor da natureza humana. Ele sabia que a verdadeira mãe preferiria renunciar ao filho a vê-lo morrer. Mas isso não é tudo. A sabedoria é uma surpresa; vai contra as expectativas e nos leva por caminhos imprevisíveis.

O caminho da sabedoria

Eu arriscaria dizer que acreditar em Deus é um sinal de sabedoria, com base na nossa simples proposição de que a fé melhora a vida. Todo mundo quer ser feliz. Na tradição indiana, é possível escolher dois caminhos para a felicidade. Um é o caminho do prazer e o outro, o caminho da sabedoria. O caminho do prazer se fundamenta em maximizar todas as experiências agradáveis e minimizar as experiências desagradáveis. As crianças instintivamente seguem esse caminho, não por opção, mas por preferir o prazer à dor. Esses mesmos instintos persistem quando crescemos. Nosso cérebro é configurado para reagir a estímulos dolorosos armazenando-os na memória como algo a ser evitado no futuro. Na região mais primitiva do cérebro (o cérebro reptiliano), sensações básicas de dor e prazer criam uma intensa reação física e é por isso que buscamos sexo, comida e conforto físico.

O caminho da sabedoria deve suplantar essa configuração básica, e fazemos isso o tempo todo. Um maratonista resiste à dor para chegar ao final da corrida. Uma pessoa prudente se abstém de sobremesas doces e gordas para manter a saúde. Os seres humanos não seguem apenas o princípio do prazer. Somos complexos demais para sermos governados por qualquer mecanismo cerebral simples. No entanto, viver com prudência não é a mesma coisa que viver com sabedoria. E a sabedoria também não é encontrada em adágios como "No fim tudo acaba bem" ou "O tempo cura tudo". Máximas como essas se baseiam na experiência coletiva e têm sua utilidade. Costuma ser verdade que o tempo cura todas as feridas e que situações ruins, muitas vezes, acabam se resolvendo por conta própria. No entanto, Sócrates, o homem mais sábio de Atenas, se opunha a outra escola de filósofos, os sofistas, porque eles tinham a prática de embalar e distribuir a sabedoria aos estudantes em belos pacotes. Sócrates sustentava que a sabedoria não pode ser ensinada e que, na verdade, essa é a sua característica predominante.

A sabedoria é encontrada dentro de uma situação; é fugaz e mutável. Não se pode confiná-la a regras e máximas. Costumamos ser pegos de surpresa pela sabedoria, que muitas vezes contraria a razão e o bom senso. Uma parábola budista deixa isso bem claro. Na Índia antiga, um discípulo fica sabendo de um grande mestre que mora em uma caverna na região mais remota do Tibete. O discípulo vende tudo o que tem e mergulha na árdua jornada pelo Himalaia para encontrar a caverna. Depois de muitas tentativas, o discípulo chega à caverna e se prostra diante do professor.

"Disseram-me que o senhor é o mais sábio dos homens", e o discípulo suplica: "Por favor, transmita-me sua sabedoria. Mostre-me como me tornar um iluminado".

O mestre é um velho rabugento que não ficou nada satisfeito de ter sido perturbado pelo intruso. Ele responde: "Você acha que a sabedoria é de graça? Traga-me um saco de ouro em pó e, se trouxer o suficiente, eu o transformarei em um iluminado".

Ouvindo isso, o discípulo quase desanima, mas reúne coragem e volta à Índia, onde quase se mata de trabalhar para encher um saco com ouro em pó. Depois de muito tempo, o discípulo refaz a árdua jornada pelo Himalaia e se prostra diante do mestre.

"Fiz o que o senhor pediu, mestre. Enchi um saco com ouro em pó para o senhor me ensinar o caminho para a iluminação."

O mestre estende a mão. "Mostre-me."

Trêmulo, o discípulo retira do manto o saco de ouro, o pagamento recebido por anos de escravidão. O professor agarra o saco e joga o ouro para o ar. Em questão de segundos, o vento carrega todo o precioso metal.

"O quê? Como assim?", o discípulo berra, em desespero.

"De nada me serve o ouro", diz o mestre. "Estou velho e moro em uma caverna. Você não sabe que o dinheiro não pode comprar sabedoria?"

O discípulo fica boquiaberto, com a mente em turbilhão. De repente, o mestre tira o sapato e bate com força na orelha do discípulo. Naquele instante, o discípulo é tomado por uma completa clareza. É a alvorada da verdade. Ele desperta.

As histórias sobre a sabedoria costumam ser assim, com um final surpreendente, porque a mente, presa em sua mentalidade convencional, deve ser chacoalhada para enxergar a luz. A versão cristã, muito menos dramática, é condensada no ensinamento de Jesus no Novo Testamento (Mateus 19:24): "E outra vez vos digo que é mais fácil passar um camelo pelo fundo de uma agulha do que entrar um rico no reino de Deus". As duas histórias se focam na mente, transcendendo os interesses mundanos. (Contei a história budista do modo como a ouvi, apesar de ter descoberto mais tarde que aquela versão era uma combinação de histórias de dois ilustres mestres tibetanos, Naropa e Milarepa.)

O caminho da sabedoria tem sido chamado de "o caminho sem caminho", por não ter referências fixas. Não existe nenhum currículo escolar e, o mais frustrante de tudo, o professor não é de muita ajuda. O professor em geral diz: "Já estive onde você está agora. Continue avançando". O resto é aceito com base na fé. Se houvesse outro caminho, a maioria das pessoas o tomaria. O caminho do prazer precisa decepcionar antes de o caminho da sabedoria ter alguma chance de sucesso. No budismo, o discípulo não tem como dar o primeiro passo antes de abdicar do prazer. Esse simples fato foi condensado em uma doutrina conhecida como as Quatro Nobres Verdades, que começa com "A vida é sofrimento". Se você analisar essa afirmação brutal verá que ela se refere à falibilidade do prazer.

Não existe prazer suficiente no mundo para neutralizar o sofrimento. Alguns tipos de dor (como a morte de um filho ou matar alguém acidentalmente) não podem ser curados com doses extras de prazer. A culpa e a vergonha deixam marcas profundas, em geral permanentes.

O passado deixa cicatrizes. Como se tudo isso não bastasse, o envelhecimento e a morte são inevitáveis.

No entanto, algo mais profundo está em ação. A mesma coisa que enraíza a vida no sofrimento também conduz ao caminho para se afastar do sofrimento: a autoconsciência. Somos as únicas criaturas dotadas da consciência de que a dor é inevitável. Temos a capacidade de antever a dor no futuro e isso nos basta para anular o apelo do prazer no presente. Sem autoconsciência, você não poderia se sentir culpado das suas más ações no passado nem sentir a dor das feridas do passado que o lembram de suas deficiências. (Como disseram em uma frase provocativa: "Não quero voltar depois que eu morrer, se isso significar ter de voltar à escola com um bando de adolescentes".)

A autoconsciência nos mergulha na triste constatação de que nascemos para sofrer. Ao mesmo tempo, contudo, ela nos apresenta uma solução: o caminho da sabedoria. Por que o discípulo foi subitamente iluminado quando o mestre lhe bateu com o sapato na cabeça? Não foi o ato em si que o levou à iluminação. Na verdade, ele foi atingido com um golpe de autoconsciência e percebeu que estar no mundo – trabalhando, cuidando da família, aprendendo como fazer todas as coisas certas – ocorre em um nível diferente da verdade. É claro que a parábola é simplista. Na vida real, leva anos para aprender a seguir a prescrição de Cristo de "estar no mundo sem ser do mundo". A sabedoria é um processo de crescimento interior e não ocorre num piscar de olhos.

Uma vez que você aceita que a vida é sofrimento, as outras três Nobres Verdades se seguem:

> O sofrimento se origina do apego.
>
> É possível cessar o sofrimento.
>
> O caminho que leva à cessação do sofrimento é composto de oito partes necessárias.

As oito partes necessárias (formalmente conhecidas como o Caminho Óctuplo) são unidas pela palavra *correto*: compreensão correta, pensamento correto, linguagem correta, ação correta, meio de vida correto, esforço correto, atenção plena correta e concentração correta. Deixando de lado a terminologia especificamente budista, como *atenção plena*, tudo se resume a uma única pergunta: O que a palavra *correto* quer dizer? Infelizmente, não há uma resposta simples para essa pergunta. Buda não apresentou um manual para o jogo da vida. Sua versão de sabedoria, como qualquer outra versão, não pode ser reduzida a uma fórmula com regras fixas.

Eu noto que, para muitos budistas, como para muitos cristãos, os ensinamentos da sabedoria acabam levando a algumas contradições impossíveis. (Você pode se empenhar tanto em ser bom para os outros, por exemplo, que deixa de ser bom para si mesmo.) É um grande problema. Refletindo sobre o ensinamento de Jesus sobre dar a outra face, não é de se admirar que muito poucos cristãos consigam segui-lo. "Eu, porém, vos digo: não resistais ao mal; se qualquer te bater na face direita, oferece-lhe também a outra. E, ao que quiser pleitear contigo e tirar-te a túnica, larga-lhe também a capa. E, se qualquer te obrigar a caminhar uma milha, vai com ele duas." (Mateus 5:39-41)

Essa passagem do Novo Testamento se enquadra na categoria budista de fazer e pensar o que é "correto", mas insistimos em ignorar a parte do "não resistais ao mal" da mesma forma como os budistas e os hindus por vezes viram as costas à doutrina do Ahimsa, que orienta a não fazer mal a qualquer criatura viva. O caminho da sabedoria em geral vai contra o bom senso, a natureza humana e os aspectos sociais práticos. Tendemos a resistir ao mal, punir os transgressores e nos recusar a fazer mais do que o esperado. É tão contrário à nossa intuição seguir a sabedoria que só nos restam duas opções: falar da boca para fora que seguimos os grandes mestres espirituais enquanto vivemos como bem entendemos ou reduzir os ensinamentos a regras simples de moralidade e conduta.

Nenhuma das duas alternativas se aproxima da intenção de Cristo, de Buda ou dos outros grandes mestres. Eles não foram moralistas, mas sim revolucionários que mostraram o caminho para a transformação interior. Não condeno os cristãos praticantes por resistirem ao mal em vez de dar a outra face. Também não condeno os budistas que reduzem o Caminho Óctuplo a um conjunto claro de regras éticas. Os seres humanos sempre se beneficiarão de lembretes para serem pacíficos, tratarem bem os outros e agirem orientados pelo amor e não pela raiva. Em comparação, um ensinamento que subverte por completo o nosso comportamento do dia a dia nos parece mais ameaçador que a cura. Vou me deter por um momento para defender o caminho da sabedoria em todo o seu extremismo. Como a mensagem cristã é tão conhecida (e está temporariamente desacreditada pelos fundamentalistas da direita), usarei Buda e sua solução para o sofrimento.

O doutor Buda

Dando uma olhada na situação atual do mundo, nós nos sentimos impotentes diante de tanto caos, que parece oscilar entre a loucura e a catástrofe. No entanto, quando as pessoas procuraram Buda mais de dois mil anos atrás, elas levaram as mesmas queixas que as nossas. Elas se sentiam impotentes diante de desastres naturais, guerras e pobreza. Não conseguiam entender um mundo à beira da loucura.

Na minha juventude, a minha vida foi guiada por algumas ideias seminais. Uma delas (hoje famosa no Ocidente) foi expressa por Mahatma Gandhi: “Seja a mudança que você quer ver no mundo”. Pelo fato de o mundo ser tão grande, foi uma revelação – e também um mistério – pensar que, mudando a mim mesmo, eu poderia afetar o mundo. Não foi Gandhi quem inventou essa ideia. É um desdobramento de uma ideia muito mais antiga que vem da Índia védica, segundo a qual “Como você é, assim é o mundo”. É o mesmo que dizer que o mundo começa na consciência. Buda ficou conhecido pela sua praticidade. Ele orientou as pessoas a parar de analisar o mundo e seus problemas e não se valer mais de rituais religiosos e sacrifícios.

Ao se recusar a aceitar uma cultura religiosa que se tornara rígida e distanciada da vida pessoal, Buda foi a corporificação da situação na qual nos encontramos hoje, em que Deus parece desconectado do indivíduo. Buda não justificou a rede de segurança social da casta sacerdotal usando a conexão automática dessa casta com o mundo invisível do espírito. Acima de tudo, ele aceitou o fato inescapável de que cada pessoa é, em última análise, sozinha no mundo. Essa solidão é a doença a que Buda se dedicou a curar.

A cura proposta por ele foi um processo de despertar, no qual o sofrimento passou a ser visto como enraizado na falsa consciência, mais especificamente na consciência entorpecida que nos leva a aceitar a ilusão da realidade. Os passos para o despertar foram incorporados à vida cotidiana dos budistas praticantes:

- Meditar sobre o centro de silêncio no interior da mente.
- Observar com atenção a mudança do conteúdo da mente, separando tudo o que sustenta o sofrimento e a ilusão.
- Desvendar a versão que o ego cria para a realidade e perscrutar a alegação do ego de que ele sabe como viver adequadamente.
- Encarar a verdade de que tudo na natureza é impermanente.
- Deixar de lado o materialismo, nas suas formas crua e sutil.
- Desprender-se do eu e perceber que o eu individual é uma ilusão.
- Estar consciente de seu ser e sobrepujar a distração provocada por pensamentos e sensações.
- Agir de acordo com uma ética mais elevada, fundamentada na compaixão pelos outros e na reverência pela vida.

Alguns ou todos esses passos representam o caminho da sabedoria de Buda, por meio do qual a doença do sofrimento pode ser curada. E como a cura está progredindo? Digamos que um não budista queira se livrar da dor e do sofrimento e queira sentir que a vida tem um sentido. Um não budista poderia achar que a cura budista é difícil, complicada e confusa demais. Afinal, todos os aspectos da cura proposta têm as suas desvantagens:

- Sentar-se em meditação e tentar encontrar o centro de silêncio está além do alcance limitado de atenção da maioria das pessoas e não se adapta ao ritmo frenético da vida moderna.
- Observar e analisar o conteúdo em constante mudança da mente é um processo demorado e exaustivo.
- Confrontar o ego é praticamente impossível, já que o ego é capaz de gerar uma centena de cabeças para cada cabeça cortada.
- Encarar a verdade de que tudo é impermanente é amedrontador.
- Buscar o desapego leva as pessoas a achar que deverão abdicar do sucesso mundano e do conforto material.
- Seguir uma ética mais elevada deixa as pessoas ansiosas com a possibilidade de caírem vítimas de alguém mais forte, menos moral e capaz de usar a violência sem qualquer sentimento de culpa ou remorso.

Mesmo se você acredita que essas objeções ao budismo são injustas, não é fácil levar sabedoria a um mundo construído sobre as bases da ilusão e do sofrimento. É impraticável resolver o problema da violência pelo pacifismo. Desapegar-se do materialismo tem pouco apelo quando as pessoas do mundo todo são consumidoras frenéticas de bens materiais. No entanto, o brilhantismo dos ensinamentos de Buda está em sua universalidade, e tudo o que é universal também é simples o suficiente para que todos entendam.

No presente momento, a cura proposta por Buda não é simples porque tememos a solidão. A cura do budismo parece implicar que as pessoas se isolem mais. A cura também propõe que nos livremos dos rótulos, usados para agrupar coisas que já vimos antes e coisas que já conhecemos. Rótulos funcionam para coisas como doces e carros, mas não para coisas invisíveis. Portanto, *alma* e *Deus* são falsos rótulos. E o mesmo se aplica ao *self*, marcado com rótulos falsos de todos os tipos. Por exemplo, eu posso me rotular como um homem indiano, um marido e pai, um provedor, um cidadão e por aí vai. Eu já vi e conheço todas essas coisas.

Será que posso rotular o meu eu interior da mesma maneira? Não. Para Buda, Deus e a alma eram mistérios porque quem busca Deus nem chega a saber quem é o "eu". Nada está mais próximo que o senso de si mesmo de cada um, mas, se o nosso eu permanece um mistério, de que adianta buscar desvendar mistérios mais elevados? Alguém que busca consolo em Deus e na comunhão com a alma os transforma em meras chupetas espirituais, algo ao qual recorremos para nos acalmar. Não há conforto no desconhecido e Buda ensinou que não passa de uma ilusão pensar em Deus como qualquer outra coisa que não seja o desconhecido.

Buda sabia diagnosticar com precisão os sofrimentos espirituais e sabia que, quando as pessoas oravam aos deuses hindus, estavam orando para meras criações da mente, e as criações da mente não são imbuídas de qualquer verdade duradoura. Talvez seja até possível para uma pessoa conseguir disfarçar seu ego ao mesmo tempo que o projeta como uma divindade todo-poderosa, onisciente e onipresente. No entanto, sempre que o conhecido é projetado ao desconhecido, algo falso está acontecendo e a pessoa se distancia da verdade. A sabedoria respeita muito o desconhecido. Não se deixa distrair pela necessidade incessante da mente de criar ilusões agradáveis.

Buda foi um cirurgião radical, extirpando todos os rótulos que dão nome ao desconhecido. Como era de se esperar, as pessoas o procuravam em busca de conforto e consolo e ficavam chocadas quando ele propunha uma cirurgia de grande porte como essa. Elas se viam como pessoas que humildemente buscavam a verdade, uma verdade que esperavam ouvir dos lábios de Buda. Buda sabia que era melhor não as satisfazer e, pelo contrário, subvertia as expectativas das pessoas sobre como a verdade de fato funciona.

A verdade não pode ser encontrada em palavras, mas pela introspecção e pela autodescoberta. A verdade não é ensinada nem aprendida. Ela reside no interior da própria consciência.

A sua consciência deve se aprofundar até o falso ser deixado para trás. Quando isso acontecer, a verdade existirá por si só, forte e autossuficiente.

São orientações universais aplicáveis à vida de todos. No entanto, os ensinamentos de Buda se tornaram uma presa fácil para a ego-personalidade. Digamos que você esteja sendo fiel ao seu eu superior – Deus ou a alma – por meio da prática do Ahimsa, a doutrina da não violência e reverência pela vida encontrada em todas as tradições orientais. E não só nessas tradições. O Juramento de Hipócrates feito pelos médicos, que inclui o preceito "Nunca causar dano ou mal a alguém", é uma expressão do Ahimsa. O Ahimsa, contudo, pode facilmente se tornar uma parte da doença humana e não da cura. Seguindo à risca a diretriz da não violência, eu posso me tornar um pacifista odiado pela minha nação por me recusar a protegê-la dos inimigos. Esse ódio pode levar à minha perseguição, e eu posso me tornar um mártir da verdade. Eu posso ser preso – ou até me tornar um monge e atear fogo em mim mesmo no Vietnã para instigar a consciência do mundo – e, no fim, acabar sofrendo mais do que se eu não soubesse dessa verdade chamada Ahimsa.

A teia do ego é complexa e as possibilidades negativas que mencionei podem neutralizar as boas intenções do Ahimsa quando seus preceitos são colocados em prática. Eu poderia ter escolhido outro valor espiritual, como o amor. Muitas pessoas morrem em nome do amor e sofrem terrivelmente de inúmeras maneiras. O positivo está sempre entremeado pelo negativo. A verdade pode causar sofrimento, pode aprofundar as ilusões de um eu separado, isolado. Será que o bem resultante da não violência supera o mal? Afinal, a desobediência pacífica libertou a Índia sob a liderança de Gandhi e levou à reforma dos direitos civis no sul racista dos Estados Unidos sob a liderança de Martin Luther King Jr., um seguidor declarado dos princípios de Gandhi. Buda não avaliava a verdade dessa maneira. Se bastasse dizer às pessoas que não devem causar nenhum mal, a doença humana não precisaria de uma cura tão drástica.

A revolução interior

Buda queria extirpar a semente da ilusão, não alimentar a mente com novos ideais capazes de sucumbir à corrupção. Seu objetivo foi nada menos que provocar uma revolução interior. Acredito que a revolução interior é a forma mais pura e o objetivo mais elevado da sabedoria, como vemos nos ensinamentos budistas originais, o Teravada, cujo objetivo não era transformar as pessoas em budistas, mas em Budas.

No mundo frio dos dias de hoje, as pessoas anseiam por algum tipo de transformação interior para preencher o vazio antes ocupado por Deus. A cura radical proposta por Buda é necessária quando nada menos que isso consegue levar a essa transformação. Preencher o vazio com uma nova imagem de Deus não faz mais que substituir uma ilusão por outra. Algumas pessoas discordariam. Na escola Mahayana, o "grande veículo" do budismo, a iluminação pessoal passou a ser vista como egoísta.

Não é considerado moralmente correto tentar tornar-se um iluminado em um mundo repleto de sofrimento. Um objetivo diferente – a compaixão por todos os seres vivos – foi adotado como um substituto ideal. O budismo Mahayana propõe curar o sofrimento que vemos por toda parte. Uma vida após a outra, os *Bodhisattvas* (pessoas despertas) têm de optar entre a iluminação pessoal (ou seja, salvar a si mesmo) e o serviço à humanidade (ou seja, adiar a salvação pessoal). E eles sempre escolhem a segunda opção. É um altruísmo que não tem fim, já que, sejamos realistas, o mundo não pode ser salvo por um punhado de seres iluminados, embora possa ser bastante afetado.

Isso tudo me leva a pensar nos aspectos práticos. Não tenho como resolver controvérsias seculares entre os pensadores religiosos mais profundos. O valor da transformação interior não depende do budismo nem da doutrina certa. A mesma promessa foi feita por sábios védicos que viveram muito tempo antes de Buda; por Sócrates, que nasceu logo após a morte de Buda; e por Jesus, quinhentos anos depois. Cada uma dessas propostas abriu o "caminho sem caminho" usando termos diferentes. Quando atingimos uma consciência superior, não importa como chegamos lá, deixamos de distinguir o que é bom para nós do que é bom para os outros. A humanidade contém a natureza de Buda (a fonte da compaixão); o mundo contém a natureza de Buda; o cosmos é a natureza de Buda e nada mais.

A razão pela qual uma pessoa comum não tem como viver de acordo com os ensinamentos puros de Jesus ou de Buda é que esses ensinamentos dependem da consciência superior. Enquanto não atingirmos a consciência superior, dar a outra face somente infligirá o dobro de sofrimento. Atear fogo em si mesmo para protestar contra a Guerra do Vietnã não passará de um ato doloroso e fútil. Até se dedicar a bebês órfãos doentes em Calcutá pode lhe trazer apenas uma desilusão dolorosa. Na maioria das vezes, o ensinamento da sabedoria não pode ser aplicado com eficácia à vida superficial. Uma revolução interior deve ocorrer ao longo do caminho. Quando se atinge um novo nível de consciência, são solucionados os aspectos negativos da cura radical de Buda: isolamento, medo da separação, ansiedade com a possibilidade de tornar-se fraco e passivo, apreensão com a possibilidade de o Nirvana ser uma solidão cósmica.

Para mim, o Caminho Óctuplo representa uma maneira de descobrir quem você realmente é, encorajando a sua consciência a revelar o que *ela* realmente é. Muitos budistas praticantes se esforçam para se ater à ação correta, ao pensamento correto ou à linguagem correta por serem virtudes de uma pessoa iluminada. Acho que existe uma razão melhor. Esses valores são inatos. Eles fazem parte da configuração de todas as pessoas uma vez que deixamos cair as nossas máscaras.

Mencionei o Ahimsa para mostrar que o conceito tem as suas armadilhas ocultas. Essas armadilhas são acionadas se tentarmos ser não violentos reprimindo a nossa raiva e o nosso ressentimento, nos forçando de qualquer jeito a receber o mal com o bem. No fundo ainda nos criticamos por abrigar a semente da violência, e a autocrítica é a raiz da culpa e da vergonha. Como lembrar-se de ser gentil pode vir a se transformar em uma bondade espontânea? O mistério da cura de Buda é este: você já é o que você procura.

Se as pessoas pudessem ver que a doença humana é temporária, apenas mais uma estação no caminho para a iluminação, penso que a sabedoria penetraria nos problemas do mundo de maneiras bastante concretas. A sabedoria poderia orientar as tendências que já estão em curso. Já estamos nos tornando mais pacíficos, por exemplo. Nos últimos 40 anos, mais de 80 ditadores caíram. As mortes resultantes de conflitos de grande escala, inclusive guerras civis, têm diminuído radicalmente. Até tendências ainda mais amplas vêm avançando na direção certa. Nos Estados Unidos, a última década viu quedas nos índices de aborto, gravidez na adolescência, uso de drogas entre os jovens e crimes violentos em geral. A sabedoria nos orienta a reforçar essas tendências, se pudermos.

Se você precisar de um lugar para colocar a sua fé, olhe para o projeto da sabedoria, que se fundamenta na consciência em ascensão. O projeto do futuro é invisível, mas algo importante está penetrando na mente global.

Se o projeto da sabedoria for concretizado

UM FUTURO BASEADO NA CONSCIÊNCIA EM ASCENSÃO

A maioria das pessoas vai meditar.

Formas naturais de cura, tanto físicas quanto psicológicas, se popularizarão.

A prece será considerada real e eficaz.

A manifestação dos desejos será considerada um fenômeno real.

As pessoas recuperarão a conexão com o espírito. As pessoas encontrarão internamente respostas para suas mais profundas questões espirituais. Elas acreditarão em suas respostas interiores e viverão de acordo.

Comunidades de crença serão formadas.

As autoridades espirituais terão menos influência.

A tradição da sabedoria crescerá para acolher os grandes ensinamentos espirituais no centro de todas as religiões.

A fé deixará de ser vista como um afastamento irracional da razão e da ciência.

As guerras serão menos frequentes à medida que a paz se tornar uma realidade social.

A natureza reconquistará seu valor sagrado.

Essas mudanças podem parecer pequenas em comparação com os profundos ensinamentos de iluminação de Buda ou com o amor universal de Jesus. Acredito que são exatamente o contrário. Cada passo adiante contém um indício da natureza de Buda. Se você notar esses indícios e lhes der o devido valor, eles se expandirão e com o tempo preencherão o vácuo de isolamento solitário e neutralizarão a ameaça de uma vida sem sentido. O caminho da sabedoria é natural e aberto a todos. Foi o que Einstein disse quando refletiu sobre como Deus se relaciona com a vida cotidiana: "Tudo o que existe de Deus no universo deve se resolver e se expressar por meio de nós". Em uma única frase Einstein descreveu todo o programa da sabedoria. A sabedoria é resolução e expressão divinas que ocorrem por meio de nós.

A sabedoria nos revela segredos antes de conquistarmos o direito de conhecê-los. Essa é a beleza da coisa. Você não precisa orar por sabedoria nem tornar-se merecedor dela. Como no conceito da graça do Novo Testamento, que cai como a chuva tanto sobre os justos quanto sobre os injustos, a verdade suprema simplesmente *é*. Quando temos um vislumbre dela, nós nos tornamos mais reais em nós mesmos. É inegável que a aparência exterior da vida inclui sofrimento e angústia. A sabedoria nos revela que o sofrimento vai e vem, enquanto a realidade mais profunda nunca muda. Essa realidade se fundamenta na verdade e no amor.

A fé melhora a vida, porque, em meio à dor e ao sofrimento, precisamos acreditar que existe algo mais poderoso que isso. O seu eu presente, em seu estado dormente, não é seu inimigo, não é um fraco nem um fracasso. É Buda esperando para se expressar. É a semente da sabedoria que precisa ser cultivada.

Milagres são possíveis?

Os milagres são uma prazerosa concretização de tudo o que esperamos ser possível. No entanto, eles deixam uma armadilha nos dois lados do debate sobre Deus. Para os fiéis, se os milagres não forem reais, Deus também pode não ser real. Para os céticos, a armadilha é exatamente o contrário: se um único milagre pode ser comprovado, a porta está aberta para Deus. Pode parecer fácil validar um milagre e concordar que ele foi real. Afinal, as pessoas têm feito isso há séculos. No entanto, não é possível encontrar um ponto em comum quando os dois lados insistem em ignorar os argumentos do outro. Os ateus não se deixam convencer por nenhum número de testemunhas oculares que afirmam ter presenciado um milagre. Eles julgam falsas todas as aparições da Virgem Maria, que ocorreram às centenas. Consideram todos os casos de cura pela fé como mera coincidência – o paciente estava prestes a se recuperar de qualquer maneira. Acreditam que os poderes psíquicos não têm qualquer base na realidade, apesar dos inúmeros estudos controlados comprovando sua existência.

Uma das vantagens das minhas origens indianas é que a Índia até hoje é uma sociedade baseada na fé, intocada em muitas regiões pelas incursões da modernidade. Um menino que cresce em um contexto como esse tem facilidade de aceitar que as ocorrências sobrenaturais não são desvios da realidade. Elas fazem parte de um cenário onde Deus penetra em todos os cantos e frestas. Ouvem-se histórias de mulheres e homens santos, por exemplo, que nunca se alimentavam nem bebiam água. Devotos alegam ter passado anos e até décadas observando de perto esses santos sem nunca terem visto qualquer comida lhes entrar pela boca. Em 2010, um departamento do Ministério da Defesa indiano colocou um iogue chamado Prahlad Jani sob observação ininterrupta em um hospital durante duas semanas, com atendentes que se revezavam em turnos e um circuito fechado de TV gravando o tempo todo. Jani não comeu nem bebeu nada durante esse tempo e não apresentou quaisquer alterações em seus sinais vitais ou metabolismo. Uma equipe composta de 35 investigadores participou do processo de análise dos resultados, eliminando praticamente qualquer possibilidade de conluio ou falsidade.

Jani, cujos resultados dos testes clínicos eram mais similares aos de um homem com a metade de sua idade, tinha 83 anos e morava em um templo. De acordo com seus devotos, ele tinha passado 70 anos sem comer. Os céticos rejeitaram os resultados do estudo com base em vários argumentos. Alguns observaram que Jani teve permissão para fazer gargarejos e tomar banho, o que lhe dava acesso à água. Outros apontaram que ele saía do quarto para tomar sol e que alguns devotos tiveram acesso a ele. Como os resultados do estudo eram clinicamente "impossíveis", alguma forma de embuste deve ter ocorrido.

Quando um caso como esse é transposto de uma sociedade mergulhada na fé a uma sociedade mergulhada na ciência, praticamente a única reação possível é a descrença. No entanto, casos similares também foram documentados no mundo ocidental. No século XVIII, uma menina escocesa chamada Janet McLeod passou quatro anos sem comer. Um relatório detalhado foi apresentado à Royal Society de Londres em 1767, atestando a veracidade do caso. Enquanto a Igreja católica reunia os próprios registros de santos que viveram sem comer nem beber, em outros casos, como no de Janet McLeod, não havia nenhuma conexão espiritual. Na verdade, ela era considerada gravemente doente.

Mesmo se nos convencermos com as evidências, quais são as causas de um fenômeno tão extraordinário? As próprias pessoas que pararam completamente de comer deram todo tipo de explicação. Algumas pararam de comer como um ato de fé; outras começaram espontaneamente a viver, segundo elas, só de luz solar ou da energia vital (prana). Algumas poucas pararam de comer devido a alguma doença, enquanto um grupo moderno que se autodenomina respiratorianistas acredita que a maneira mais natural de obter alimento é pelo ar que respiramos.

Começando com o "impossível"

Os céticos mais veementes rejeitam todos esses relatos como fraudulentos ou delirantes. Em seu livro de 2011, voltado para jovens leitores, *A magia da realidade*, Richard Dawkins dedica um capítulo aos milagres, que, como era de se esperar, ele aborda com uma mistura de racionalidade estrita e desmascaramento fervoroso. O objetivo do livro, como resume seu subtítulo, é instruir os leitores sobre "Como realmente sabemos o que é verdade". Os interesses de Dawkins se revelam na palavra *realmente*, sugerindo que algumas maneiras de conhecer a verdade podem parecer válidas mas não são.

Os milagres são usados como excelentes exemplos de todas as fragilidades da crença, desde histeria em massa até alucinações. Dawkins revela metodicamente que inúmeros milagres não passam de truques de ilusionismo realizados em um palco para uma plateia ingênua. Em outros exemplos, as testemunhas oculares são tão primitivas e infantis que os fenômenos naturais as enchem de espanto, como nos famosos "cultos à carga", que surgiram nas ilhas em torno de Nova Guiné após a Segunda Guerra Mundial. Os habitantes das ilhas viram aviões do Japão e dos Aliados pousando e descarregando grandes quantidades de suprimentos de guerra. Eles nunca tinham visto aviões, e o súbito afluxo de bens materiais parecia ser uma dádiva dos deuses. Quando os estrangeiros desapareceram depois de 1945, os habitantes das ilhas recorreram aos deuses para trazer de volta a "carga", os bens materiais antes abundantes. Para agradar os deuses, eles construíram réplicas rudimentares de pistas de pouso e aeronaves. Uma causa sobrenatural era associada a eventos que sabemos ser completamente naturais.

O ceticismo de Dawkins em relação aos milagres sem dúvida é defensável. É possível, como ele argumenta, que os milagres registrados no Novo Testamento tenham sido tão duvidosos quanto os milagres modernos, mas conquistaram legitimidade simplesmente devido à passagem do tempo. (Dawkins não consegue controlar sua tendência a insinuar más intenções, de modo que animadamente diz aos jovens leitores que os milagres em geral são associados com charlatães, implicitamente incluindo nesse grupo Jesus e seus discípulos.) Mas imagino que seus leitores não sofisticados não serão capazes de identificar as vulnerabilidades da "prova" da inexistência dos milagres apresentada por Dawkins. Mais uma vez ele baseia seus argumentos em probabilidades, assim como faz com Deus. Ele propõe que, se qualquer outra explicação for mais provável que um verdadeiro milagre, é preciso aceitar a explicação alternativa.

Ele dá destaque ao exemplo do "Milagre do Sol", testemunhado por inúmeras pessoas reunidas em um campo aberto perto da cidade de Fátima, em Portugal, em 13 de outubro de 1917. Milhares de pessoas se congregaram naquele local (as estimativas variam muito, de 3 mil a 400 mil) porque três crianças, pastorinhas da região, previram que a Virgem Maria apareceria ao meio-dia daquele dia. Para as três crianças, que já tinham presenciado visões dela, a previsão se concretizou. Elas relataram ter visto Maria, Jesus e outras aparições sagradas. O que muitas testemunhas viram foi algo diferente, mas igualmente inexplicável.

O dia tinha sido cinzento e chuvoso, encharcando o solo e os espectadores esperançosos. De repente, as nuvens se abriram e o sol se mostrou, não com seu brilho habitual, mas como uma esfera escura e opaca. O sol irradiava feixes coloridos pelo céu e por toda a paisagem. Então o sol se aproximou da Terra ziguezagueando, levando alguns observadores aterrorizados a acreditar que o Dia do Julgamento tinha chegado. O fenômeno terminou em dez minutos e, segundo relatos de jornalistas da região, muitas testemunhas atestaram que suas roupas e o chão enlameado ficaram totalmente secos. Após extensas análises, a Igreja católica reconheceu a autenticidade do milagre em 1930.

Dawkins não tem como provar que esses eventos não ocorreram. Sua tarefa é simplesmente declarar que eles são decididamente impossíveis e elaborar seus argumentos a partir daí. O problema é que "impossível" é justamente a premissa que os milagres invalidam (caso forem reais). Para disfarçar essa falha, Dawkins volta a recorrer à probabilidade, instruindo os jovens leitores a considerar duas possibilidades: (a) o sol se comporta do modo como a astronomia diz que ele se comporta; (b) o sol salta pelo céu e faz coisas malucas como as testemunhas de Fátima alegam que ele fez. Qual dessas duas alternativas é mais provável? Uma pessoa racional e mentalmente sã deve escolher a primeira alternativa, o ponto de vista da ciência. Dawkins se estende nas explicações, a ponto de reduzir a astronomia a uma simplificação exagerada, mas não consegue preencher a lacuna. Os milagres confrontam a ciência, mas não a contradizem. A astronomia pode estar certa 99,9999% do tempo. Isso não invalida os milagres e, nessa mesma lógica, o milagre do sol não invalida a astronomia.

A coisa toda é um dilema inelutável. *Algo* interfere na existência cotidiana e deve ser explicado. No passado, a história se colocava ao lado dos milagres, que eram aceitos sem questionamentos. Hoje em dia, é o ceticismo que é aceito sem questionamentos. Assim, os milagres são um problema incômodo quando tentamos desvendar a confusão em torno Deus. Será que os milagres têm de ser reais para que Deus seja real?

Não. Quando Thomas Jefferson editou sua própria versão do Novo Testamento, ele excluiu os milagres, mas manteve a fé. Dentre os quatro evangelhos, o Evangelho de João conta a história de Jesus sem mencionar os milagres, nem mesmo a Imaculada Conceição e a história do Natal. É preciso saber que toda fé inclui denominações que aceitam Deus sem aceitar os milagres. No entanto, os céticos usam o termo *sobrenatural* como um chavão para se referir à credulidade ignorante. Em seu capítulo sobre "a deselegância do milagroso", Christopher Hitchens ironiza, afirmando que "a era dos milagres parece estar em algum lugar no passado. Se os religiosos fossem sábios ou confiassem em suas convicções, deveriam receber de braços abertos o eclipse dessa era de fraudes e magia".

A maioria dos milagres, contudo, não tem uma celebridade que apresenta truques impressionantes. Jesus foi uma exceção. Um milagre mais comum foi a aparição da Virgem Maria no paupérrimo vilarejo de Knock, no oeste da Irlanda, em 1879. Duas mulheres caminhando na chuva viram um mural iluminado na parede de trás da igreja local. Elas chamaram outras treze pessoas, que atestaram ter presenciado a visão ao longo das duas horas seguintes, quando Maria surgiu com vestes brancas e uma coroa dourada, com as mãos levantadas em prece. São José e São João Evangelista estavam a seu lado e, diante deles, via-se um altar circundado de anjos. As testemunhas tinham idades variadas, entre 5 e 75 anos. A veracidade dos relatos foi rigorosamente examinada pela Igreja naquele mesmo ano e novamente em 1936. Outros moradores do vilarejo que não foram ao local descreveram ter visto uma luz brilhante emanando das cercanias da igreja; várias curas ocorreram nas imediações. Em todos esses casos, não havia qualquer possibilidade de um ilusionista de palco estar causando as visões. Podemos optar por desprezar o evento como sendo uma fraude, um delírio coletivo, ou considerá-lo um fenômeno à espera de uma explicação. De qualquer maneira, todos sem dúvida acreditaram no que viram.

Hitchens está obviamente errado ao rotular milagres como eventos insignificantes e de mau gosto. Ainda assim, é inegável que a religião traz o sobrenatural para o natural, por assim dizer, trazendo-o de seu lar em outra dimensão, invisível. Como declarou Santo Agostinho: "Eu não seria um cristão se não fossem os milagres". Cabe aos que creem nos milagres o ônus da prova. Eles devem provar que os milagres podem coexistir pacificamente ao lado da razão, da lógica e da ciência. Já vimos as limitações da lógica enganosa, da razão misturada ao preconceito e da pseudociência. Os céticos não têm como refutar os milagres, de modo que tentam apresentar de qualquer jeito provas para embasar seus argumentos. A fé tem uma posição mais robusta, sustentada por todos os relatos de testemunhas de curas milagrosas que ocorrem até os dias de hoje. A fé vê o divino em todos os aspectos da criação. Todas as tradições de sabedoria do mundo declaram que existe apenas uma realidade, que engloba todos os fenômenos concebíveis. Para os milagres terem alguma chance de existir, eles devem se encaixar na realidade com a mesma segurança que os planetas, as árvores, o DNA e a lei da gravidade.

Um cientista vê uma cura

Comprovar a existência de milagres requer duas etapas. Para começar, temos de derrubar o muro que separa o natural do sobrenatural. Felizmente, não é difícil fazer isso, já que esse muro sempre foi artificial. A base de tudo o que existe no mundo físico é o domínio quântico. Se algo merece ser chamado de "zona dos milagres", é esse nível da natureza. Nesse âmbito, as leis que tornam os milagres "impossíveis" são fluidas. As limitações de nosso espaço e tempo não se aplicam.

Um dos mais venerados santos católicos modernos foi um humilde sacerdote italiano do sul da Itália, o padre Pio (1887-1968), que causou consternação na Igreja por congregar enormes multidões e inúmeros fiéis. Além de curar os doentes, um dos milagres do padre Pio foi a bilocação, aparecer em dois lugares ao mesmo tempo. No nível quântico, esse milagre seria corriqueiro. Todas as partículas do universo também podem fazer a transição para o estado de uma onda incorporada ao campo quântico e, em vez de existir em dois lugares ao mesmo tempo, essas ondas existem em todos os lugares ao mesmo tempo.

Mas o padre Pio não era um *quantum*, de modo que um comportamento como esse, comum no nível mais sutil da natureza, não pode ser automaticamente transferido ao nível mais grosseiro da nossa vida cotidiana. Deve haver uma segunda etapa de comprovação, mostrando que a fusão do sobrenatural e do natural ocorre por toda parte ao nosso redor. Os céticos consideram essa etapa impossível, mas está longe de ser o caso. Os cientistas têm presenciado eventos sobrenaturais. Por exemplo, foram conduzidos diversos experimentos controlados para investigar fenômenos psíquicos. Quando um cientista testemunha um milagre real, contudo, o resultado é um intenso conflito interior.

Em maio de 1902, um jovem médico francês chamado Alexis Carrel embarcou em um trem com destino à cidade francesa de Lourdes. Um amigo dele, também médico, pedira que ele acompanhasse um grupo de doentes em peregrinação ao famoso santuário na esperança de uma cura. Normalmente, doentes em estado terminal não podiam viajar de trem, mas uma mulher chamada Marie Bailly conseguiu embarcar. Ela estava morrendo por conta de complicações da tuberculose, doença que matara seu pai e sua mãe. Sua barriga estava rígida e distendida devido à peritonite. Os médicos de Lyon se recusaram a operá-la, dado o grande risco de morte na cirurgia.

Na viagem, Carrel foi chamado para cuidar de Bailly quando esta ficou semiconsciente. Ele a examinou, confirmou o diagnóstico de peritonite tuberculosa e estimou que ela morreria antes de chegar a Lourdes. Mas Bailly conseguiu sobreviver à viagem. Ela recuperou a consciência e quando insistiu, contra as orientações médicas, em ser levada para as piscinas curativas da cidade, Carrel a acompanhou. O leitor já deve ter imaginado que estou prestes a relatar uma cura milagrosa. O Dossiê 54, os registros médicos oficiais do caso de Marie

Bailly, está entre os mais famosos da história de Lourdes. A presença do doutor Carrel, contudo, deixa a história ainda mais enigmática.

Bailly foi levada de maca às piscinas, mas estava fragilizada demais para ser mergulhada na água. Ela tinha pouco mais de 20 anos de idade e já havia sobrevivido a uma crise de meningite provocada pela tuberculose, uma cura que ela atribuía à água de Lourdes. Agora ela insistia que um jarro de água da piscina fosse despejado sobre seu abdômen inchado. Carrel, que era professor assistente do departamento de anatomia da Faculdade de Medicina de Lyon, ficou atrás da maca, fazendo anotações. Quando a água foi vertida sobre o abdômen da jovem, que estava coberto por um cobertor, Bailly sentiu uma dor quente, mas pediu uma segunda aplicação, que foi menos dolorosa, e uma terceira, que lhe deu uma sensação agradável.

Ao longo da meia hora seguinte, seu abdômen distendido encolheu sob o cobertor até o inchaço desaparecer completamente. Não foi observada nenhuma secreção saindo do corpo. Carrel examinou a paciente. A massa mucosa dura que ele detectara no trem tinha desaparecido totalmente. Em poucos dias, Bailly voltou a Lyon para relatar o milagre à família. Ela entrou para uma ordem católica beneficente dedicada a cuidar dos doentes e morreu em 1937, aos 58 anos. Um exame médico feito logo após a recuperação de Bailly revelou que ela não apresentava sinais de tuberculose. Ela passou em todos os testes físicos e mentais.

Para todas as centenas de milhares de pessoas que visitam Lourdes, o número de curas confirmadas e credenciadas pelo conselho médico da cidade é baixo. No caso de Bailly, dois outros médicos além de Carrel atestaram a cura, mas a Igreja acabou rejeitando o caso como sendo milagroso em 1964. Eles justificaram a rejeição alegando que os médicos presentes não consideraram a possibilidade de pseudociese, ou gravidez psicológica. Os céticos acolheram com entusiasmo esse diagnóstico, embora a gravidez psicológica não apresente massas duras no abdômen quando apalpado por um médico. Também é improvável que Bailly tenha convencido vários médicos de que estava morrendo sem ser o caso ou que o intumescimento de sua barriga pudesse ter desaparecido em meia hora, sem qualquer secreção.

Quem mais me fascina, no entanto, é Alexis Carrel, um símbolo do conflito interior entre a fé e a razão. Depois de testemunhar a cura em primeira mão, Carrel retornou a Lyon sem qualquer desejo de divulgar o evento. O departamento médico da Universidade de Lyon tinha uma postura bastante anticlerical. Infelizmente para ele, um jornal local publicou uma reportagem sobre a cura de Bailly, que virou uma sensação. Carrel foi mencionado como uma das testemunhas e foi forçado a relatar o caso. Ele tentou se proteger como pôde, declarando que o que vira fora real, mas que devia ter alguma causa natural desconhecida. De nada ajudou ficar em cima do muro. Quando a faculdade de medicina ficou sabendo, um professor sênior lhe disse: "É inútil insistir, senhor. Com esse tipo de opinião o senhor jamais entrará para o corpo docente da nossa faculdade. Não temos lugar para o senhor aqui".

Incapaz de conseguir emprego em hospitais, Carrel emigrou para o Canadá e depois para os Estados Unidos, onde foi trabalhar no recém-criado Instituto Rockefeller de Pesquisas Médicas, em 1906. Ele continuou intrigado com o que tinha testemunhado apesar de não acreditar em milagres – ele crescera em uma família devota e fora educado por jesuítas, mas já estava longe de ser um católico praticante quando se formou em medicina. Outro evento, mais um golpe de sorte que um milagre, havia afetado sua trajetória profissional. Em 1894, quando Carrel era um jovem cirurgião, o então presidente da França, Sadi Carnot, foi esfaqueado no abdômen em uma tentativa de assassinato. Uma grande veia abdominal foi rompida e não existia nenhuma técnica cirúrgica segura para suturar grandes vasos sanguíneos. Carnot resistiu, mas morreu dois dias depois.

Isso motivou Carrel a estudar a anatomia dos vasos sanguíneos e o modo como eles se conectam naturalmente ou por meio de uma cirurgia. Por esse trabalho, ele foi agraciado com o Prêmio Nobel de

Medicina em 1912. Ao retornar à França, decidiu investigar a cura de Bailly, voltando repetidamente a Lourdes na esperança de observar outro possível milagre e encontrar uma explicação natural. Em 1910, testemunhou um bebê de 18 meses de idade recuperar subitamente a visão apesar de ter nascido cego. No entanto, ele nunca conseguiu eliminar satisfatoriamente sua perplexidade com o mistério. Após a publicação na França de seu livro de memórias, *Milagres de Lourdes*, em 1948, quatro anos após sua morte, Carrel tornou-se uma figura controversa. A *Scientific American* publicou um artigo cético em 1994 (que também incluiu, em tom de admiração, seu trabalho com os vasos sanguíneos), mas ele foi fervorosamente defendido pelos fiéis católicos.

Como os milagres podem levar à recuperação da fé? Eles parecem ser um excelente exemplo de "ver para crer". Os fiéis são predispostos a aceitar milagres enquanto os céticos são predispostos a rejeitá-los sem pensar duas vezes. Pode parecer óbvio, mas podemos ir mais fundo. Se fatores ocultos no interior da sua mente ditam a sua percepção, toda a questão de buscar provas incontestáveis só pode levar à inclusão de evidências irrelevantes e enganosas.

A verdadeira questão é como unir o natural e o sobrenatural, como o doutor Carrel procurou fazer. Separar os dois não passa de uma questão de hábito. A ciência é feita para se encaixar em uma "caixa" mental, e os milagres, para se encaixar em outra. Já se foi a época na qual as caixas deveriam ser mantidas lacradas. Pretendo demonstrar que não é preciso abolir os milagres para ter a ciência – muito pelo contrário. Quando Einstein disse que uma sensação de admiração e reverência era necessária para chegar a qualquer grande descoberta científica, ele não estava sendo simplista. Em um universo no qual a matéria visível representa apenas 0,01% da criação, seria tolice praticar ciência sem sentir que a realidade está repleta de mistérios. A energia escura existe no limiar do incompreensível e o mesmo pode ser dito de um santo que consegue sobreviver sem comer. A lógica simplista e ultrapassada da ciência aplicada por Dawkins e companhia está muito longe de desvendar o funcionamento da realidade.

Em 1905, o papa Pio X declarou que rigorosas investigações médicas devem ser conduzidas em Lourdes antes de qualquer cura ser confirmada como milagrosa. Até o momento, após uma extensa análise crítica, 67 curas foram oficialmente confirmadas como milagrosas. A mais recente delas, de 2002, foi de um francês curado da paralisia, um evento que 20 médicos do Conselho Médico de Lourdes caracterizaram como "notável". Um evento notável está longe de ser milagroso, mas que diferença os números realmente fazem? Seria necessário não contabilizar todos os supostos milagres da história, que podem ser contados aos milhares, mas sim explicar apenas um deles. O sobrenatural não tem validade antes de ser conectado ao natural. Um mundo à parte não satisfaz ninguém exceto os fiéis, que não passam do inverso dos céticos e que aceitam com a mesma facilidade o que seus opostos rejeitam.

Existe apenas uma realidade, que é contínua. Cortar a realidade em fatias, como fatiamos um pão, pode nos ajudar a entendê-la. As fatias com gosto de sobrenatural podem ser descartadas. A ciência tem cortado fatias cada vez mais finas, aproximando-se das origens da matéria e da energia. No entanto, você estará equivocado se afirmar que o pão só existe em fatias, rejeitando o pão inteiro. A analogia pode ser simples, mas este é o erro cometido pela ciência moderna: ela foi brilhante em subdividir a natureza em minúsculos pacotes de conhecimento, mas ignorou o milagre que imbui o todo.

Natural/sobrenatural

A cura de Marie Bailly pode parecer um evento sobrenatural, mas foi cercada de ocorrências cotidianas. Sua doença evoluiu normalmente e estava prestes a seguir seu curso natural, culminando na morte. De repente, sem qualquer causa aparente, a tessitura da existência cotidiana se rompeu. Qual possível explicação poderia revelar a causa do que aconteceu em seguida? A possível resposta foi sugerida décadas atrás por um dos pioneiros mais brilhantes da física quântica, Wolfgang Pauli, quando disse: "É minha opinião pessoal que a ciência da realidade futura não será 'psíquica' nem 'física', mas de algum modo ambas e de algum modo nenhuma delas". Ao usar um termo evitado pela ciência – *psíquica* –, Pauli apontou para uma espécie de mistério supremo.

O vasto mecanismo físico que chamamos de universo se comporta mais como uma mente do que como uma máquina. Como a mente pode ter encontrado uma maneira de se manifestar como o mundo físico? Essa pergunta nos leva à fusão do natural e do sobrenatural, já que o próprio fato de *algo* existir é sobrenatural, literalmente além das regras do mundo natural.

Eventos sobrenaturais, aqui e agora

TRANSCENDENDO TODAS AS REGRAS E EXPLICAÇÕES

- Ninguém pode demonstrar em que ponto moléculas simples, como a glicose no cérebro, torna-se consciente. Será que o açúcar no sangue "pensa" quando entra no cérebro? O açúcar não pensa num tubo de ensaio. O que faz a diferença?
- Os tecidos se curam automaticamente quando são feridos ou invadidos por organismos causadores de doenças. O sistema de cura avalia espontaneamente os danos e realiza os reparos necessários. Ninguém sabe explicar como uma máquina pode aprender a se reparar. As leis da natureza deveriam ditar que o colapso físico é permanente: carros não inflam sozinhos um pneu furado. Organismos danificados, se forem sujeitos às mesmas leis físicas, deveriam continuar danificados, mas algum fator desconhecido mudou isso.

- Desde o Big Bang, a energia do universo está se dissipando, como um forno quente em resfriamento. Essa dispersão de calor, conhecida como entropia, é inexorável. No entanto, de alguma forma ilhas de "entropia negativa" se desenvolveram. Uma delas é a vida na Terra. Em vez de se dissipar no vazio do espaço exterior, a luz do sol que atinge as plantas verdes dá início à cadeia da vida, prendendo a energia e convertendo-a em formas extremamente complexas que distribuem, reciclam e usam a energia de maneiras criativas. É impossível explicar, com base em eventos aleatórios, como a lei da entropia poderia ser transgredida por bilhões de anos.
- O DNA nasceu em um ambiente hostil, de frio e calor extremos, gases tóxicos e uma tempestade de reações químicas aleatórias. Ao contrário de qualquer outro produto químico do universo conhecido, o DNA resistiu à degradação em moléculas menores, desenvolveu uma complexidade cada vez maior e aprendeu a se replicar. Nunca ninguém conseguiu explicar essa atividade sem igual.
- Todas as células do nosso corpo, trilhões delas, contêm o mesmo DNA e, mesmo assim, "sabem" espontaneamente como se transformar em células do fígado, células do coração e todas as outras células especializadas. No cérebro embrionário, as células-tronco percorrem caminhos precisos, param quando chegam ao destino e se transformam em neurônios específicos para ver, ouvir, controlar hormônios e pensar. Ninguém apresentou uma explicação plausível para essa capacidade espontânea de "saber" como suprimir uma parte do código genético ao mesmo tempo que ativa outras.
- O DNA sabe contar o tempo. A partir do momento em que um óvulo é fertilizado, uma única célula contém "gatilhos" sensíveis ao tempo para o corpo desenvolver dentes de leite, entrar na puberdade, entrar na menopausa e, mais cedo ou mais tarde,

> morrer. Ninguém sabe explicar como todas essas sequências, que abrangem sete décadas ou mais, podem ser contidas dentro de uma substância química.

Esses mistérios, dentre inúmeros outros, ainda estão para ser explicados. Não devemos perder de vista o que todos têm em comum: eles resistem à separação entre o natural e o sobrenatural. Se você não estiver comprometido com o materialismo, reconhecerá o elo em comum entre as ilhas de entropia negativa, as células cerebrais embrionárias que viajam pelo corpo até chegar ao cérebro, a glicose no sangue aprendendo a pensar e todo o resto. Existe algum tipo de inteligência atuando nisso tudo. De alguma forma misteriosa, as moléculas "sabem" o que fazer, seja na sopa química ancestral que originou o DNA, seja na química das células do seu cérebro enquanto você lê esta frase.

Isso implica uma perspectiva completamente radical de onde a mente se originou e de onde ela se localiza. O fundador da física quântica, Max Planck, não tinha dúvida de que a mente viria a ser uma questão que todo mundo iria preferir evitar, mas uma questão grande e óbvia demais para ser ignorada. Vale a pena ler a citação de Planck na íntegra: "Considero a consciência fundamental. Considero a matéria derivada da consciência. Não temos como endossar a consciência. Tudo o que falamos, tudo o que consideramos como existente, postula a consciência".

Se reconhecermos que a mente está por toda parte, teremos dado um grande passo na direção da fusão entre o natural e o sobrenatural. Quando alguém como Marie Bailly é escolhida para ser curada, trata-se de um ato de inteligência, por mais misteriosas que sejam as razões, e uma vez tomada a decisão, as moléculas do corpo da pessoa agirão como se fossem orientadas... Em um milagre natural. O sistema de cura do qual todos nós dependemos quando cortamos um dedo ou caímos gripados se transforma em um milagre sobrenatural. No entanto, nenhum desses dois mecanismos pode ser explicado. Assim, teoricamente nada impede que a inteligência que orienta as células imunológicas a ir ao local da invasão de bactérias oriente as células a ir ainda mais rapidamente curar uma doença incurável.

Em outras palavras, a reação do corpo a uma doença não é fixa, mas ocorre em uma escala, um espectro. Vamos dar uma olhada em dois extremos desse espectro, mantendo em mente que *nenhuma etapa sozinha* pode ser explicada clinicamente, apesar de um extremo ser considerado natural e o outro, milagroso ou, dito de outro modo, sobrenatural.

O espectro da cura

Um paciente adoece e se recupera no tempo esperado, sem complicações.

Outro paciente contrai a mesma doença e se recupera muito mais rapidamente ou muito mais lentamente que o normal.

Um paciente contrai uma doença potencialmente fatal e morre.

Outro paciente contrai uma doença potencialmente fatal e se recupera com um tratamento médico normal.

Ainda outro paciente contrai uma doença potencialmente fatal e se recupera sem qualquer tratamento.

É muito raro um paciente contrair uma doença potencialmente fatal e se recuperar sem explicação porque a cura é rápida demais para se encaixar nos modelos médicos.

Essa ampla variedade de resultados possíveis resiste a qualquer sistema de previsão. Os resultados são tão volúveis quanto pensamentos, estados de espírito e outros eventos mentais. Corpos diferentes "decidem" como reagir à mesma doença.

Um dos mistérios cotidianos que a medicina é incapaz de explicar é o controle por parte do hospedeiro. A cada minuto que passa, você e eu inalamos milhões de micróbios, vírus, alérgenos e substâncias tóxicas. A grande maioria reside em nós sem causar danos. O nosso corpo os controla e os impede de nos prejudicar. Quando a aids destrói o sistema imunológico, contudo, o hospedeiro perde o controle e a doença irrompe galopante em algum distúrbio autoimune, como a artrite reumatoide. O sistema de proteção do corpo se volta contra o próprio corpo. Até uma doença inócua como a febre do feno indica uma falha do mecanismo de controle do hospedeiro. Em todos esses exemplos, o colapso resulta de um colapso da inteligência. Assim, a mente imbui todas as células e flui invisível pela corrente sanguínea.

A consciência é a chave

Todo mundo sabe por que misturar mente e matéria incomoda tanto os médicos tradicionais, treinados para serem científicos. A mente governa o mundo subjetivo, que a ciência encara com desconfiança, enquanto a matéria é a base do conhecimento "real". Pacientes cardíacos sentem todo tipo de dores, alterações de pressão e estranheza em relação à doença, enquanto é um angiograma que diz ao médico o que realmente está acontecendo.

Os cientistas desconfiam da subjetividade por ser inconstante, pessoal, mutável e passível de todo tipo de visão tendenciosa. No entanto, essa desconfiança revela um preconceito estranho, considerando que o corpo apresenta todas essas qualidades. O corpo é inconstante e varia de uma pessoa para outra. Ninguém sabe explicar as decisões que o corpo toma em relação às doenças. A medicina não faz ideia de por que alguém de repente desenvolve uma alergia depois de anos sem ser alérgico. Quando o seu corpo enfrenta um único vírus da gripe, a imprevisibilidade está em ação. (A medicina sabe que o contato direto com um novo vírus da gripe só infecta as pessoas cerca de uma em cada oito vezes. Não se sabe por que isso acontece.)

Tenho certeza de que Planck e Pauli estavam certos ao suspeitar que a consciência é mais do que inicialmente presumimos, que mente e matéria estão indissoluvelmente conectadas. Entre os físicos, Planck e Pauli não foram os únicos a pensar assim. A mente contém algum tipo de chave para desvendarmos a natureza suprema da realidade. Uma vez que admitimos essa verdade, a possibilidade de acontecimentos milagrosos aumenta, porque o não milagroso muda muito. O natural e o sobrenatural são imbuídos das mesmas propriedades da consciência. Acontece que *sobrenatural* é o rótulo que aplicamos a coisas que ainda nos incomodam. Na realidade, para criar uma galáxia, a natureza recorre à mesma fonte à qual recorremos para pensar em uma rosa. O campo da consciência abrange os dois.

Criação consciente

O QUE É PRECISO PARA QUE QUALQUER COISA ACONTEÇA

Inteligência
Intencionalidade
Atenção
Uma ponte entre a mente e a matéria
Um observador
Uma conexão entre os eventos "aqui dentro" e os eventos "lá fora"

Todos os itens dessa lista estão incorporados na nossa consciência. Nós, seres conscientes, usamos esses itens todos os dias, praticamente sem nos conscientizarmos do que fazemos. Se você tem um problema de matemática para resolver, pode selecionar um aspecto – a inteligência – e focá-lo no problema. Se a sua mente se distrai enquanto realiza uma tarefa, você pode recorrer a outro aspecto – a intencionalidade – para combater a distração. Desse modo, você não precisa recorrer a nada "lá fora". Você já tem tudo o que é preciso para conciliar pacificamente o milagroso e o racional. O fator essencial é que a realidade é participativa.

Nada é real para nós fora da nossa experiência e a experiência é um ato criativo consciente.

Isso pode soar estranho à primeira vista. Como eu posso estar participando quando vejo as estrelas à noite? O ato parece passivo. Na verdade, ver estrelas – ou qualquer outra coisa – requer todos os itens da lista:

Inteligência: Sei o que estou vendo e sou capaz de pensar a respeito. Micróbios e plantas vivem sob as mesmas estrelas, mas são (como podemos presumir) incapazes de pensar a respeito.

Intencionalidade: Eu me concentro deliberadamente nas estrelas. Escolho vê-las, ao contrário de uma fotografia, que retrata indiscriminadamente todos os objetos sem distinguir qualquer um deles.

Atenção: Eu conscientemente foco a minha mente. Se a minha atenção estiver em outro lugar – voltando para casa a pé no escuro, ouvindo música no meu iPod e me perguntando quem está andando atrás de mim –, as estrelas perdem o foco da minha atenção.

Uma ponte entre a mente e a matéria: As experiências não têm como ocorrer sem o processamento do cérebro. Nunca foi explicado como os fótons de luz provenientes das estrelas se transformam numa imagem visual na mente. No entanto, é inegável que estou vivenciando as estrelas, de modo que *algo* está fazendo a ponte entre o puramente mental e o físico.

Um observador: Sem a minha presença, um observador, não há qualquer prova da existência das estrelas. É por isso que Heisenberg declarou que a consciência é algo que a ciência não tem como endossar nem transcender. Só sabemos que estamos aqui observando o mundo. O que acontece quando ninguém está observando é um mistério.

Uma conexão entre os eventos "aqui dentro" e os eventos "lá fora": De acordo com o efeito do observador da teoria quântica, a observação não é passiva, fazendo com que ondas entrem em colapso com partículas. Alguma coisa invisível, que a tudo permeia e sujeita às

> leis da probabilidade se transforma em outra coisa, localizada, física e certa. Uma interpretação considera o efeito do observador como uma pequena falha de matemática que corrobora a mecânica quântica. Segundo outra interpretação, o efeito do observador atua no mundo real. Em qualquer um desses casos, os eventos "aqui dentro" estão ligados a eventos "lá fora".

Será que acabei de realizar o que acusei a ciência de fazer: cortar realidade em pequenas fatias? No mundo cotidiano, todos esses fatores se fundem e atuam em conjunto. Para participar do ato de ver as estrelas – ou de ver a Virgem Maria na parede de uma igreja –, recorre-se aos mesmos aspectos de consciência. Nenhum deles pode ser deixado de fora. Ainda mais importante, a ciência não compreende esses aspectos da consciência. Será que todos os milagres estão na mente do espectador? Sim. Será que o mundo cotidiano está na mente de quem vive? Mais uma vez, a resposta é sim. Depois de várias centenas de anos voltando as costas à consciência, a ciência dificilmente está em posição de dizer o que a consciência pode ou não pode fazer. As manipulações grosseiras da ciência feitas por Dawkins e companhia são ainda menos convincentes.

Planck e Pauli não investigaram o mistério que revelaram. Eles não sentiram necessidade disso, não por um bom tempo. A física quântica se desenvolveu para se transformar no modelo mais preciso e matematicamente sofisticado da história da ciência. Obteve resultados tão precisos que seus poderes de previsão foram atordoantes. Como observa o eminente físico britânico *Sir* Roger Penrose, a teoria da gravidade de Newton aplicada ao movimento do Sistema Solar é precisa na razão de uma parte em dez milhões. A teoria da relatividade de Einstein desenvolvida com base nas teorias de Newton é precisa por outro fator de dez milhões.

Por mais misterioso que o domínio dos *quarks* e bósons possa ser até para físicos experientes, esse domínio obedece a regras matemáticas e pode ser previsto usando essas mesmas regras. É inegável que a realidade conduziu a ciência por uma trajetória bastante produtiva. No entanto, deixar a consciência de fora da equação era como deixar a metafísica de fora dos livros de receita. Você não precisa da metafísica para medir farinha e manteiga para fazer um bolo, mas o compromisso de seguir a realidade onde quer que ela leve pode ser bastante incômodo para a ciência, especialmente quando chega a hora de derrubar algumas premissas tão estimadas. Essa hora chega inevitavelmente por uma razão simples: a realidade é sempre mais complicada que os modelos que usamos para explicá-la.

Todas as nossas experiências, mentais ou físicas, são um milagre porque não temos como explicar cientificamente a experiência. Presumimos que os fótons nos proporcionam a experiência de forma e cor, mas os fótons não têm forma nem cor. Presumimos que a vibração do ar cria o som, mas as vibrações são silenciosas fora do cérebro. Estudamos os receptores na língua e no interior do nariz que proporcionam as sensações de sabor e cheiro, mas o que ocorre nesses locais são reações químicas, não experiências. (Qual é o sabor do oxigênio e do hidrogênio se unindo em uma molécula de água? A pergunta não faz sentido sem alguém para sentir o sabor.)

O materialismo, em sua luta para dominar a visão de mundo espiritual, nos sobrecarregou com explicações que requerem tanta fé quanto acreditar em milagres. Só a fé sustenta a noção de que os íons de sódio e potássio entram pela membrana externa dos neurônios e acionam reações eletroquímicas que se estendem por milhões de redes neurais, criando sensações, imagens, sentimentos e pensamentos. São suposições sem qualquer explicação. Substâncias químicas não passam de rótulos que aplicamos a um mistério. Exames de imagiologia cerebral são fotos instantâneas da atividade do cérebro e não nos dizem nada sobre a experiência real, assim como fotos de teclas de piano nada nos dizem sobre a experiência de apreciar a música. Só a consciência possibilita a experiência. Assim como a origem da consciência, Deus existe fora do domínio dos dados.

O mesmo caminho que leva aos milagres leva a Deus. Ainda não percorremos esse caminho. Só possibilitamos a meta. Esse é o papel da fé, ampliar o leque de possibilidades. Não estou sugerindo que os leitores acreditem em milagres, muito menos estou confirmando os casos de milagres coletados pela Igreja. Tudo o que o sobrenatural precisava para escapar da zombaria dos céticos era conquistar condições de igualdade com a ciência. A natureza é capaz de conciliar qualquer evento imaginável. O próximo passo é transformar em realidade as mais elevadas possibilidades possíveis, por tanto tempo acalentadas no coração humano.

O CAMINHO PARA DEUS

Etapa 3: Conhecimento

Deus sem fronteiras

Sempre que Deus começa a ser visto com incerteza, ele volta no dia seguinte. Quando retorna, ele volta diferente de antes. Os fiéis o vestem com roupas novas, sua personalidade passa por uma reforma. Não temos dificuldade de distinguir Jeová, cuja ordem favorita é "Fere!" do Deus do cristianismo, cuja ordem favorita é "Ama" (mas deixando espaço para uma boa dose de castigo). É mais difícil, contudo, saber como Deus será no futuro. Quase todos os atributos divinos foram extraídos, como fios de seda puxados de uma tapeçaria cósmica até desnudar o tecido. O que nos resta depois que já tentamos a vingança, o amor e todo o resto entre esses dois extremos?

No Ocidente, um aspecto de Deus tem sido ignorado, uma característica sem igual, exibida só por Deus e nada mais na criação. Não se trata da onisciência de Deus. Também não se trata de seu amor e poder infinitos. A religião testou todas essas qualidades só para terminar em decepção. É uma grande fonte de inspiração ler a frase "O Senhor é o meu pastor, nada me faltará", até chegar o dia em que você tem muitas necessidades e Deus não faz nada a respeito. No entanto, negligenciamos um fator que torna Deus absolutamente inigualável: ele não pode ser encaixado em nenhum modelo. Por mais curiosa que pareça, essa é a característica mais importante de Deus. Nela encontramos a chave que nos levará ao verdadeiro conhecimento. Para encontrar Deus, precisamos nos desvencilhar dos modelos ou literalmente pensar "fora da caixa".

Costumamos classificar as coisas em dois tipos de caixas ou modelos. Um deles é físico. Se você quer estudar um sapo, um *quark* ou uma estrela, deve primeiro isolá-lo como um espécime físico. Às vezes, a caixa não é literal. Não é possível conter uma estrela em uma caixa. No entanto, a estrela é vista como uma coisa, um objeto isolado e pronto para ser estudado. Deus não se encaixa em um modelo como esse, embora a velha imagem do catecismo, de um patriarca sentado em um trono no céu, tente fazer isso.

O outro tipo de modelo, ou caixa, é mental. Colocamos ideias e conceitos nele. *Liberdade* é um conceito e o mesmo pode ser dito de *iluminação espiritual*. Embora não sejam objetos físicos, também podemos isolar as ideias para refletir sobre elas. Um conceito bastante amplo que se aplica a todas as pessoas na Terra, *como a natureza humana*, também se encaixa em um modelo, pronto para ser estudado do mesmo modo como uma estrela ou um *quark*. Não importa que a natureza humana seja invisível e de difícil definição. Precisamos de limites para diferenciar a natureza humana de, digamos, a natureza de Buda ou a natureza de um lobo, e os limites são determinados pelo modelo.

Deus não tem fronteiras, contudo. Não se ele for onipresente ou, em outras palavras, "em todos os lugares ao mesmo tempo". (O termo *ele* coloca Deus equivocadamente em uma caixa rotulada de "masculino", de modo que vale a pena reiterar que só usamos essa palavra ao nos referir a Deus para fins de praticidade.) Tentar pensar sobre ele implica tentar pensar sobre tudo de uma vez, o que é obviamente impossível. As pessoas tentam contornar essa impossibilidade dividindo Deus em partes menores, da mesma forma como um mecânico desmonta o motor de um carro ou um biólogo divide uma célula cardíaca. O que se aplica a motores e células, contudo, não se aplica a Deus. Digamos que você queira falar sobre o amor de Deus, como muita gente costuma fazer. "O amor de Deus é eterno e infinito. Quando eu chegar ao céu, vou me regozijar em seu amor eterno": Trata-se de um sentimento religioso que milhões de pessoas poderiam expressar e esperar ser verdade. Na verdade, as palavras não têm sentido algum.

A palavra *infinito* é utilizada no sentido de "muito, muito grande", mas o infinito não pode ser concebido desse modo. A nossa mente pensa em termos finitos. Olhamos ao redor e vemos que tudo na natureza tem um começo e um fim. O infinito não. O infinito transcende a nossa capacidade de contar e é incompatível com o modo como a nossa mente funciona, em tempo linear. O único uso prático da palavra *infinito* é denotar um conceito matemático abstrato. Não faz sentido dizer que Deus é "muito, muito grande" quando o tamanho não se aplica a ele.

A palavra *eterno* é usada na frase para significar "um tempo muito longo". No entanto, a eternidade não é linear como são as horas, os dias e os anos. A eternidade é o infinito aplicado ao tempo. Portanto, a mesma objeção que torna o infinito impossível nesse contexto também se aplica à eternidade. A mente não tem como compreender um tempo sem começo nem fim. Não faz sentido dizer que Deus existe há "muito, muito tempo", quando o tempo não se aplica a Deus.

A palavra *amor* é usada no sentido do amor humano, um carinho e afeto profundo. Deus, no entanto, não escolhe a quem amar, de modo que seu amor também se aplica a assassinos em série, a Adolf Hitler, a Mao Tsé-tung e a todos os outros monstros da história. Aplica-se a todos os atos criminosos da mesma forma como se aplica a atos virtuosos. Portanto, o amor divino está mais para um campo de força natural – como a gravidade – do que para uma emoção humana. Um amor como esse não pode ser expresso em termos emocionais humanos.

Não fiz questão de escolher como exemplo uma frase especialmente ardilosa, mas usei uma frase razoavelmente comum. A linguagem também não é desleixada, exigindo correções de um editor de texto. As palavras *infinito*, *eterno* e *amor* simplesmente não são as palavras certas. Elas forçam Deus a se encaixar em um modelo mental que simplesmente não se aplica a ele. Não há nada o que fazer a respeito. No entanto, a jornada para conhecer Deus começa onde as palavras se revelam inadequadas. Podemos abandonar as escrituras, os sermões e os textos inspiradores que se revelaram aquém das expectativas. A fé nos proporciona condições nas quais Deus é uma possibilidade concreta e se coloca em pé de igualdade com a ciência. Além dos limites da fé, residem experiências que não podem ser colocadas em palavras. No entanto, o caminho é real e a capacidade de realizar a jornada já está configurada na mente humana.

O conceito impossível

A viagem tem início assim que reconhecemos que é impossível pensar em Deus do mesmo modo como pensamos em todo o resto. Se não podemos pensar sobre ele, também não podemos falar sobre ele. Como declararam os profetas védicos da Índia, "os que falam não sabem. Os que sabem, não falam". Como um Houdini cósmico, Deus se desvencilha de qualquer tipo de modelo, inclusive todos aqueles aos quais mais recorremos: tempo, espaço, sentimentos, ideias e conceitos. Daí o mistério.

Tudo o que pensamos e dizemos sobre Deus é simbólico. Felizmente, os símbolos também podem nos indicar o caminho certo. O Novo Testamento tenta encontrar palavras para expressar a verdadeira natureza de Deus: "Eu sou o Alfa e o Ômega, o princípio e o fim, o primeiro e o derradeiro" (Apocalipse 22:13). Falando em termos mais concretos, Deus também é comparado com um oceano tranquilo e plácido, do qual toda a criação surge como ondas. Outro símbolo utilizado é a luz, por meio da qual tudo pode ser visto mesmo se for invisível. Seria muito mais prático se fosse possível descrever Deus sem recorrer a símbolos. Infelizmente, a religião não tem como existir sem símbolos, rótulos e categorias. Quando Dawkins e companhia atacam Deus, na verdade eles estão atacando símbolos e conceitos, que não têm qualquer fundamento concreto na realidade. Na Índia, os iogues evitam as palavras, buscando se conectar com Deus por meio de uma profunda experiência e, uma vez atingida a união divina, a religião deixa de se aplicar a eles. Estar com Deus os liberta de todas as restrições, inclusive a própria religião.

Em uma parábola indiana, um homem santo escolhe uma vida de reclusão. Ele encontra uma caverna em uma montanha longe de tudo e passa anos morando lá em meditação contínua. Finalmente chega o dia em que ele atinge a iluminação. Eufórico, o homem santo corre montanha abaixo para contar aos moradores da região sobre sua liberação. Ele chega ao mercado do vilarejo, que está lotado, e começa a abrir caminho pela multidão. As pessoas se comprimem contra ele, alguém lhe bate com o cotovelo nas costelas.

"Saia da minha frente, seu idiota", o homem santo resmunga. Ele para, vira-se e volta a subir a montanha.

Irritar-se quando um estranho esbarra em você na multidão demonstra que você não atingiu a iluminação. Mais do que isso, a parábola diz respeito à nossa necessidade de nos identificar com todo tipo de coisas – emoções, desejos, posses materiais, dinheiro, *status*, segurança, a aprovação dos outros. Enquanto tivermos um interesse pessoal no mundo, ainda não atingimos a unidade com Deus.

No Oriente, o processo de se tornar um ser iluminado é um pouco – só um pouco – mais fácil, porque as pessoas aprendem desde cedo que Deus é Um só, a totalidade da existência. Assim, não faz sentido tentar encaixá-lo em um modelo. O fato de Deus ser refletido em centenas de deuses individuais para ser adorado não contradiz a noção de Deus como Um só. Na Índia, as crianças aprendem que a imagem de Krishna, Devi ou Shiva, bem como os templos dedicados a esses deuses, não passam de uma fachada por trás da qual se esconde Brahman, o verdadeiro nome de Deus, já que Brahman significa tudo o que existe na criação, bem como todas as possibilidades que poderiam se originar no domínio das possibilidades infinitas.

Dá para entender a alegação de que uma sociedade que sabe que Deus é Um se revela inadequada ao construir tantos templos com ídolos para serem adorados. Mas acho que a situação é mais complicada do que isso. Brahman também é um rótulo, da mesma forma como Jesus ou o profeta Maomé. É um rótulo bastante rudimentar, considerando que a raiz da palavra *brahman* significa simplesmente "inchar ou expandir-se".

No entanto, Brahman implica a mesma exigência impossível que Deus faz no Ocidente: que pensemos sobre tudo o que existe. A história da religião consiste em passar Deus de um modelo ao outro acompanhando a ascensão e a queda da fé. Fazer isso foi vantajoso para as religiões do mundo, mas desastroso para a meta de conhecer Deus. Quando os profetas indianos que escreveram os *Upanishads* declararam que "o conhecedor de Brahman é Brahman", eles perceberam que Deus transcende tudo o que sabemos. A questão não é como pensamos em Deus, mas como o vivenciamos diretamente.

Você pode achar que esse tipo de raciocínio é como usar o misticismo como uma rota de fuga para os fiéis fervorosos que buscam evitar contradições com a razão. "Não tenho palavras para falar a respeito" não é uma afirmação que pode ser refutada, muito menos "ninguém tem palavras para falar a respeito". O mistério de Deus é tratado dessa maneira com muita frequência. Outras coisas na vida também só podem ser conhecidas pela experiência direta, como o perfume de uma rosa, o sabor do chocolate, o toque do veludo, a música. Essas sensações não são reais para alguém que nunca as experimentou. A música reforça ainda mais o argumento, porque a música tem o poder de mudar as pessoas. Estudos demonstram que tocar música para pacientes com mal de Alzheimer parece reduzir mais os sintomas do que qualquer medicamento e, embora os medicamentos possam aliviar a depressão, a musicoterapia também apresenta resultados promissores em pacientes deprimidos, bem como em certos casos de autismo.

A música contorna a região do córtex responsável pelo pensamento racional, mas o simples ato de identificar o local onde o cérebro processa a música não explica por que a música é terapêutica. Parece que alguns tons podem ter um efeito equilibrador em alguns distúrbios psicológicos e físicos. O estresse pode ser reduzido com música suave. Algumas dessas descobertas não surpreendem. Ouvir uma música de fundo suave ajuda a acalmar algumas pessoas que têm medo de avião, e a música de fundo é tão comum em lojas de departamentos (talvez para incentivar os clientes a comprar mais) que nem chegamos a escutá-la. O que quero dizer com isso é que muitas experiências podem nos alterar só pelo fato de as vivenciarmos. Deus seria o exemplo supremo disso.

Além de serem inúteis, alguns pensamentos religiosos mais atrapalham do que ajudam. Parece inevitável que diferentes crenças, discordando entre si, nos levem à mentalidade do "nós contra eles", e daí à perseguição é um pulo. Presos a nosso próprio modelo mental, "nós" somos bons, dedicados, amados por Deus, temos os nossos pecados perdoados e receberemos uma recompensa divina após a morte, ao passo que "eles" são equivocados, separados de Deus, ignorantes, maus, ameaçadores e receberão uma punição divina após a morte.

Um fato macabro da história religiosa no Ocidente é que os primeiros hereges queimados na fogueira foram 13 clérigos católicos em Orléans, França, em 28 de dezembro de 1022. Especula-se que o método de queimar os hereges na fogueira foi escolhido devido a uma restrição a derramar o sangue do sacerdócio. A acusação de heresia sem dúvida foi forjada. As pobres vítimas não passaram de peões em uma batalha política pelo trono da França. No entanto, a mentalidade do "nós contra eles" foi um grande estopim para a violência que só se intensificou à medida que as discórdias se aprofundavam entre o cristianismo e o islamismo (levando às Cruzadas para salvar a Terra Santa dos infiéis), entre o papa e os reis seculares, entre o cristianismo oriental de Constantinopla e o cristianismo ocidental de Roma e até entre padres e leigos, dando à Inquisição o direito de julgar a fé pessoal de cidadãos comuns.

Em seu extremo, a mentalidade do “nós contra eles” separa “eu” de “Deus”. Uma vez criada essa separação, ela traz consigo todos os problemas da dualidade. É espantoso que as pessoas possam ter sido persuadidas a amar um Deus separado delas, considerando que tendemos a temer “o outro” e desconfiar dele. A religião, contudo, desenvolveu-se com uma boa dose de medo misturada ao amor, como qualquer pessoa que já ouviu falar de pecado mortal, inferno e danação bem sabe. Menciono esses fatos já bastante conhecidos por levarem a uma surpreendente conclusão. Se a separação de Deus leva ao medo, à perseguição e às más ações cometidas em nome de Deus, a única escapatória é curar a separação. Somente um Deus inseparável de nós pode ser real.

E se Deus *for* a realidade? Só então poderíamos nos livrar da ilusão. Se reduzirmos Deus a um constructo mental, teremos entrado na ilusão e em seus múltiplos aspectos.

Deus como uma ilusão

QUANDO DEUS NÃO É REAL?

Quando parece ir e vir. Quando julga e condena.
Quando faz exigências.
Quando é inconstante e mutável.
Quando parece ter nos abandonado.
Quando atende algumas preces, mas não outras.
Quando existem dois deuses rivais em guerra.

Aplico a Deus os mesmos padrões que normalmente aplicamos à realidade. A realidade não vai e vem. Ela não nos abandona. O que muda é o modo como nos relacionamos com ela. Nosso estado de espírito melhora e piora. O pessimismo dá lugar ao otimismo. Sempre que dizemos "estou tendo um dia ruim", estamos falando de um relacionamento. Sei que *realidade* é uma palavra abstrata, então imagine o ar que você respira. O ato de respirar é uma constante e a atmosfera da Terra é tão natural que nem lhe damos muito valor. Se não fosse por problemas como a poluição do ar e o aquecimento global, poderíamos deixar a respiração para a mente inconsciente. De qualquer maneira, você pode pensar no ato de respirar sempre que quiser. Num belo dia, você enche profundamente os pulmões, sentindo-se nutrido pelo ar que respira. Ao correr uma maratona, você regula a sua respiração para manter constante o suprimento de oxigênio para os músculos. Ao sentir-se ansioso, sua respiração fica irregular e curta.

Contudo, afirmar que o ar tem sentimentos inconstantes em relação a você ou que o pune num dia e o recompensa no dia seguinte seria uma ilusão. Somos nós que mudamos, enquanto o ar permanece constante. O mesmo se aplica a Deus, que foi equivocadamente identificado como uma presença inconstante, variável e misteriosamente imprevisível. Essa crença é um sintoma da separação. Precisamos fechar a lacuna e nos aproximar do que Deus realmente é.

Todo mundo tem interesse em ser real. Com base nisso, podemos simplesmente ignorar o debate entre fiéis e não fiéis. Quando o Senhor Krishna diz a Arjuna que todos os caminhos levam a Deus, é exatamente isso o que ele quer dizer. A realidade nos faz avançar. No intervalo entre o nascimento e a morte, todos nós encaramos a realidade. Portanto, conscientemente ou não, estamos começando a encarar Deus.

Devo, contudo, fazer uma pausa com uma observação trágica. Às vezes, o sofrimento é tão incompreensível que a ilusão é a nossa única fonte de consolo. Digo isso pensando no horrendo tiroteio na escola de Newtown, Connecticut (EUA), pouco antes do Natal de 2012. Um atirador perturbado entrou em duas salas de aula e matou seis adultos e vinte crianças, quase todas de 6 e 7 anos de idade. Logo após o massacre, pastores se manifestaram e um deles disse: "Esse não é o plano de Deus". Fiquei imaginando quantas pessoas se sentiram reconfortadas com a declaração. Se há um momento em que um Deus amoroso nos decepciona profundamente, deve ser a morte sem sentido de pessoas inocentes.

Em situações como essa, você pode escolher olhar para o outro lado e deixar a ilusão fazer o que tem de ser feito. E Deus não é condenado por não ter salvado as crianças. A insanidade torna o assassino menos que humano. O mal sai vitorioso. Aos poucos, os fiéis retomam suas crenças, enquanto um número maior de céticos se afasta da religião e ateus criticam as pessoas que se voltam a Deus em busca de respostas quando o próprio Deus é o problema. Eu não queria me entregar à ilusão, então escrevi um bilhete para mim mesmo: "É a nossa inteligência interior mais profunda que reflete a sabedoria do universo. No fim, todo sofrimento resulta da mente fragmentada, pessoal e coletiva. A violência tem raízes na psicose coletiva. A cura é a transcendência para atingir a consciência de Deus. Meu desafio é concretizar isso. Enquanto isso, cada um de nós deve encontrar consolo onde puder".

Se Deus está em toda parte, como no ar que respiramos, por que ele é tão difícil de encontrar? Porque tudo o que se diz sobre ele é aberto a contradições. Se você pensar em qualquer qualidade de Deus, verá que seu oposto é igualmente verdadeiro. Será que Deus nos ama e traz coisas boas à nossa vida? Todas as religiões dizem que sim. Mas e o que dizer das coisas ruins? Se Deus também as traz, ele não corresponde ao bem. Se ele não tem como impedir as coisas ruins, sua bondade tem sérias limitações. O mesmo acontece com a nossa própria bondade. Por que não adoramos a nós mesmos? (Uma estudante universitária explicou na TV por que ela deixou de frequentar a igreja. "Não posso acreditar em um Deus que me mandaria para o inferno por fazer algo ruim", disse ela. "Se eu irritasse os meus pais, eles não me jogariam na lareira.")

Não importa como você expressa essa ideia, todos os aspectos de Deus acabam se virando contra si mesmos.

O protetor: se Deus está aqui para nos manter em segurança, por que existem desastres naturais?

O legislador: se Deus criou regras de conduta moral, por que somos livres para sermos tão imorais quanto quisermos?

O pacificador: se Deus traz paz interior, por que ele permite a guerra e a violência?

Um Deus que é tudo não pode ser *só* bom, amoroso, pacífico e justo. Gostemos ou não – e normalmente odiamos pensar nisso –, devemos abrir espaço para a participação de Deus também nas facetas ruins, dolorosas e caóticas da vida. Isso quer dizer que Deus é bom e ruim, amoroso e não amoroso? Não. Quer dizer que *qualquer qualidade atribuída a Deus é uma ilusão*. Em caso de dúvida, um teste fácil é substituir a palavra *Deus* por *realidade*. A realidade é amorosa ou não amorosa? É fácil notar que a pergunta não faz sentido algum. A realidade inclui tudo. Ela simplesmente é. Quando a nossa mente começa a pensar em termos de um Deus que a tudo inclui, que simplesmente é, começamos a escapar da ilusão.

Todo mundo se relaciona no dia a dia. Duas pessoas se conhecem e simpatizam ou antipatizam uma com a outra. Elas podem até se apaixonar intensamente. O amor floresce... Até encontrar problemas. Cada pessoa no relacionamento tem um ego. *Eu amo você, mas faço as coisas do meu jeito*. Para o relacionamento sobreviver, deve haver um equilíbrio entre "eu" e "nós". Questões de todo tipo devem ser resolvidas.

A beleza de se relacionar com Deus é que nada disso se aplica.

Deus não tem um ego. Ele sempre gosta do que você gosta. Ele sempre quer o que você quer.

Deus não tem um ponto de vista. Ele aceita a sua maneira de ver as coisas.

Deus não é egoísta. Ele não quer nada de você.

Deus não rejeita. Ele o aceita como você é.

Pode parecer um relacionamento ideal, e é. Os seres humanos projetam seus anseios e sentimentos mais profundos em Deus, só para se decepcionarem quando a projeção não dá resultado. Você pode adorar Deus o quanto quiser, mas isso não fará com que ele o ame mais. Se Deus fosse humano, isso o caracterizaria como não amoroso. Na maioria dos casos, se você está em um relacionamento e adorar o outro, receberá amor em troca. A ironia é que Deus, possuidor de amor infinito, acaba sendo rotulado como um ser que se recusa a demonstrar seu amor. A relação nunca chegou a começar. Esse é o problema, não alguma deficiência da divindade.

Um mapa para a jornada

A chave para chegar a Deus está em uma transformação da consciência. A transformação não é pequena nem fortuita. Ela deve ser completa. Se não transformarmos a nossa mente, Deus continuará fora do nosso alcance. Felizmente, temos um mapa para nos orientar. Ele foi criado coletivamente pelas tradições de sabedoria do mundo, incorporando o que a religião tem a dizer, mas se baseando muito mais nas descobertas daqueles que mergulharam fundo na própria consciência.

Basta abrir o mapa para ver claramente os principais aspectos do caminho para Deus. Eles nos mostram a existência de três mundos.

Os três mundos

O mundo material. Esse é o mundo da dualidade. O bem e o mal, a luz e a escuridão se esbarram aqui. Os eventos se desdobram em linha reta. Cada pessoa é um pequeno grão de areia na vastidão da natureza. Percorremos esse mundo motivados pelo desejo. Deus permanece fora do nosso alcance porque é a única coisa que não podemos ver, tocar, falar a respeito ou conceber. Enquanto permanecermos na dualidade, o ego-personalidade dominará. Tudo gira em torno do "eu".

O mundo sutil. Esse é o mundo da transição. O bem e o mal não são rigorosamente separados; a luz e a escuridão se fundem em tons de cinza. Por trás da máscara do materialismo, sentimos uma presença. Nós nos aproximamos dela usando a intuição e o *insight*. Os eventos aleatórios começam a revelar padrões ocultos. Percorremos esse mundo sutil motivados pelo desejo de encontrar um sentido para as coisas. A natureza se transforma em um palco para a alma. Tudo gira em torno da autoconsciência e de sua expansão.

O mundo transcendente. É a origem da própria realidade. Na origem, há a unicidade, um estado de unidade. Nada é dividido nem está em conflito. O véu do materialismo cai completamente. O bem e o mal, a luz e a escuridão se fundem. Percorremos esse mundo sutil motivados pelo nosso ser superior, inseparável de Deus, o estado do ser supremo. O ego individual se expande para se transformar no ego cósmico. Tudo gira em torno da consciência pura.

Deus continua cercado de confusão porque esses três mundos se sobrepõem, sem serem separados por paredes fixas. A qualquer momento, você pode estar vivendo em algum deles ou espiando na fronteira de um para o outro. A consciência o leva aonde você quer ir. A realidade permanece constante enquanto você transita de um estado de consciência ao outro. No entanto, na situação atual, com a maioria das pessoas ligada ao mundo material, sabemos muito pouco sobre a consciência. Nem sabemos ao certo se os outros mundos realmente existem e, quando alguém afirma que existem, grandes são as chances de a afirmação ser recebida com ceticismo e hostilidade.

O máximo que a fé pode fazer é prometer que outros mundos existem além das fronteiras do mundo detectado pelos cinco sentidos. Uma vez que a fé abre a possibilidade, devemos transformá-la em uma realidade viva. Primeiro precisamos saber com clareza para onde estamos indo. Para ordenar a desordem, o mapa espiritual indica um ponto de partida (o mundo material), uma parte intermediária (o mundo sutil) e um destino (o mundo transcendente). No entanto, a realidade não funciona bem assim. Por ser fluida, a consciência pode ir para onde quiser, quando quiser.

Você se aventura no mundo sutil o tempo todo. Veja algumas experiências que normalmente se tem nesse estado de consciência:

Você segue a sua intuição.
Você se conscientiza das motivações ou dos sentimentos dos outros.
Você passa a perceber como as pessoas são afetadas por você.
Você se sente ligado a outra pessoa pelo amor.
Você não sente mais a necessidade de julgar.
Você se impressiona com a beleza.
Você se abre emocionalmente.
Você quer dar e ajudar.
Você se sente inspirado e enaltecido.

Em certo nível, o ego fica em segundo plano nessas experiências. O eu perde o apelo. Você se expande, transcendendo os desejos egoístas. Sua intuição aponta que a realidade é mais do que os seus cinco sentidos percebem.

Você também viaja para o mundo transcendente o tempo todo, embora a sociedade moderna não esteja estruturada para reconhecer nem para aprovar essas incursões. Veja algumas experiências comuns que se tem ao tocar o nível mais elevado de consciência.

Você se sente leve, livre e sem limites.
Você vê em todos os rostos a essência que une toda a humanidade.
Você se sente completamente seguro.
Você gosta de estar aqui só por estar aqui.
Você experimenta serenidade íntima.

Infinitas possibilidades parecem se abrir.
Você sente admiração e reverência ao olhar para a natureza.
Você se entrega, aceita e perdoa.
Você tem certeza de que tudo importa, que as coisas acontecem por uma razão.
Você sente que a liberdade perfeita é a maneira mais natural de viver.

Você transforma a sua realidade ao entrar em um novo estado de consciência. Os únicos limites são aqueles que nós mesmos nos impomos, mas impomos limites o tempo todo. Continuamos obstinadamente apegados a um núcleo de crenças que impedem a nossa jornada espiritual antes mesmo de começar. Eu posso imaginar a ciência se estabelecendo com tamanha convicção que as tradições de sabedoria do mundo se tornarão totalmente marginalizadas. Ninguém mais acreditará no mundo sutil, e o mundo transcendente passará a ser considerado uma mera ilusão.

No entanto, mesmo à beira da extinção, a espiritualidade seria revivida. Apesar de toda a decepção com Deus e as dúvidas razoáveis apresentadas pelos céticos – e até as dúvidas não razoáveis promovidas com um toque de malícia pelos quatro cavaleiros do ateísmo –, algumas constantes permanecem as mesmas com o passar das eras. Essas constantes instigam as pessoas a se transformar e devem ser levadas em conta por quem quiser conhecer Deus. Essas constantes são:

o desejo de uma vida melhor,
amor,
a força da evolução,
experiências de êxtase e júbilo,
curiosidade,
o crescimento pessoal pela sabedoria,
insatisfação,
sonhos,

visões,
inspiração,
experiências pessoais envolvendo Deus, a realidade superior, o eu superior.

Esses são os impulsionadores da espiritualidade, com ou sem rótulos religiosos. Eles vieram primeiro, antes da criação de rótulos como *Deus* ou *alma*. Um decreto poderia abolir essas palavras, mas não o ímpeto que as motiva.

Os impulsionadores da espiritualidade combatem o *status quo*. Eles nos transformam em criaturas inquietas que anseiam por mudanças. Cada um reage a eles da sua própria maneira. O folclore indiano está repleto de candidatos precoces que saíram de casa para encontrar Deus ainda na infância. Jesus era tão sábio que conseguiu desconcertar os rabinos no Templo de Jerusalém com apenas 12 anos. Como em todas as coisas, contudo, os extremos são raros por serem tão obstinados. Em um extremo estão aqueles que buscam o caminho espiritual e dedicam a vida à transformação pessoal e nada mais; os santos, sábios e guias espirituais quase não precisam de motivação. No outro extremo estão os que não conseguem se libertar, pessoas que negam ou odeiam qualquer tipo de mudança; os ideólogos, fanáticos e psicologicamente temerosos jamais serão motivados a abrir a cabeça.

O resto de nós encontrará o caminho espiritual mais ao acaso. Nosso caminho é tortuoso, passível de todo tipo de distrações. Somos tomados de confusão e dúvida. Somos paralisados por conflitos internos. No entanto, as mesmas forças que criam santos também estão presentes em nossa vida. Elas só estão esperando para serem notadas. Se estivermos relativamente atentos ao que se passa em nosso interior, já estamos reagindo às forças listadas anteriormente. Você vislumbra uma vida melhor. Você busca o crescimento pessoal. Você pode ver os contornos de um futuro melhor.

Essas motivações diárias já bastam. Com elas, podemos atingir até a meta espiritual mais elevada. Você não ouvirá nenhuma voz mística em sua cabeça e mão nenhuma descerá do céu para despertá-lo. A história toda é contada com base em um único conceito: Deus se concretiza no estado mais elevado de consciência. Como todo mundo sabe, Deus é acessível a todos.

Existe mesmo um mundo material?

Descrevi três mundos, cada qual com a própria finalidade espiritual. O mundo material não revela qualquer evidência física da presença de Deus capaz de convencer um cético. Os ateus costumam enfatizar esse fato e seus argumentos são razoáveis, na medida do possível. Em um mundo violento, um Deus amoroso é indefensável. Diante da existência de infratores da lei, não faz sentido dizer que Deus tem o poder de punir os delitos. As violações dos direitos humanos por parte de governos opressores fazem com que um Deus todo-poderoso mais se pareça com uma piada de mau gosto. Afinal, Stalin e Hitler usaram de poder absoluto sem a menor interferência do Todo-Poderoso. Esse tipo de coisa se aplica ao mundo material. Deus só se concretiza quando descobrimos que a realidade inclui muito mais que o mundo material.

Um mestre espiritual indiano disse a um devoto:

> O mundo físico é muito convincente. Parece sólido e seguro. Como é possível escapar dele? É possível escapar percebendo que este mundo na verdade é um produto da sua mente. Sem essa constatação, o mundo físico o envolve como uma rede. Mas todas as redes têm buracos. Encontre um buraco e escape por ele.

Se você é um materialista, afirmações como essas só o irritam. Elas lhe parecem absolutamente bizarras, considerando que o mundo "lá fora" é tão claramente real. Não repetirei aqui os argumentos contra aceitar sem questionamento o mundo "lá fora". O nosso foco agora é escapar por um buraco da rede que nos envolve.

É possível escapar enxergando uma verdade simples porém radical: todos os mundos são criados na consciência, inclusive o mundo físico. Encontre um jeito de libertar a sua consciência e tudo mudará para sempre.

Nos níveis mais sutis da realidade, Deus de fato detém o amor, a bondade e o poder a ele atribuídos. Cabe a nós conectar esses níveis mais sutis com o mundo material. Se conseguirmos, tudo mudará. No caminho espiritual, descobrimos que o ser humano é multidimensional e as dimensões mais sutis contêm um grande poder. Até haverá poder suficiente para transformar os acontecimentos "lá fora", no mundo material.

A mente sobre a matéria

O Novo Testamento contradiz as regras da realidade física com uma analogia famosa: "Por causa de vossa incredulidade; porque em verdade vos digo que, se tiverdes fé como um grão de mostarda, direis a este monte: 'Passa daqui para acolá', e há de passar; e nada vos será impossível" (Mateus 17:20). As palavras de Jesus têm alimentado a fé dos fiéis e incitado o desdém dos céticos quase que na mesma proporção.

A alegação básica de Jesus é que a mente é capaz de afetar a matéria. No corpo humano, essa alegação é inegável. Pensamentos e sentimentos criam moléculas no cérebro que se comunicam com o resto do corpo. Se você estiver com muito medo, os seus hormônios – no caso, a adrenalina e o cortisol, o hormônio do estresse – enviam uma mensagem muito diferente de quando você estiver, digamos, apaixonado. Além disso, para poder ter qualquer pensamento, imagem ou sensação, o cérebro deve operar por meio de sinais elétricos e reações químicas que ligam as sinapses, os espaços entre as células cerebrais. Essas substâncias químicas estão em um constante estado de fluxo, sendo criadas e destruídas milhares de vezes por segundo para acompanhar o estado mental da pessoa.

Fora do âmbito do corpo, a situação nos parece bastante diferente, mas Jesus declara explicitamente que um estado mental – a fé – é capaz de criar uma mudança no mundo material. Como? A explicação religiosa é que Deus, por favorecer os justos, intervirá para alterar a realidade física deles. No entanto, muitos santos morreram como mártires em agonia confiando que os justos teriam mais influência diante de Deus. Na verdade, o que queremos é uma explicação natural e, para isso, a noção de mente sobre a matéria deve ser reduzida a um denominador comum. Eu disse anteriormente que a consciência é um elemento comum a todas as experiências, internas e externas, e relacionei os elementos necessários para tornar qualquer coisa real:

inteligência,
intenção,
atenção,
uma ponte entre a mente e a matéria,
um observador,
uma conexão entre os eventos "aqui dentro" e os eventos "lá fora".

Na frase citada, Jesus se referia ao último item da lista. Para ele, a ponte entre "aqui dentro" e "lá fora" é a fé. Deus criou a mente e a matéria juntas e, se você tiver fé suficiente, Deus lhe dará o controle sobre as duas juntas. No exemplo dado por Jesus, algo muito pequeno (um grão de mostarda) é comparado com algo enorme (uma montanha), mas o exagero é só para reforçar o impacto da analogia. A fé não discrimina tamanho. Grande ou pequeno, não faz diferença. É um estado de espírito. Ou você está nesse estado ou não está. É fácil entender mal essa mensagem, como acontece com a maioria dos fiéis. Na interpretação deles, Jesus atribui à fé um poder tão inimaginável que seria praticamente impossível de obter, até mesmo uma parte minúscula. Afinal, quem aqui é capaz de mover montanhas?

Os quatro evangelistas sem dúvida são bastante coerentes ao colocar a mente sobre a matéria. Jesus diz aos discípulos que eles adquirirão poderes extraordinários pela fé. "Aquele que crê em mim também fará as obras que eu faço, e as fará maiores do que estas" (João 14:12). No Sermão da Montanha, Jesus rebaixa o mundo material, colocando o mundo sagrado acima dele. O mundo sagrado segue regras diferentes. Esta é a mensagem dos exemplos que ele escolhe: as aves do céu são alimentadas pela Providência, mesmo sem armazenar grãos, e os lírios do campo são muito bem-vestidos, mesmo sem trabalhar nem fiar (Mateus 6:28).

As regras do mundo material apontam para uma conclusão diferente. Todos nós labutamos, cada um a sua própria maneira, e na nossa luta para ter uma vida melhor não podemos contar só com a fé. A fé não paga as contas, muito menos move montanhas. Se você for um devoto, não tem como simplesmente ignorar esse fato decepcionante, se for um cético convicto, não tem como simplesmente zombar desse fato. Existe, contudo, uma abordagem alternativa, conhecida como "a busca". Você pode buscar uma conexão viva entre a mente e a matéria, entre o que acontece "aqui dentro" e como isso afeta os eventos "lá fora". Não é fácil ver essa conexão. Se fosse, bastaria orar para entrar automaticamente em contato com Deus, como uma ligação telefônica. Quem busca o caminho espiritual procura descobrir por que Deus atende algumas das nossas preces – como inúmeros fiéis atestaram ao longo dos séculos – e ignora outras na maior parte do tempo, até nos momentos de maior desespero.

Eu sugeriria que o propósito espiritual do mundo material está na busca. A mente encontra a matéria todos os dias. Qual delas tem mais poder? A afirmação no Evangelho de João – "No princípio era o Verbo, e o Verbo estava com Deus, e o Verbo era Deus" (João 1:1) – deixa claro que a mente vem primeiro e o mundo material vem depois. Para o evangelista, a própria criação foi um ato da mente, que pensou ou enunciou o verbo, a palavra. Ao buscar o caminho espiritual, tentamos retornar à origem criadora dentro de cada um de nós, não como uma palavra, mas como um estado de espírito repleto de possibilidades incalculáveis. Só assim é possível solucionar o problema da mente sobre a matéria.

As tradições de sabedoria do mundo concordam que a origem da criação está dentro de nós. Em um dos grandes textos da filosofia vedanta, o sábio Vasishtha declara: "Prezados, criamos um ao outro na nossa fantasia". Essa afirmação, absurda à primeira vista, torna-se inevitável se Deus de fato for a realidade. Se Deus é a realidade, essa lógica é simples e indestrutível, uma lógica que sustenta todas as tradições espirituais, do Oriente e do Ocidente.

> Se Deus é a fonte criativa de tudo,
> E se Deus está em nós,
> A origem criativa de tudo está em nós.

Uma pessoa em busca do caminho espiritual está em busca de Deus, da realidade e do verdadeiro eu, tudo ao mesmo tempo. Para tanto, é preciso escapar da rede que nos aprisiona no mundo físico. Precisamos nos redefinir como seres multidimensionais. A busca tem início no mundo físico porque todos nós já nascemos enredados nele. Não é fácil estar no mundo sem ser do mundo. A fisicalidade é incrivelmente convincente. Será que realmente existe um jeito de nos libertar da rede?

Quando sonhamos, estamos no mundo dos sonhos, correndo por aí, voando, vendo animais, pessoas e criaturas estranhas. Mas, assim que acordamos, percebemos que não somos daquele mundo, que aquela não é a realidade de onde viemos. Para um iluminado, o mesmo vale para os eventos que vivenciamos quando estamos acordados, vamos ao trabalho, cuidamos da família e assim por diante. Estamos neste mundo, mas é possível despertar e perceber que não somos dele. Para os profetas védicos, o mundo material é um sonho da mesma forma como os sonhos que temos quando dormimos.

Em um verso famoso, Vasishtha contempla uma versão espiritual do que a física moderna chama de multiverso, onde incontáveis universos existem cada um na própria dimensão: "Na consciência infinita, universos vêm e vão como partículas de poeira iluminadas por um raio de sol entrando por um buraco no teto". Essa é uma versão espiritual do multiverso, como fica claro em outra frase: "A mente só vê o que ela pensa, não importa o que seja". Todos os caminhos levam a Deus apenas se todos os caminhos levarem primeiro à consciência.

Dawkins e companhia não admitem a existência de qualquer nível de realidade além do mundo material. É fácil concordar com a posição deles, apesar de toda a hostilidade que eles tendem a destilar. Eles, e tantas outras pessoas, desconhecem a busca como um projeto voltado para dentro. A história religiosa registra séculos e séculos de pessoas em busca do caminho espiritual que seguem em direções diferentes, encontrando todos os obstáculos possíveis ao longo do caminho. Assim, para melhorar a nossa vida, precisamos saber com clareza para onde dirigir a nossa busca.

O que é a busca?

A busca não é uma atividade fixa com um objetivo único. Ela muda com o tempo. No período medieval, as pessoas em busca do caminho espiritual queriam conquistar uma recompensa no céu, e apesar de não termos como saber se elas conseguiram, todos os aspectos da vida social, desde viagens de monges errantes até grandiosas catedrais, eram focados nessa busca. A grande maioria das pessoas da Idade Média, um enorme período que abrangeu 800 anos (400 a 1200), não tinha esperança de adquirir poder nem riquezas. Elas podiam se amar, mas viviam em um "vale de lágrimas", onde a existência cotidiana era uma luta para sobreviver. O melhor que elas podiam esperar era encontrar refúgio em mosteiros e conventos. Grandes multidões tomaram esse caminho, mas de certa forma, ao buscar refúgio contra um mundo cruel, elas deram as costas para a fé. A julgar pelos resultados, é um equívoco se referir aos séculos dominados pelo cristianismo como *A Idade da Fé*. Se Jesus disse a verdade, a fé é o que possibilita criar um mundo ideal no qual todos os desejos são realizados: "Pedi, e dar-se-vos-á; buscai, e encontrareis; batei, e abrir-se-vos-á" (Mateus 7:7). A realização dos seus desejos é um sinal de que a sua busca chegou ao fim. Com isso, você provou que a mente é o poder supremo. Não importa o que um cristão devia fazer para transformar essa promessa em realidade – ter fé, alinhar-se com a vontade de Deus ou livrar-se do pecado –, nada foi suficiente para a multidão miserável de fiéis medievais.

Quando o mundo era um lugar mais inóspito, a busca levava diretamente à renúncia do mundo. Hoje em dia, com a vida mais fácil, temos muito menos razões para renunciar ao mundo, mas a crença persistente de que o mundo é um vale de lágrimas leva muitas pessoas a sentir que a religião se opõe à realização dos desejos. Se existem ensinamentos cristãos autorizados pela Igreja a favor do desejo, eles são conhecidos por poucos fiéis. Na verdade, os fiéis modernos estão longe de serem versados nos ensinamentos religiosos. Um levantamento conduzido pela Pew Research, realizado em 2012, fez 32 perguntas básicas sobre a religião, e os que mais acertaram foram os ateus, com uma média de 20,9%. (Peter Gomes, o pastor de uma congregação liberal da Faculdade de Harvard, perguntou a um grupo de fiéis quais eram as epístolas do Novo Testamento. A mão de alguém se levantou timidamente: "As esposas dos apóstolos?")

Hoje em dia, a busca tornou-se quase que inteiramente uma questão individual, e não há consenso sobre a meta. É preciso ter coragem para se afastar da religião dos seus pais. O teólogo protestante Paul Tillich escreveu um *best-seller* em 1952, *A coragem de ser*, transbordando com a angústia da era atômica. O Holocausto e os horrores de duas guerras mundiais praticamente aniquilaram a crença em Deus. Muita gente passou a acreditar que a vida não deve ter qualquer sentido. Observando a situação, Tillich perguntou: "Para que estamos aqui, afinal?". A vida, segundo ele, levanta automaticamente essa pergunta. Se o simples fato de estarmos vivos nos leva a perguntar por que estamos aqui, é natural querer encontrar uma resposta. As duas atividades – fazer as perguntas existenciais mais básicas e buscar a resposta a essas perguntas – formam um círculo. Perguntas levam a respostas, pelo simples fato de estarmos vivos.

Eu não acho que a sociedade progrediu muito em comparação com a situação descrita por Tillich. Deus nunca esteve mais desacreditado e o terrorismo é uma ameaça constante, apesar de a ameaça de uma destruição nuclear em massa ter começado a diminuir. A pessoa em busca do caminho espiritual não tem mais a plataforma da fé para se colocar com firmeza no mundo. Encontrar a coragem de ser implica ter coragem de transcender uma existência sem sentido.

Não se trata de uma coragem fingida ou imaginada. Em muitos aspectos, é mais difícil buscar do que ter fé. Ter fé é algo passivo, que não requer uma constante autoanálise, como a busca. Os fiéis têm medo de, se perderem a fé, serem deixados com as dores da dúvida e da incerteza. E esse temor os leva a defender-se das dúvidas. A busca, por outro lado, começa com a dúvida como uma base para descobrir a verdade. Ela recebe de braços abertos a incerteza como sendo melhor que a certeza dogmática inflexível. As pessoas em busca do caminho espiritual têm coragem de ser diferentes, de renunciar ao conforto de uma comunidade que se refugia entre as paredes de uma igreja. Elas não têm nada contra levar em consideração ideias espirituais de outras tradições além da tradição judaico-cristã. Por todas essas razões, uma sociedade secular moderna, longe de ser o inimigo da espiritualidade, apresenta um terreno fértil para a espiritualidade.

Sempre que alguém me diz que viu Deus, sou tentado a perguntar como ele era. Se a pessoa me der uma resposta definitiva, eu tenho vontade de sugerir que ela continue procurando. É isso que os budistas querem dizer quando recomendam: "Se encontrar o Buda no caminho, mate-o". Uma ideia preconcebida só o leva a encontrar aquilo que você já imaginou. Deus – ou Buda – permanecerá inimaginável. Mas eu evito dizer isso às pessoas em busca do caminho espiritual porque soa derrotista. Eu me limito a comentar que as questões que cercam Deus são secundárias. É preciso conhecer a realidade antes de poder conhecer Deus.

Se eu tivesse de citar um motivador que leva uma pessoa a buscar o caminho espiritual, seria este: as pessoas querem ser reais. O desejo de acreditar, que nos séculos anteriores se concentrou em Deus, transformou-se em um anseio por uma vida real, que une, que é rica em sentido e propósito, que traz um senso de plenitude. O Holocausto e todos os outros horrores em massa criaram um senso terrível de irrealidade. Sentir-se à deriva passou a ser uma sensação tão difundida que vivemos trabalhando freneticamente e nos distraindo ainda mais freneticamente, alheios à existência de qualquer outra realidade.

No início, quando a irrealidade da vida moderna passou a ser assustadora, só alguns observadores tiveram a coragem de encará-la. Primo Levi foi um judeu italiano que sobreviveu a Auschwitz. No fim dos anos 1940, apenas alguns anos depois de o exército russo invadir o campo de concentração e libertar os prisioneiros, Levi escreveu comovido sobre como se sentiu ao voltar à sua Turim natal, onde todos queriam esquecer os nazistas e retomar as alegrias e os desejos normais. No início, Levi não conseguia parar de falar sobre Auschwitz. Ele abordava estranhos na rua e passageiros de trens, incapaz de se manter em silêncio. Isso foi bom para ele. Pelo menos ele estava voltando a se conectar com os outros. No entanto, ele já não se sentia real, do modo como os outros pareciam se sentir. Ele se sentia separado, isolado, um fantasma errante. Sua luta para voltar a se sentir real chegou a extremos. Um amigo relata um incidente perturbador, quando Levi viu um pé de caqui selvagem e o atacou como um maníaco, agarrando e devorando as frutas.

Apesar de sua formação em química, Levi se sentiu compelido a traduzir em palavras a sua experiência em Auschwitz. O resultado foi o clássico livro de memórias de sobrevivência *É isto um homem?* "Se não tivesse escrito meu livro", ele contou a seu biógrafo, "eu provavelmente teria permanecido um dos condenados da terra". Levi levou a coragem de ser a um extremo angustiado. No entanto, sou grato pelo fato de ele – e outras pessoas que lutaram para se recuperar da depressão profunda, de um trauma desolador e até da loucura – ter nos mostrado que ser real pode ser uma motivação tão poderosa. Na vida cotidiana, a busca apresenta alguns ingredientes cruciais que unem todos os seres humanos.

O que caracteriza uma pessoa que busca o caminho espiritual?

O desejo de ser real.

A coragem de entrar no desconhecido.

A recusa de ser enganado por ilusões.

A necessidade de se sentir realizado.

A capacidade de transcender as satisfações materiais.

Uma intuição de outros níveis de existência.

Você é uma pessoa em busca do caminho espiritual se possui esses fatores dentro de si. Eles podem não passar de sementes, mas você sente uma agitação no seu interior, uma espécie de desejo se infiltrando por dentro. Os religiosos podem se inquietar com o termo *desejo*. Deus não quer que renunciemos ao desejo? Se, como dizem, sexo, dinheiro e poder são armadilhas no caminho para o céu, Deus deve se opor à sedução do desejo. Freud, no entanto, considerava o sexo, o poder e o amor das mulheres as motivações básicas da vida. (Ele se dirigia a um mundo masculino.) A natureza humana foi projetada para buscar essas coisas. Se isso for verdade – e milhões de pessoas vivem como se fosse –, o que o caminho espiritual tem a oferecer de melhor?

Nesse sentido, as pessoas em busca do caminho espiritual apresentam uma imagem pública enganosa. Por um lado, o projeto se torna religioso, uma espécie de caça ao unicórnio, só que nesse caso a criatura mítica é Deus. Por outro lado, a espiritualidade da Nova Era é associada a cristais, anjos, espíritos mediúnicos e comunicação com os mortos. É fácil zombar desse tipo de coisas, jogadas na montanha de evidências coletadas pelos ateus para provar a irracionalidade da religião. Em um nível mais profundo, temos o nosso desejo de realidade e o que deve ser feito com esse desejo.

Fazendo dar certo

Agora é a hora de cair na real. O mundo material é caótico, cheio de eventos fora do nosso controle. Para buscar um caminho espiritual, é preciso não dominar o caos, mas ver através dele. A tradição védica usa uma boa metáfora para isso: uma pessoa em busca do caminho espiritual anda por uma manada de elefantes adormecidos sem acordá-los. Os elefantes representam o nosso velho condicionamento, que insiste que somos fracos, isolados e abandonados. Não podemos lutar contra esse condicionamento, porque, assim que despertam, medo, insegurança e a certeza de que deve lutar para sobreviver terão um enorme poder. Quando os elefantes acordam, somos pisoteados por eles.

Diante disso, as tradições de sabedoria do mundo encontraram outro caminho. Esgueirar-se por esses obstáculos sem tentar enfrentá-los. Transferir a sua lealdade, sem alardes, por dentro. Deixar de ser governado pelo caos e começar a ser governado pelo seu eu essencial. Vamos dar uma olhada nas implicações desse processo.

Em termos práticos, o processo segue o seguinte preceito: "Livre-se das suas ilusões e o que sobrar deve ser real". O mundo material repousa sobre a ilusão, como comprovado pela física quântica. No entanto, a mitologia do materialismo persiste. Como isso afeta você, pessoalmente? Pense nas regras que governam a vida material, como a labuta, a autodefesa, a concorrência, as divisões de classe e a tentativa de controlar a natureza. É difícil contestar as premissas que fundamentam essas regras. Elas são rígidas e, para a maioria das pessoas, estão dadas. Vamos nos deter para dar uma olhada em algumas delas, já que dizem respeito a vários níveis da nossa existência.

Nível científico: nesse caso, a premissa rígida é que os seres humanos são pequenos grãos de areia no cosmos vasto e frio. Tudo se restringe à matéria e à energia, inclusive a própria mente, que é um subproduto da maneira como as moléculas se comportam no cérebro. As leis da natureza são fixas e imutáveis. Eventos no interior da mente não têm qualquer efeito sobre a realidade "lá fora", que é desprovida de consciência.

Nível social: nesse caso, a principal premissa, que leva a um consumismo sem fim, é que a aquisição de posses materiais leva à felicidade. Quanto mais melhor. O dinheiro é o bem mais valioso na vida. Os problemas são resolvidos conquistando mais sucesso e riqueza.

Nível espiritual: a principal premissa é que a espiritualidade requer trabalho árduo, como qualquer outra coisa. Você se empenha para avançar pelo caminho até Deus. Assim que relaxar, você é rebaixado. Toda fé cria regras dogmáticas para chegar ao sucesso. Os que obedecem as regras conquistam o direito de entrar no céu. Esse esquema todo foi apelidado, justificadamente, de materialismo espiritual. Em outras palavras, a alma é colocada para trabalhar do mesmo modo como o corpo trabalha no mundo material.

Essas influências não são passivas. Elas nos aprisionam na armadilha sobre a qual Vasishtha nos alertou: a mente só vê o que criou. A incapacidade de descobrir o poder interior pode ser atribuída diretamente aos "grilhões forjados pela mente" dos quais William Blake se lamentou. Embora eu esteja argumentando que o materialismo não é a realidade, não estou dizendo que alguma mentira deliberada está em ação. Os arquimaterialistas, inclusive Dawkins e companhia, descrevem o que veem. O erro fatal deles é deixar de ver que a mente cria todas as versões da realidade usando seu poder criativo invisível.

Para buscar o caminho espiritual, você não precisa se isolar da sociedade. Você não é obrigado a virar as costas para os seus entes queridos nem a adotar todo um conjunto de novas crenças. Essas são as armadilhas normais da conversão religiosa. Considerando que a religião monopolizou esse campo, é aconselhável tomar um rumo completamente diferente. Eu sugeriria uma versão simples da "coragem de ser". Analise a sua situação atual. Examine com atenção as razões da sua existência e anote numa folha de papel.

Vejamos um exemplo simples. Em uma coluna, relacione todos os fatores externos que requerem certo empenho, como, por exemplo:

família,
amigos,
carreira,
educação,
status,
riqueza,
propriedades e posses,
política,
hobbies,
exercícios físicos,

ir ao cinema,
sexo,
internet e mídias sociais,
videogames,
televisão,
viagens,
ir à igreja,
ONGs,
caridade.

Atribua um número a cada categoria. Pode ser o número de horas por semana que você dedica à atividade, pode ser o quanto você valoriza a atividade, em uma escala de 1 a 10.

Em outra coluna, faça uma lista das atividades internas que requerem certo empenho, como, por exemplo:

meditação,
oração contemplativa,
autorreflexão,
gestão de estresse,
leitura de textos espirituais, inclusive poemas e textos inspiradores,
psicoterapia,
crescimento pessoal,
intimidade,
criação de laços empáticos ou compassivos com os outros,
reconhecimento e gratidão, para si e para os outros,
exploração das tradições de sabedoria do mundo,
um momento de silêncio,
retiro espiritual.

Atribua um número a cada uma dessas atividades, refletindo o quanto você as valoriza ou quanto tempo dedica a elas.

Quando terminar, compare as duas listas. Elas lhe darão uma ideia aproximada do que você valoriza mais, o interno ou o externo. Não estou sugerindo algum tipo de jogo de culpa espiritual. Afinal, quase todo mundo se dedica mais a atividades externas. Estamos firmemente ligados ao mundo material. As atividades internas podem muito bem ocorrer no mundo material e podem ser incorporadas à rotina diária. (Jesus observou a necessidade de uma coexistência pacífica quando falou de dar a César o que é de César e a Deus o que é de Deus.)

Você só está em busca do caminho espiritual quando dedica tempo e atenção a atividades internas. Não adianta só ser piedoso e fazer boas ações, que em geral permanecem no plano externo. Para quem precisa de metas espirituais, eu começaria com duas que não têm nada a ver com a religião e tudo a ver com "cair na real": encontrar o seu centro e fundamentar a sua vida nele. As duas metas são necessárias. Se você deixar uma delas de fora, a outra terá um uso limitado.

Encontrar o seu centro significa estabelecer-se em um estado estável e coerente de consciência. Você não será dominado por forças externas. Você não ficará inquieto, ansioso, preocupado ou sem foco. Você encontra o seu centro sempre que:

age com integridade,
expressa a sua verdade,
não se deixa afetar pela necessidade de ser amado,
deixa de agradar e apaziguar as pessoas só para ser amado,
não teme a autoridade,
protege a sua dignidade pessoal e respeita a dignidade dos outros,
não mantém segredos para si mesmo e para as pessoas mais próximas a você,
honra o que lhe contarem em segredo,
é autossuficiente, não dependente dos outros,
não fica em estado de negação e autoilusão,
recusa-se a se voltar contra os outros por razões ideológicas,

pratica a tolerância,
leva mais tempo para se enfurecer e menos tempo para perdoar,
busca entender os outros da mesma forma como entende a si mesmo.

O segundo objetivo, viver com base no seu centro, implica seguir as orientações internas sutis, como instinto, intuição, amor, autoconhecimento, confiança e compaixão. Também é interessante saber o que *não* fazer. Você não está vivendo com base no seu centro sempre que:

foca em recompensas externas (como dinheiro, *status*, posses),
anseia a aprovação dos outros,
vai contra os seus valores e princípios só para ser aceito pelos outros,
endossa a conformidade social,
é muito afetado por influências externas,
defende diretrizes morais rígidas,
enfatiza demais as regras,
coloca-se como uma autoridade,
compete como se só a vitória importasse,
demoniza seus rivais e concorrentes,
faz fofoca e deprecia os outros,
agarra-se a preconceitos ou ideologias,
busca a vingança,
contorna a verdade,
pratica a mentalidade do nós contra eles,
mantém o seu mundo interior em segredo.

Uma vez que você atinge as duas metas, o seu mundo material se manterá coeso do mesmo modo como você se mantém coeso. Você conecta o interno e o externo, que deixam de ser dois domínios separados. Passa a viver com base em um núcleo de integridade e expressar o seu verdadeiro eu. É assim que aprendemos a superar o caos e a fragmentação do mundo material.

Esse projeto de busca que apresentei resumidamente aqui é, em uma palavra, existencial. A coragem de ser nos leva por um caminho, não para o Deus da fé, mas para uma noção robusta do que significa ser real.

> Quando você começa a suspeitar de que é o autor da sua própria existência,
> a busca começou.
> Quando você começa a usar a sua consciência para afetar ativamente a sua vida,
> a busca lhe trouxe uma resposta.
> Quando você olha ao redor e sabe que a realidade se baseia inteiramente na consciência,
> a busca atingiu seu objetivo.

A próxima etapa envolve uma jornada mais profunda, sempre se aproximando da origem da criação, que é onde reside o verdadeiro poder. A busca ocorre no mundo material, mas a descoberta ocorre em outro lugar.

O mundo sutil

Se você entrar em qualquer livraria – sim, ainda é possível encontrar algumas delas por aí –, fechar os olhos e jogar uma pedra ao acaso, grandes são as chances de a pedra atingir um livro sobre ciência e religião. A grande maioria desses livros propõe uma trégua entre esses dois campos tradicionalmente rivais. Em julho de 2005, a ciência não teve escolha a não ser apertar a mão da antiga nêmesis: a prestigiosa revista *Science* celebrou seu 125º aniversário publicando uma lista de 125 questões que a ciência ainda não conseguiu responder. As duas primeiras perguntas foram as seguintes:

> Do que é feito o universo?
> Qual é a base biológica da consciência?

Depois de tantos anos de enormes realizações científicas, é chocante que ninguém tenha chegado perto de responder a essas perguntas. Na verdade, as mais recentes investigações só aprofundam o enigma. Como vimos, só 0,01% do cosmos contém átomos que formam todas as estrelas e galáxias visíveis. Cerca de 4% do cosmos se reúne nos átomos invisíveis restantes, como átomos de poeira interestelar e átomos de hélio e hidrogênio livre. Os 96% restantes da "matéria" parecem ser não atômicos e desobedecem as regras básicas relativas à gravidade e à velocidade da luz. Portanto, esses 96% não são matéria alguma, pelo menos considerando qualquer critério do mundo visível. Dizer que a física explica o espaço e o tempo é como dizer que alguém com 4% de visão consegue ver toda a paisagem.

Quanto à biologia da consciência, ninguém jamais demonstrou que a consciência chega a ter uma biologia. Exames de imagiologia cerebral, embora constituam um avanço enorme para analisar o que acontece dentro do crânio, só fazem revelar áreas onde o sangue flui mais ou menos. Isso está muito longe de demonstrar como uma sopa de substâncias químicas – uma mistura de água, glicose, DNA e íons de potássio e de sódio – aprendeu a pensar. Isso é tão provável quanto um universo pensante ter decidido criar o cérebro.

Se você não tem como responder às perguntas da página anterior, que são como o ABC da realidade, a sua teoria da origem dos seres humanos é no mínimo questionável. Como um cientista, tudo o que você pode fazer é continuar insistindo que a resposta será encontrada um dia, provavelmente em breve. (Foi essa a posição da *Science*. Os editores basearam sua lista em um levantamento conduzido com cem cientistas proeminentes, pedindo que eles se concentrassem em questões que poderiam ser respondidas em até 25 anos.) É um pouco tarde para pedir mais prazo quando a sua meta não é nada de grandioso (como a tão aguardada Teoria de Tudo), mas apenas um ponto de partida aceitável. Deus se fundamenta em pontos de partida. A disputa entre espiritualidade e ciência é inevitável. Afinal, as duas investigam um nível de realidade cruzando a fronteira do mundo visível. As duas confrontam o mistério da natureza e o mais estranho de todos os fenômenos, segundo Einstein: que a natureza pode ser compreendida, para início de conversa.

Chamo a isso de "o domínio invisível do mundo sutil". Chegamos lá pelo caminho da fé. A ciência chega lá usando uma sequência de passos que retiram camadas da realidade como se fosse uma cebola ou uma boneca russa, com *matryoshkas* cada vez menores aninhadas umas dentro das outras. O mundo sutil, contudo, não é um território exclusivo nem da ciência, nem da espiritualidade. Se o mundo sutil for real, ele é real e ponto-final. A ciência pode desdenhar do caminho da fé, mas isso só mostra seu desprezo pela própria consciência que vincula todas as atividades mentais, desde fazer uma oração até bombardear prótons para liberar partículas de Higgs.

As camadas de cebola removidas pela ciência são proposições simples com as quais todos os cientistas concordam.

A vida pode ser reduzida à biologia? Sim.
A biologia pode ser reduzida à química? Sim.
A química pode ser reduzida à física? Sim.
A física pode ser reduzida à matemática? Sim.
A matemática é uma atividade que ocorre na consciência? Sim.

Em fóruns públicos e conversas privadas, apresento essa sequência a vários cientistas proeminentes e eles respondem até o fim sem mostrar qualquer sinal de hesitação (talvez sentiam apenas uma ligeira suspeita de estarem sendo conduzidos para uma possível armadilha). Eles começam a se contorcer quando eu digo: "Então parece que a vida pode ser reduzida à consciência, certo? Os próprios métodos de vocês foram usados para chegar a essa conclusão". Em geral eles recebem essa constatação com um dar de ombros. Um neurologista admitiu que foi a sequência mais difícil de perguntas que ele já tinha confrontado. Um cosmologista me acusou de reducionismo. Mas a minha intenção não foi montar uma armadilha. A consciência se revela como a base da criação, independentemente de você começar com Deus ou com um tubo de ensaio. Em um caso, a matéria desaparece na mente; no outro, a mente surge como matéria. O denominador comum entre os dois é o mundo sutil.

A fé é sustentada pela lógica, mas é difícil convencer alguém que segue uma lógica diferente. Dawkins se indispôs até com outros ateus porque, arrogante, ele pressupõe que detém a patente da racionalidade. A única lógica que funciona é a dele. Mesmo assim, até muito recentemente, ninguém se satisfazia em forçar o casamento entre a ciência e a religião. Dawkins e companhia refletem uma divisão social bastante comum: se você for "da ciência", provavelmente não se aliará profissionalmente com pessoas que são "da religião". Os dois campos de estudo não se sobrepõem na universidade e não são praticados no mesmo prédio.

No entanto, as ferramentas para concretizar Deus são as mesmas que constroem o mundo real. Elas podem ser expressas em um pequeno punhado de princípios. Ninguém precisa deter a patente dessas ferramentas. Se pertencem à própria realidade, devem ser aceitáveis tanto para os fiéis quanto para os céticos.

Princípio 1: você não é um receptor passivo percebendo uma dada realidade fixa. Você processa a sua experiência a cada segundo que passa.

Princípio 2: a realidade que você percebe provém da experiência que você processa.

Princípio 3: quanto mais autoconsciente você for, maior será o seu poder de criar a realidade.

Nenhum desses princípios deve surpreender. Você já deve ter percebido que os termos *consciência* e *criador* recebem um lugar de destaque na minha argumentação, mas cabe a você testar cada um desses princípios. Só assim você poderá reivindicar o seu papel como um criador. Se não os testar, você estará aceitando passivamente a posição dos céticos, que sustenta que a consciência não é confiável por ser subjetiva. "Eu gosto de pirulitos" não pode ser equiparado com "O céu é azul". A primeira afirmação reflete uma experiência pessoal inconstante enquanto a segunda reflete um fato científico. No entanto, como vimos, a distinção não tem fundamento. É preciso ser provido de consciência para fazer com que o céu seja azul. É preciso ter consciência para poder pensar, para início de conversa. Os céticos nos advertem para não confiar em eventos que "só ocorrem na mente", quando a verdade é que o mundo inteiro só ocorre na mente.

Sinais invisíveis

A verdadeira questão é: "Até que ponto você é capaz de confiar?". Você é capaz de confiar na sua mente quando ela o leva a cruzar a fronteira do mundo visível? Esse é o ponto crucial. Pense no que significa entregar-se a Deus. Isso sempre foi retratado como um ato de fé, o que implica – se formos terrivelmente honestos – que a noção deve ser rejeitada pelas pessoas. Entregar-se significa confiar em uma força invisível que transcende os cinco sentidos. É claro que você não deixaria Deus dirigir o seu carro. Nenhuma força invisível vai fazer o jantar hoje à noite. O mundo material funciona de acordo com as próprias regras. Se parar por aí, você nem precisa se entregar. Você pode simplesmente confiar no mundo material para as suas atividades do dia a dia. Só é possível se entregar a Deus desconfiando do mundo material e seguindo indícios que levam a outra direção. Esses indícios são como vislumbres por trás da ilusão de um truque de mágica. Eles mostram como os truques são feitos.

Como todos nós somos afetados pelo mundo sutil, cruzamos com esses indícios todos os dias. Pense na frequência na qual os eventos a seguir acontecem com você. A lista é longa, mas é importante perceber que você já está conectado a um nível mais profundo de consciência, mesmo se só tiver lampejos momentâneos.

Indícios do mundo sutil

CONEXÕES COM UMA CONSCIÊNCIA MAIS PROFUNDA

Você tem um momento "eureca!".

De repente você sente que a realidade fica mais intensa, mais realista, como se as coisas subitamente tivessem ficado mais claras.

Você se vê repleto de admiração e reverência.

Você se vê tomado por uma súbita sensação de paz e tranquilidade.
Você é varrido por uma onda de inspiração.
Você tem um salto de criatividade.
Os eventos parecem formar um padrão e, de repente, você enxerga esse padrão.
Quando menos espera, você se sente amado, não por uma pessoa específica, mas simplesmente amado.
Você pensa no nome de uma pessoa e no minuto seguinte a pessoa liga para você.
Uma palavra aleatória lhe vem à mente e logo depois você vê essa palavra em um livro ou a ouve em uma conversa.
Você antevê um evento e ele se torna realidade.
Você tem um determinado desejo que se realiza por conta própria.
Você nota algumas coincidências, quando dois eventos combinam e se interligam.
Você passa um dia inteiro vendo as coisas se organizarem, se encaixarem sem esforço.
Você sente a presença de uma pessoa que já faleceu.
Você vê a aura de alguém, seja como uma luz visível seja como uma sensação sutil de luz.
Você detecta o carisma, uma intensa força pessoal, de alguém.
Você sente que alguém irradia amor puro ou uma presença santa.
Você sente que está sendo guiado.
Você tem certeza de que a sua vida tem um propósito, que pode parecer predestinado ou além dos desejos do seu ego.

Pode ser preciso apenas um toque de autoconhecimento para notar esses indícios, que vêm acompanhados de lampejos de mistério. *Algo* quer ser notado. Agora tente responder a uma pergunta fundamental. Em quantos desses indícios você confiou? Eles fizeram alguma diferença no modo como você vê as coisas ou no modo como você age no dia a dia? As pessoas podem confiar mais ou menos nesses indícios, e o nível de confiança varia muito. Um momento "eureca" pode mudar toda uma vida, apesar de ser raro. Muito mais comum é ser exposto a um indício do mundo sutil e ignorá-lo ao voltar à vida cotidiana.

A esfera da percepção começa frágil, e é principalmente por esse motivo que surgem tantas dúvidas sobre o poder da consciência. Normalmente não damos o devido valor à consciência e, quando os eventos saem dos padrões normais, ficamos sem saber o que fazer. Uma amiga me contou que teve uma oportunidade de visitar uma mulher santa indiana, que nasceu na pobreza e hoje vive cercada de devotos. Minha amiga relutou muito em ir. "Um devoto me convidou e nunca tive coragem de dizer que as crenças dele o faziam perder alguns pontos aos meus olhos. Eu ficava consternada com a noção de entregar-se a alguém. Por que diabos alguém abriria mão de sua liberdade desse jeito?"

Minha amiga acabou concordando e, ao chegar lá, viu a mulher santa sentada em uma grande tenda, repleta de pessoas e recendendo a incenso de sândalo. Uma mulher pequena, vestida com um sari, estava sentada em uma plataforma baixa, sem nada que a distinguisse dos seguidores.

Minha amiga teve uma reação surpreendente.

> Eu esperava "desligar", vendo centenas de pessoas concentradas naquela mulher desconhecida, a maioria se curvando ao se aproximar dela. Ela sorria para cada um de seus seguidores e os abraçava suavemente. Foi uma visão estranha, exatamente o que me desagradava em toda a cultura de gurus, mas por alguma razão me senti bem relaxada e à vontade.

Com vergonha de se aproximar da mulher santa, minha amiga sentou-se nos fundos. Mas ela tinha ouvido falar do *darshan*, a prática indiana tradicional de receber uma bênção na presença de uma pessoa santa. Ela sentiu o impulso de ir receber o *darshan* e aos poucos foi se aproximando da mulher santa.

> Não tenho como explicar o que aconteceu, ela me contou. As pessoas me empurravam de um lado para outro, mas eu continuei avançando. Nesse momento, a minha mente ficou em silêncio. Não fiquei agitada nem impaciente no meio da multidão. Enquanto eu me aproximava, esse silêncio interior foi se enchendo de paz. Ao chegar ainda mais perto, senti uma doçura por dentro, o tipo de doçura que se sente perto de um bebê feliz, só que era uma coisa mais profunda. Finalmente eu era a próxima da fila. A mulher santa sorriu para mim e me abraçou suavemente. Ela disse no meu ouvido algumas palavras que não entendi. Depois me disseram que era a bênção. Se alguém tivesse tirado alguma foto daquele momento, a foto só mostraria uma mulher ocidental branca e alta inclinando-se para ser abraçada por uma mulherzinha oriental de pele escura. Mas a experiência foi indescritível. Senti na presença dela tamanha intensidade que só a palavra "santo" pode descrever. Ao mesmo tempo, foi como um encontro comigo mesma. A mulherzinha de pele escura nem estava lá. Ela era... O quê? O símbolo, o emissário, o mensageiro de um encontro divino.

Um indício de fato extremamente forte. A minha amiga ficou perplexa e profundamente tocada ao mesmo tempo. Ela ainda está tentando entender o que aconteceu. Eu uso a palavra *indício* porque mergulhar diretamente no mundo sutil seria algo tão incrível que a nossa mente se fecharia para a possibilidade. Nós só nos permitimos indícios e vislumbres. O mundo seria um lugar estranho se as pessoas ficassem cegas ao ver a luz, como Saulo no caminho para Damasco. Nós nos condicionamos a ver por um espelho enevoado. Quando a traumática conversão transformou Saulo em Paulo, ele usou a metáfora de ver por um espelho enevoado porque sua percepção mudou para sempre. O mundo sutil se tornou o seu lar, em comparação com o mundo normal, lar de sombras enegrecidas.

Os indícios chegarão sem parar a menos que você os bloqueie sistematicamente, como algumas pessoas fazem. O mundo sutil espera o momento em que você começa a se importar com esses indícios espalhados. Então uma mudança ocorre. A sua consciência começa a se libertar. Um exemplo drástico disso seriam as reações de pessoas que tiveram experiências de quase morte. A maioria afirma que deixou de temer a morte e algumas vão ainda mais longe, relatando ter se livrado completamente da ansiedade. Você e eu não saímos por aí com um medo constante da morte, porque esse medo está incorporado na nossa psique, em um nível sutil. Esse também é o nível da libertação. Quer acreditemos ou não em experiências de quase morte, somos libertados do medo, o que indica que entramos em contato com o mundo sutil e que o contato levou a um resultado prático.

Quando começarmos a nos importar com o mundo sutil, seremos capazes de dominar cada vez mais essa ansiedade oculta. É o reino da luz, onde *luz* significa "percepção clara", um "estado de transparência". A consciência deve ser livre. Basta dar a ela uma chance e encorajar sua expansão. Como isso é feito?

Você mantém a mente aberta.
Você não dá ouvidos à voz do medo.
Você não se refugia na negação.
Você adota um ponto de vista holístico.
Você questiona os limites estreitos do ego.
Você se identifica com os seus impulsos mais elevados.
Você vê o futuro com otimismo.
Você busca o sentido oculto dos eventos cotidianos.

São o que chamo de *ações sutis*. Elas não ocorrem no nível material. Os indícios do mundo sutil requerem ações sutis.

Ação sutil

Todos nós já estamos acostumados com a ação sutil, apesar de normalmente não usarmos esse termo. Todas as ações sutis são escolhas. Imagine que você sai de férias e, a caminho do aeroporto, não consegue parar de pensar: "Será que eu me lembrei de trancar a porta?" ou "Será que desliguei o fogão?". Nesse momento, você confronta a si mesmo e se vê diante de uma escolha. Você volta para casa ou confia que está tudo bem? A primeira opção é a ação no mundo material, enquanto a segunda é a ação sutil. A diferença pode não ser muito clara, mas pense nos seguintes termos. No mundo material, nós nos preocupamos, checamos para ver se está tudo bem, ficamos ansiosos e assim por diante, tudo com base no sentimento de insegurança. Já a intuição, que é sutil, não fica ansiosa nem se preocupa. Quando você decide confiar nos seus sentimentos, está fazendo uma escolha no nível sutil. (O simples fato de perceber a diferença não significa que você pode ignorar todas as preocupações. É preciso seguir um processo antes que a confiança se torne real.)

As ações sutis permeiam a nossa vida. Se você confiar que é amado pelo seu parceiro, isso é uma ação sutil. Uma pessoa insegura precisa estar sempre sendo tranquilizada, como a pessoa que termina todos os telefonemas com "Eu te amo" para ouvir "Eu também te amo" de volta. Só palavras e ações podem reduzir a insegurança das pessoas inseguras, que não conseguem confiar no próprio mundo interior. A confiança e a desconfiança interior podem afetar a vida inteira de uma pessoa. Uma criança que recebeu muito amor dos pais quase sempre viverá segura de que pode ser amada. No nível sutil, a pessoa segura não questiona sua capacidade de ser amada. No entanto, se a pessoa crescer duvidando de sua capacidade de ser amada, ela será atormentada pela dúvida no nível sutil. Ela passará anos tentando aplacar sua inquietação, insatisfação e insegurança, temendo nunca ser boa o suficiente.

As necessidades básicas que os religiosos direcionam a Deus também são sutis. *Senhor, fazei-me sentir digno. Senhor, fazei-me sentir amado. Senhor, fazei-me sentir abençoado.* Se você direcionar esses apelos ao mundo externo, não pode confiar que Deus responderá. Você é como um operador de telégrafo em uma estação isolada enviando uma mensagem sem saber ao certo se os fios estão rompidos. Você só confia na conexão depois de vivenciar o estado conhecido como "Deus interior". Deus está desconectado do mundo material, mas tem uma presença no mundo sutil. Esse não é o fim da jornada, mas, com a ação sutil seguida de uma reação concreta, você começa a se importar com o divino. Perder o medo ou sentir-se abençoado não é uma reação mística. Você simplesmente pensa e se comporta de um jeito diferente em comparação com alguém que não passou por uma mudança sutil.

Isso me faz lembrar de uma parábola indiana. Era uma vez um monge que viajava sozinho ensinando o *dharma*, o jeito certo de viver espiritualmente. Em uma floresta, ele deparou com uma grande clareira e sentou-se para descansar.

Assim que o monge abriu a sacola para tirar um pouco de comida, um ladrão passou por perto e viu que a sacola continha um enorme diamante. Quando o monge terminou sua refeição e retomou sua jornada, o ladrão correu na frente e se escondeu no mato. Logo que o monge se aproximou, o ladrão saltou rapidamente de seu esconderijo. O monge, tranquilo, perguntou o que o ladrão queria.

"O diamante que está na sua sacola", o ladrão respondeu.

"Você me seguiu até aqui só para isso?", perguntou o monge. Ele tirou o diamante da sacola e o estendeu para o ladrão. "Tudo bem, pode pegar", disse ele.

O ladrão agarrou avidamente o diamante e saiu correndo. Depois de um tempo, ele olhou para trás para ver se o monge não vinha atrás dele. E se surpreendeu com o que viu. O monge estava sentado de pernas cruzadas sob as estrelas, meditando tranquilamente com uma expressão de júbilo no rosto.

O ladrão voltou correndo na direção do monge. “Por favor”, ele implorou, “pegue o diamante de volta. Eu só quero saber como você é capaz de perdê-lo com tanta tranquilidade”.

A história é sobre a diferença entre a natureza humana que não foi transformada e a natureza humana que foi transformada. As ações sutis fazem uma profunda diferença, orientando a nossa existência inteira. A cada momento do dia, chegamos a uma encruzilhada oculta e fazemos escolhas que nos levam para um lado ou para o outro.

Confiar ou desconfiar.
Entregar-se ou controlar.
Deixar quieto ou interferir.
Prestar atenção ou ignorar.
Amar ou temer.
Enfrentar ou fugir.

Podemos distinguir ações sutis, que têm resultados positivos, das ações que não têm resultados positivos. No entanto, elas não devem ser vistas como instruções em um manual. Não existe um conjunto aprovado de escolhas que estão sempre certas, enquanto outras estão sempre erradas. O amor é o que podemos ter de melhor na vida, mas às vezes temos bons motivos para temer. Não interferir muitas vezes é a melhor coisa a fazer, mas às vezes é preciso interferir. O segredo para fazer a escolha certa é sentir-se à vontade para transitar no mundo sutil. Quando isso acontece, vemos com clareza a escolha certa. A situação indica naturalmente a melhor coisa a fazer. A distância entre a pergunta e a resposta fica cada vez menor. Quando você começa a se familiarizar com esse tipo de coisa, aprende a confiar em seus instintos e seguir a sua intuição.

Instinto e intuição são habilidades autênticas. A maioria de nós se limita a dar tiros no escuro porque passa muito pouco tempo desenvolvendo essas habilidades. O nosso mundo interior é repleto de confusão e conflito. Os grandes artistas são excelentes exemplos de pessoas com uma intuição habilidosa. Imagine como seria observar Rembrandt pintando. Sua paleta contém a mesma mistura de cores que a de quaisquer outros pintores da época. Ele pode estar pintando o retrato de uma senhora rica de Amsterdã usando um rígido colarinho branco rendado e joias de ouro. (Os aristocratas retratados por Rembrandt faziam questão de ostentar sua riqueza.) A mão de Rembrandt conduz o pincel da tinta para a tela. São ações comuns para qualquer pintor.

No entanto, em algumas sessões, já é possível ver a transformação. Em vez de um mero retrato, um ser humano vivo surge na tela. Usando a sua habilidade sutil, Rembrandt foi capaz de intuir o caráter da senhora. Ela exibe várias qualidades antes ocultas (vaidade, melancolia, doçura, ingenuidade) que agora se revelam nos pigmentos. Essas qualidades internas não podem ser traduzidas usando uma técnica mecânica. Elas requerem uma conexão direta entre o mundo sutil e a mão do pintor, o que nos leva a ficar admirados e dizer, boquiabertos: “Ele conseguiu transmitir a alma dessa mulher”.

Qualquer pessoa pode desenvolver as habilidades sutis, não só os gênios. As mães de primeira viagem fazem isso o tempo todo quando aprendem a interpretar os sinais emitidos pelo bebê. (Na África tribal, as mães carregam os bebês nus nas costas. Elas sabem exatamente quando devem pegar o bebê nos braços e segurá-lo em posição para satisfazer suas necessidades fisiológicas. Há um vínculo instintivo entre eles, o que ajuda a mãe a evitar acidentes.) A questão não é se você tem habilidades sutis. Estou certo de que você tem muitas. Vivenciar Deus, contudo, não requer uma única habilidade. Deus está por toda parte no mundo sutil. O divino não se revela em vislumbres, em momentos dramáticos, acompanhado de uma súbita luz ofuscante. O divino é constante. Quem vai e vem somos nós.

Enquanto não se familiarizar com o mundo sutil, você não tem como evitar as idas e vindas. Repetição e prática fazem parte da curva de aprendizado. O segredo é saber que você já está no mundo sutil. O nível da solução é mais profundo que o nível do problema. Manter-se no nível do problema só leva a frustração.

É bem provável que você conheça pessoas que estão sempre em busca de se autoaperfeiçoar e que dizem coisas como "Estou aprendendo a me irritar menos", "Estou aprendendo a confiar mais" ou "Estou aprendendo a ser menos controlador". De alguma forma, esse aprendizado nunca tem fim. Apesar de todo o empenho, essas pessoas não conseguem se livrar da raiva, da desconfiança e do excesso de controle. (As pessoas que fazem cursos de controle da agressividade, por exemplo, às vezes, acabam ainda mais agressivas. Os benefícios da terapia do luto também são questionáveis e bastante imprevisíveis.) Por que isso acontece? A resposta varia de acordo com uma série de possibilidades.

> A pessoa não atingiu o nível sutil e está presa no nível do ego, da dúvida e da culpa.
>
> A pessoa desanimou ao deparar com resistência interna.
>
> A pessoa se desmotivou depois de um ou vários contratempos.
>
> A pessoa usou uma abordagem confusa e cheia de contradições.
>
> A pessoa não assumiu a responsabilidade por seu comportamento.
>
> A pessoa não desenvolveu autoconsciência suficiente.

Em resumo, a maioria das pessoas aborda o mundo sutil sem muito critério, como os cristãos casuais que só vão à igreja no Natal e na Páscoa. A nossa incapacidade de encontrar Deus resulta do nosso hábito de ir e vir, em vez de nos estabelecermos no mundo sutil. Da mesma forma, a nossa incapacidade de tocar piano à perfeição é um resultado do momento em que abandonamos o curso de piano e a nossa incapacidade de aperfeiçoar o saque no tênis ou de sermos criativos é um resultado de falta de prática. Por mais banal que possa parecer, encontrar Deus depende da prática regular.

Não estou aqui para catalogar todas as deficiências das pessoas que buscam o caminho espiritual, mas que nunca encontraram o que procuram. É muito mais importante identificar um caminho confiável para o objetivo. O mundo sutil pode se localizar no desconhecido, mas está sempre aberto.

No comando de seu cérebro

O caminho mais confiável é uma abordagem mente-corpo. O cérebro processa a experiência em qualquer estado de consciência. Uma experiência mundana, como levar o cachorro para passear, está no mesmo plano que uma experiência sublime, como ouvir anjos cantarem. O cérebro deve se adaptar para processar esses dois tipos de experiência. Na infância, nosso cérebro passou por adaptações muito especializadas para aprender a ler. Tivemos de guiar os olhos para que focassem em pequenas formas pretas no papel e movê-los de forma linear, da esquerda para a direita e depois para baixo na próxima linha. O nosso córtex teve de decodificar as formas pretas em letras. A nossa memória foi mobilizada para criar uma vasta biblioteca de palavras e ideias. O caminho para a alfabetização foi como entrar em um novo mundo.

O afastamento do materialismo será muito mais drástico, por exigir que abdiquemos de todo o nosso apego ao universo físico como um ponto de referência fixo. Um impulso de amor será mais potente que um temporal. Imaginar uma rosa terá o mesmo *status* que segurar uma rosa na mão, já que ambos são produtos da consciência. Da mesma forma como se adaptou quando aprendemos a ler, o cérebro pode se adaptar à experiência de Deus. Quando adotarmos uma estratégia para alterar o modo como o cérebro processa as percepções, a nossa visão espiritual se tornará prática. Na verdade, isso serve como um teste decisivo: se o seu cérebro não for treinado, você não descobrirá nada de concreto na busca espiritual. Você continuará preso na rede, esperando encontrar um buraco para escapar.

O cérebro não tem como se reconfigurar sozinho, por atuar como um mecanismo para processar os desejos, temores, crenças e sonhos da mente. Ao aprofundar a nossa consciência, começamos automaticamente a comandar o cérebro, direcionando-o para a nossa meta. Na Era da Fé, todo mundo era condicionado a processar a vida cotidiana em termos de Deus. Sermões eram entalhados em rochas e árvores caídas eram vistas como um telegrama do Todo-Poderoso. Hoje em dia a situação se inverteu. Pedras são só pedras e uma árvore caída não passa do resultado de um evento aleatório. O cérebro humano aprende a se adaptar a *qualquer* realidade. Isso é uma grande dádiva, porque significa que é possível levar o nosso cérebro para o mundo sutil, que se concretiza à medida que o cérebro se ajusta a um novo contexto.

O cérebro, apesar de suas potencialidades, requer um treinamento básico sempre que aprendemos qualquer nova habilidade, e encontrar Deus é uma habilidade. Novos caminhos neurais devem ser formados, o que acontece automaticamente com foco, atenção e intenção.

Vejamos sete estratégias para processar o mundo sutil, uma para cada dia da semana. Cada dia se concentra em um exercício diferente para você se familiarizar com o seu mundo interior. Vá com calma com os exercícios, passe um tempo praticando e você testemunhará uma mudança autêntica e duradoura na sua consciência.

Dia 1

SEJA GENEROSO

Velho caminho: agarrar-se ao que é seu.

Novo caminho: dar-se aos outros.

Exercício: passe o dia de hoje ciente dos velhos hábitos que o levam a reagir com a mentalidade do "eu em primeiro lugar". Observe a si mesmo contendo os seus impulsos generosos em vez de se entregar. Se perceber sinais de egoísmo, ganância, medo da escassez, medo da perda e outros tipos de impedimento à generosidade, pare e respire fundo. Interrompa a reação e volte ao seu *self*. Espere para ver se lhe ocorre alguma nova maneira de reagir. Tudo bem se não acontecer. O simples fato de interromper uma velha reação já é um avanço.

Para abrir um novo caminho, dedique o dia de hoje a procurar uma oportunidade de ser gentil, carinhoso ou grato a alguém. Adiante-se às necessidades de uma pessoa antes de ela lhe pedir um favor. Veja o que você pode fazer para ajudar. Pergunte-se como uma pessoa generosa agiria e veja a si mesmo nesse papel. Siga os seus impulsos generosos em vez de evitá-los.

Dia 2

DÊ E RECEBA AMOR

Velho caminho: reprimir o amor.

Novo caminho: expressar o amor.

Exercício: hoje o seu objetivo é transformar a repressão em expressão. Todos nós resistimos a alguns sentimentos e impulsos. Deixamos de expressá-los, mesmo quando são absolutamente positivos. Pode ser saudável ou socialmente prudente não expressar a sua hostilidade em um determinado momento, mas é autodestrutivo reprimir algo tão positivo e básico quanto o amor. Felicidade é saber do que você precisa e receber isso de alguém que deseja satisfazer a sua necessidade.

A maioria das pessoas acha mais fácil dar do que receber. Use o dia de hoje para expressar algum aspecto do amor que você normalmente reprimiria. Isso não significa de repente se escancarar para o mundo e declarar seu amor a toda pessoa que passa, apesar de sempre ser bom dizer e ouvir “eu te amo”. O melhor é pensar em sua mãe ou alguma outra pessoa que o amou de uma forma muito natural. O que ela fez para expressar o amor? Ela cuidou das suas necessidades, colocou-o em primeiro lugar, não o julgou nem criticou, ajudou a curar as suas feridas e ficou ao seu lado quando você estava nervoso, com medo ou inseguro. Hoje, encontre um jeito de fazer isso por outra pessoa.

É impossível transformar, da noite para o dia, uma mentalidade do tipo “Eu nunca serei amado” em “Sou perfeitamente digno de receber amor”. Uma transformação como essa requer um processo. Você acredita que não merece ser amado devido a uma série de mensagens que recebeu dos outros, e essas mensagens negativas foram incorporadas à sua autoimagem. Então, vamos inverter o processo. Se você receber dos outros mensagens positivas de que você merece ser amado, a sua autoimagem se voltará a essa direção. Aos poucos, você conquistará uma nova autoimagem.

Use o dia de hoje para observar como você reage ao amor. Veja se você tenta afastar as mensagens positivas dos outros. Veja se tende a se mostrar neutro, indiferente ou negligente em relação aos outros. Se perceber essa tendência, pare. Todo novo treinamento requer deixar de fazer o que não está dando certo. Se você só parar, já é um avanço. Mas também é interessante criar um novo caminho. Seja alguém digno de amor. Um sorriso, uma palavra gentil, qualquer movimento de aproximação... Pequenos gestos cotidianos como esses mostram aos outros que você se importa. O amor, na maior parte de suas manifestações, não é romântico. É uma expressão de afeto, e algo que todas as pessoas afetuosas fazem é se importar com os outros. Em vez de se preocupar com a possibilidade de nunca ser amado pela pessoa certa, seja você mesmo essa pessoa. Quanto mais você expressar o amor, mais o seu cérebro superior reagirá automaticamente de maneiras amorosas.

Dia 3

ABRA MÃO

Velho caminho: agarrar-se à resistência.

Novo caminho: entregar-se à situação.

Exercício: hoje a sua tarefa é abrir mão de algo. Fique atento a isso e, quando a sua voz interior disser: "Eu estou certo, ele está errado" ou "Eu faço questão disso", simplesmente pare. Você não precisa se forçar a fazer nada. Basta fazer uma pausa e se conscientizar. Note que você está apegado, agarrado, exigindo uma mudança da situação. Como você se sente? Quase sempre a sensação é de tensão, inflexibilidade, raiva e estresse. Se você sentir algo assim, distancie-se da situação e tente se acalmar. Faça exercícios de respiração profunda ou meditação. Centre-se antes de agir.

Abrir mão é uma atividade ao mesmo tempo emocional e física. Você está abrindo um caminho de aceitação. Não importa o que a sua voz interior lhe diz, a realidade é simplesmente o que é. Você precisa descobrir "o que é" e abrir mão "do que deveria ser". Não pense nessa entrega como se fosse uma perda. Pense em termos de se abrir mais, deixar o seu cérebro se expor a mais informações. Em um nível mais elevado, você também está mobilizando o cérebro para reagir de maneira mais adequada à situação.

Se você for autoconsciente, será capaz de identificar as suas reações negativas. Quando você se sentia negativo no passado, os velhos caminhos lhe davam duas opções: desligar ou agir impulsivamente. A maioria das pessoas desliga por ter aprendido, a duras custas pela experiência própria, que os outros reagem mal quando elas expressam impulsivamente críticas, raiva, ressentimento e ego. Mas você tem outra opção. Em vez de desligar ou agir impulsivamente, você pode simplesmente se conscientizar. Quando faz isso, você deixa a luz da consciência entrar. O seu eu superior nada mais é que a consciência expandida. Ao se apegar a alguma coisa, você espreme a sua consciência em um pequeno canto da sua mente, o equivalente mental de cruzar os braços firmemente sobre o peito. Você pode passar um bom tempo com os braços cruzados, a mandíbula cerrada e um olhar obstinado ou pode se conscientizar do que está fazendo e parar.

O equivalente mental funciona da mesma maneira. Você pode passar um bom tempo achando que o mundo inteiro está errado e só você está certo ou pode perceber o que está fazendo e parar. O processo de abrir mão começa aqui. Uma vez que você deixa de cercear a sua consciência, o seu cérebro se liberta automaticamente. Com o tempo, você cria o hábito de se manter aberto. Novas experiências substituem os velhos caminhos por novos caminhos. Quando você procura ativamente provas de que o apego não está funcionando, é fácil encontrar essas provas. No entanto, você precisará ter paciência para encontrar as recompensas de abrir mão. A vida é extremamente complicada. Você pode até se sentir mais seguro se resolver recolher-se e trancar-se numa salinha. Contudo, quando para de resistir e deixa a vida fluir, fica mais fácil abrir mão, e você percebe que pode viver a vida nos seus próprios termos. A felicidade é universal e só você tem o privilégio de encontrar a própria felicidade.

Dia 4

ENCONTRE A SUA FONTE DE REALIZAÇÃO

Velho caminho: rotina.

Novo caminho: satisfação.

Exercício: hoje você precisa sair da sua rotina. É fácil fazer isso. Até fácil demais se estivermos falando de comer ovos *poché* em vez de ovos mexidos no café da manhã ou de assistir ao noticiário em vez de ao futebol à noite. A rotina tem raízes no cérebro. É uma forma de sobrevivência, apesar de o cérebro nunca ter corrido o risco de não sobreviver. A maioria das pessoas já supriu as necessidades básicas como comida, abrigo e vestuário. No entanto, o cérebro não se convence de que a nossa sobrevivência está garantida. Ele se mantém o tempo todo tentando se defender da escassez de alimentos, da agressão, da exposição aos elementos naturais e de um ambiente perigoso. É por isso que as pessoas têm uma sensação de risco, até pavor, quando são tolhidas de sua rotina.

A meta hoje é aprender a se expandir para além dos hábitos mentais de igualar *novo*, *original* e *inesperado* com *estranho*, *ameaçador* e *uma fonte de ansiedade*. Preste atenção ao modo como você estrutura o seu dia inteiro para sentir-se seguro. Proteger-se é um instinto do cérebro inferior. Não esqueça, contudo, que o cérebro inferior nunca evolui e continua fazendo o que fazia milhões de anos atrás. Só o seu cérebro superior pode evoluir, mas não se você insistir em viver atrás de barreiras mentais. Rompa os sistemas de segurança que você construiu para se proteger, pelo menos por um tempo. O que acontece quando faz isso? Você vai se sentir inseguro e essa é a sua realidade atual. Não estou falando de correr riscos desnecessariamente. Estou me referindo à raiz da insegurança, à crença de que o universo jamais sustentaria a nossa existência.

Para se livrar desse profundo sentimento de insegurança, você deve passar por um processo para retreinar o seu cérebro. Dê ao seu cérebro espaço para evoluir. O cérebro inferior sempre continuará lá e em algumas ocasiões, embora raras, de fato precisamos dos instintos de proteção. A maioria das pessoas se protege de ameaças imaginárias. Se deixarmos o nosso cérebro superior dominar, contudo, a voz de proteção será menos proeminente e ficará menos ansiosa.

Imagine que você, contra a sua vontade, de repente se vê no Haiti logo após o terremoto devastador ou na Malásia depois do grande *tsunami*. Você provavelmente entrará em algum estado de ansiedade ou pânico. Agora imagine que você foi voluntariamente aos locais desses desastres para ajudar. Você tem um propósito mais elevado, algo de profunda importância, significativo, de modo que a voz ocupada de alertá-lo das ameaças fica em segundo plano.

A intenção domina a insegurança. Essa é a chave. Então, dedique o dia de hoje para fazer algo que expresse o seu propósito. Deixe a vida contribuir para o seu propósito. Seja decidido, conheça o seu propósito. Se não conseguir pensar em nada, leia a biografia de uma pessoa inspiradora, um possível exemplo a ser seguido. Reflita sobre o caminho tomado por essa pessoa. Depois veja se você recebeu alguma pista de qual seria o seu caminho. As pistas estão sempre por aí. Fazem parte do *dharma*, a força cósmica que sustentará o seu propósito mais profundo.

Dia 5

ATIVE O SEU PODER DE CURA

Velho caminho: negligência passiva.

Novo caminho: bem-estar ativo.

Exercício: o seu objetivo hoje é dar uma força para o sistema de cura do seu corpo. *Sistema de cura* é um termo médico relativamente novo que engloba vários sistemas do corpo. O sistema imunológico pode ser fundamental para curar uma ferida ou infecção, mas a cura emocional envolve o cérebro; fazer exercícios físicos envolve os músculos e o sistema cardiovascular; a reeducação alimentar envolve o sistema digestivo; e assim por diante. As pessoas tomam suplementos vitamínicos indiscriminadamente, achando que estão ajudando a afastar as doenças, mas os benefícios são mínimos e em geral desnecessários com uma dieta saudável e equilibrada. Quando essa mesma pessoa se recusa a lidar com o estresse em sua vida ou uma raiva e ressentimento de longa data, o resultado não é passivo e o sistema de cura depara com um grande obstáculo.

Dedique o dia de hoje a romper sua negligência passiva. Ao escovar os dentes, pondere sobre toda a questão da sua saúde bucal. Ao tomar o café da manhã, pense em como nutre o seu corpo. Ao escolher subir de elevador e não pela escada, reflita sobre os benefícios de um estilo de vida ativo. Enquanto faz tudo isso, pense em como você está se sentindo. Os seus atos de negligência sempre têm um sentimento por trás.

Você é sintonizado com o mundo, inclusive o mundo sutil, por meio da sua consciência corporal e da sua consciência mental. Você fica satisfeito quando está fisicamente sintonizado consigo mesmo? Muitas mulheres, submetidas a uma verdadeira lavagem cerebral que as levou a ter uma péssima opinião do próprio corpo, preferem evitar essa sintonia. Em vez disso, elas ficam ansiosas e se criticam. Elas acusam o corpo de não ser perfeito, uma forma de rejeição que tem o seu preço, já que ao mesmo tempo elas estão rejeitando o sistema de cura do corpo. Assim, quando o corpo sinaliza algum tipo de desconforto na forma de dor, essas mulheres só conseguem reagir com ansiedade e pânico.

É possível evitar tudo isso se sintonizando, não pela ansiedade, mas sendo um aliado do seu corpo. Por sua vez, o seu corpo também se aliará a você. A mensagem mais positiva que você pode enviar todos os dias é se alinhar ao equilíbrio em tudo. O seu corpo mantém um estado constante de equilíbrio dinâmico chamado homeostase. É como quando você coloca o seu carro em ponto morto enquanto espera o semáforo abrir ou quando liga o termostato e sai da sala. A homeostase é feita para ser perturbada, para ser retirada de seu ponto de referência. A razão é que um corpo em repouso vai precisar se mover a qualquer momento. Se você decidir sair correndo atrás de um táxi, apressar-se para atender o telefone ou correr uma maratona, a homeostase lhe proporciona a flexibilidade para fazer isso.

A negligência passiva reforça o corpo em repouso, escolhendo a inércia ao dinamismo. O que ajuda a homeostase a se manter dinâmica, flexível e sempre pronta para entrar em ação? Todo tipo de coisas, desde que sejam o oposto da inércia. Exercícios físicos repelem a inércia física. Interessar-se pela vida repele a inércia mental. E, o melhor de tudo, a autoconsciência possibilita o dinamismo em todo o sistema mente-corpo, abrindo espaço para a espontaneidade. O melhor tipo de liberdade é do tipo inesperado, uma liberdade que nos deixa abertos para a surpresa, a paixão e o desconhecido. Veja se consegue acionar esse tipo de coisa no seu dia a dia. Surpreenda-se; interesse-se; encontre uma paixão. São todas formas profundas de cura e, quando você as busca ativamente, está a caminho da sua cura.

Dia 6

ELEVE AS SUAS EXPECTATIVAS

Velho caminho: expectativas limitadas.

Novo caminho: potencial ilimitado.

Exercício: hoje você precisa realizar-se, sem esperar algum momento mágico no futuro e alterando os caminhos da realização. A realização é multidimensional. É gratificante física, emocional e espiritualmente. Os ingredientes são, em primeiro lugar, uma sensação geral de descontração e contentamento no corpo, juntamente com uma ausência de tensão e desconforto. Em segundo lugar, no nível emocional, você tem uma sensação de satisfação pessoal; você sabe que está vivendo bem a sua vida. Com isso vem uma ausência de ameaça, isolamento, solidão e bagagem emocional. Por fim, no nível espiritual, você se sente em paz e centrado, conectado com o seu eu mais elevado.

Isso vem acompanhado de uma ausência de dúvida, do medo da morte e da sensação de ter sido abandonado por Deus.

Essa descrição da sua multidimensionalidade, embora não passe de um esboço, indica onde você deve procurar a sua realização. Você pode focar em qualquer uma dessas dimensões e, se verdadeiramente buscar a satisfação física, mental e espiritual, elas se fundirão. Todos os caminhos estarão abertos para a satisfação. Não espere um livro de receitas nem um manual de instruções. É verdade que muita gente se sente realizada fazendo doações enquanto outras só se satisfazem ajudando ativamente. Essas não passam de constatações gerais. Como você é um ser multidimensional, qualquer mapa que traçar o levará para onde você quer ir.

O maior obstáculo são as expectativas limitadas. A maioria das pessoas, mesmo sem admitir esse fato, não se realiza porque espera pouco da vida. Essas pessoas conquistaram o que, na cabeça delas, lhes traria a felicidade. Os psicólogos passaram décadas investigando o que leva à infelicidade e a distúrbios psicológicos. Já no novo campo da psicologia positiva, os pesquisadores se voltam a investigar o que leva à felicidade, mas as constatações estão cheias de contradições.

Todo mundo tenta ser feliz. Todo mundo busca aquilo que deve trazer a felicidade. Acontece que os seres humanos não são bons em fazer previsões. Quando obtemos aquilo que deveria nos trazer a felicidade, não ficamos felizes. Mães de primeira viagem, por exemplo, muitas vezes ficam frustradas e deprimidas cuidando de seus bebês. Algumas mães consideram cuidar de crianças pequenas uma fonte de infelicidade, da mesma forma como se ocupar de tarefas domésticas. O dinheiro só traz felicidade até certo ponto. As pessoas conquistam um nível razoável de conforto, mas o dinheiro adicional as deixa mais infelizes por aumentar o peso da responsabilidade e a preocupação. E, uma vez que você tem dinheiro suficiente, o acúmulo de mais riquezas lhe rende retornos decrescentes. O seu segundo Porsche não é tão empolgante quanto o primeiro. A décima vez que você se hospeda no Ritz já não tem o mesmo *glamour*.

A realidade fundamental é que atingir a plenitude requer ter expectativas mais elevadas. Nas suas variadas atividades hoje, dê uma parada e pergunte a si mesmo: "Sinceramente, como é que isso vai me fazer bem?". As respostas não serão claras nem fáceis de entender. Algumas coisas se revelarão mais ou menos gratificantes do que você imaginava. Depois pergunte a si mesmo: "O que seria mais gratificante do que isso?". Em outras palavras, embarque em uma jornada de descoberta. Você logo vai descobrir que o caminho da descoberta não é fácil. Ele é cheio de obstáculos e limitações.

Fique atento aos seguintes tipos de limitação: pensar que você não merece mais, ter medo de não ser aceito, medo do fracasso, medo de se destacar demais na multidão, sentir a ansiedade por deixar velhos hábitos para trás. Para muitas pessoas, ser feliz equivale a acomodar-se. Essas pessoas se contentam com pouco por ser seguro. Contentar-se com pouco, no entanto, implica que os seus sonhos serão tão limitados que realizá-los só levará a pequenas satisfações. Pare um pouco e analise as pessoas ao seu redor. As expectativas dessas pessoas provavelmente serão parecidas com as suas, porque você tende a se adequar ao grupo. Não se espera que você saia por aí criticando a si mesmo ou aos seus amigos, muito pelo contrário.

Escolha a pessoa que você mais admira no seu círculo de amigos ou aquela cujos sonhos no fundo correspondem aos seus. Você pode expandir as suas expectativas se aproximando dessa pessoa, pedindo conselhos e revelando o que seu coração realmente deseja. Sim, isso implica correr um risco. Não é necessariamente seguro revelar quem você almeja ser. No entanto, é essencial descobrir quem você almeja ser, o que lhe permitirá reconhecer a recompensa ao fim do caminho. Isso o levará a promover um crescimento constante, a partir em uma jornada sem fim e a ampliar seus horizontes. Atingir a plenitude não é como construir um muro, tijolo por tijolo, e admirar o produto acabado. É mais como entrar em um rio sabendo que não dá para entrar duas vezes no mesmo rio.

A primeira imagem é estática e a segunda, dinâmica. A primeira não tem como sair do lugar enquanto a segunda leva a destinos desconhecidos. Os dois extremos requerem lidar com diferentes caminhos neurais. A estabilidade é importante, mas o dinamismo também. A maioria das pessoas é tão focada na segurança que não tem muita experiência com o lado dinâmico. A paisagem dessas pessoas apresenta mais muros do que rios. Ao longo do dia de hoje, tente se conscientizar da sua paisagem pessoal. Esse é o primeiro passo para avançar apesar dos muros. Você precisará derrubar alguns, escalar outros ou contorná-los mantendo-os intactos. É gratificante viver com o menor número possível de muros se eles forem do tipo que impede as novas possibilidades. Veja se você consegue sentir essa profunda satisfação hoje. Esse é um caminho para a plenitude duradoura.

Dia 7

DEIXE ROLAR

Velho caminho: avançar a qualquer custo.

Novo caminho: usar o mínimo esforço.

Exercício: dedique o dia de hoje a aprender a "deixar rolar". Os princípios são simples: almeje um determinado resultado, deixe-se levar pela sua intenção e espere para ver no que dá. Não há nada de esotérico nesses passos. Você os percorre sempre que envia uma instrução ao seu cérebro, como quando quer levantar o braço. A intenção é automaticamente realizada. Você não fica alerta esperando para ver se o seu cérebro de fato vai seguir as suas instruções. O ciclo de *feedback* entre a intenção e o resultado é natural e automático.

A arte de ser envolve aplicar essa mesma confiança e naturalidade a outros aspectos da sua vida. A diferença é que, no Ocidente, as pessoas separam os eventos que ocorrem "aqui dentro" dos eventos que ocorrem "lá fora". Aceitar que a intenção de uma pessoa pode afetar uma situação externa é normal nas tradições espirituais orientais, que sustentam que a consciência está por toda parte, tanto "aqui dentro" quanto "lá fora". A primeira visão de mundo é dualista e a segunda, unificada. A terminologia, contudo, é irrelevante e a prova está na sua própria experiência. Será que você consegue ter uma intenção e deixar que ela se manifeste por conta própria, sem se empenhar para atingir esse objetivo?

De acordo com as tradições de sabedoria do mundo, sim, você consegue. "Deixar rolar" implica estar conectado à fonte do Ser puro, a mesma fonte de tudo o que existe no cosmos. Quando essa ligação é forte, um desejo "aqui dentro" leva automaticamente a um resultado "lá fora", porque a unidade que está por trás de tudo transcende fronteiras e divisões artificiais. Chegar ao ponto no qual você estará completamente conectado requer um processo, um processo que ocorre por meio do cérebro. Como nos exercícios anteriores, você só precisa se tornar mais autoconsciente.

Na prática, o que estou sugerindo é o seguinte: tenha uma intenção hoje, deixe rolar e veja o que acontece. Se você obtiver o resultado desejado, reconheça o fato de que você se conectou, entrou em sintonia com o mecanismo do mínimo esforço. O "mínimo esforço" é o mesmo que deixar o seu Ser se encarregar do trabalho. Se você não obtiver o resultado desejado, dê de ombros e tente novamente com uma nova intenção. Muitas vezes, contudo, o resultado não será claro. Você se aproximará do resultado desejado ou sentirá que as coisas aconteceram mais ou menos como você queria.

Isso faz parte do processo, então reconheça que você chegou perto e aceite o resultado recebido. (Na maior parte do tempo você terá de completar o trabalho para conseguir o que queria, mas tudo bem.) Você não tem como errar neste exercício. Criar uma conexão forte com o seu Ser é o mesmo que abrir qualquer caminho novo. Você vai saber que está progredindo se perceber um dos indicadores a seguir:

Você precisa se esforçar menos para obter um resultado.
Você fica menos estressado para obter um bom resultado.
As pessoas ficam mais abertas a cooperar com você.
Você tem a sensação de que tudo vai dar certo.
Você começa a ter golpes de sorte.
Os eventos se desenrolam com uma certa sincronia.
Você começa a obter resultados com mais rapidez.
Soluções criativas começam a surgir do nada.

Isso não tem nada a ver com misticismo. Tudo na vida já contém acontecimentos síncronos, golpes de sorte e coincidências felizes. Em vez de considerá-los eventos acidentais ou aleatórios, agora você pode vê-los como um sinal de que é muito possível fazer uma conexão real. Dominar a arte de ser requer tempo e autoconsciência. No entanto, o seu cérebro foi configurado para forjar o caminho definitivo para a plenitude, um caminho natural.

Digamos que você tenha dado início ao processo de criar novos caminhos. No começo, isso requer esforço e paciência. Você vai deparar, vez após vez, com os velhos caminhos, que representam memórias gravadas, hábitos e condicionamentos. Você estará mudando o modo de operação padrão do seu cérebro, o que requer uma atenção consciente. O projeto, contudo, é extremamente gratificante e, se persistir, você verá vários sinais de progresso, inclusive estes:

O seu diálogo interno vai ficando menos intenso.
As reações negativas vão ficando menos numerosas.
Você passa a resistir aos impulsos e a controlá-los com mais facilidade.
Você tem um senso de propósito mais claro.
Você começa a se sentir cuidado por algo ou alguém.
Você não se arrepende tanto do passado e fica menos ansioso com o futuro.
As decisões ficam mais claras.

Vai chegar um momento em que você atingirá um ponto decisivo. Tendo realizado o trabalho de reconfigurar o seu cérebro para ter novas reações, você já pode confiar nessas reações do cérebro. Isso abre a porta para o Ser. Você pode "deixar rolar" quando o seu cérebro começa a tomar conta de você. Você confia que o seu cérebro cuidará de você de incontáveis maneiras. Ele já controla automaticamente os níveis hormonais, a respiração, o ciclo do sono, a frequência cardíaca, o apetite, os impulsos sexuais, o sistema imunológico e muito mais. Pensando assim, você já está familiarizado com a arte de ser, que é a sua segunda natureza.

Transcendência: surge Deus

Chegamos ao ponto no qual uma completa transformação é possível. Um Deus que pouco importa pode se transformar em um Deus mais importante do que tudo. Esse tipo de transformação leva à liberdade. Quem não gostaria de aceitar o convite sedutor de Rumi:

> Para além das ideias de certo e errado,
> existe um campo.
> Eu te encontrarei lá.
> Quando a alma se deita naquela grama,
> o mundo está pleno demais para falarmos sobre ele.

Esse é o prêmio. Contudo, ao mesmo tempo, a transformação é uma ameaça. Somos definidos pelas nossas crenças fundamentais. Resistimos a nos separar delas da mesma forma que tememos uma cirurgia radical.

Para ver Deus sem ilusões, tivemos de subverter a religião convencional. Não tivemos outra escolha. A religião, no seu pior, mistura reações do cérebro inferior (o medo da punição, a mentalidade do nós contra eles, a necessidade de proteção e segurança) com tribalismo, mitos, fantasias infantis e projeções. Essa combinação não nos fazia bem. Em outras palavras, não era Deus. Dawkins e companhia estavam absolutamente certos em atacar essas ilusões. No entanto, eles nem chegaram a tocar em Deus, porque jamais se livraram de própria mistura de ilusões.

O que é necessário fazer? Nos dias sombrios da Guerra Civil, Abraham Lincoln percebeu que a União derrotaria a Confederação separatista, mas viu que os Estados Unidos jamais poderiam ser reunidos sem uma mudança drástica. A escravidão não era proibida pela Constituição. Lincoln fora criado com a mesma mentalidade racista que praticamente todos os estadunidenses da época. A inferioridade dos negros era uma crença profundamente arraigada. Era difícil se livrar dessa crença, como acontece com todas as crenças fundamentais.

No emocionante filme de Steven Spielberg, *Lincoln*, vemos uma bela cena na qual a mente de Lincoln encontra uma maneira de contornar o preconceito racial. Ele se encontra na sala de guerra, onde estão apenas seus dois jovens secretários. O clima é sombrio, naturalmente. Momentos de tranquilidade só abriam espaço para contemplar o verdadeiro horror do conflito sangrento. O que Lincoln pensa num momento como esse? Em Euclides, o grande matemático grego. Tendo completado apenas a escola primária, Lincoln fora um autodidata e leitor voraz e, nos teoremas de Euclides, descobriu uma proposição lógica: *Se duas coisas são iguais a uma terceira coisa, elas são iguais entre si.* Ele repete essa proposição básica da lógica em tom fervoroso, mas o que ele não revela é seu significado oculto. Todos nós somos convidados a entender por conta própria as implicações disso, algo como:

> Se um homem branco foi criado por Deus,
> E se um homem negro foi criado por Deus,
> Homens negros e brancos são iguais perante Deus.

O cérebro superior, poderíamos dizer, provou sua superioridade. Treinado para valorizar a razão, o córtex não tem como se refugiar nas reações inferiores para o problema da escravidão (autoproteção, desconfiança, ódio, medo), embora até um grande homem como Lincoln tivesse esses impulsos. Sua visão do problema da escravidão foi fundamentalmente espiritual. Sua jornada pessoal foi conflitante – até o fim, Lincoln nunca teve um amigo negro –, mas a lógica o ajudou a chegar lá.

A lógica simples tem algo de explosivo. Tem o poder de levar a mente a questionar tudo o que até o momento aceitava sem questionamentos. As coisas que aceitamos sem questionar têm um enorme poder. Elas sustentam a nossa visão de mundo e a mantém íntegra e segura. O verdadeiro conhecimento de Deus se manteve inacessível para nós enquanto aceitávamos sem questionar três fatores: a realidade, a consciência e o próprio Deus. Deus sempre esteve ali, no plano de fundo, sem fazer nada. Ser consciente era o contrário de estar adormecido e não encerrava qualquer poder oculto. A realidade era o universo material e a matéria que o preenchia.

Neste ponto, nós já derrubamos todas essas premissas e chegamos a uma lógica simples capaz de libertar completamente a mente, de uma vez por todas:

> Se Deus é realidade,
> E se realidade é consciência,
> Então, Deus é consciência.

O segredo é dar vida a essa lógica. Se for apenas um conjunto de ideias, ela permanecerá morta, sem vida. Um erro comum que cometemos quando tentamos pensar em Deus – em termos de prós, contras ou algo entre os dois – é pensarmos que Deus não é uma ideia. Testando as premissas deste livro na mídia social (pareceu-me interessante fazer isso para acompanhar os novos tempos), eu tuitei: "Os ateus militantes e os fundamentalistas religiosos são obcecados por Deus. Mas eles são obcecados por uma ideia. Deus não é uma ideia. Deus é consciência". Isso gerou uma discussão acalorada e uma pessoa tuitou:

"Você está no mesmo barco que Dawkins. Consciência não passa da sua ideia de Deus". Não é o caso. Deus é a própria realidade. Não é uma coisa que preenche o mundo material. Não é uma imagem, um sentimento, uma sensação nem um pensamento que preenche o mundo sutil. Deus habita um terceiro mundo que não pode ser descrito com palavras nem com ideias. Estamos falando do mundo transcendente, onde encontramos o verdadeiro conhecimento de Deus.

O mistério da Unicidade

Só se chega ao mundo transcendente encontrando primeiro um beco sem saída. O pensamento deve chegar a um impasse. Isso é simplesmente inevitável por uma razão que não tem como ser contornada. A nossa mente é projetada para processar opostos: luz ou escuridão, bem ou mal, interno ou externo, subjetivo ou objetivo. O que mais importa para a nossa mente é a dualidade. Deus, contudo, não pode ser descrito com base na dualidade. Ele não está aqui nem ali; ele está por toda parte. Ele não sabe isto ou aquilo; ele sabe tudo. Tomando de empréstimo uma metáfora da tradição védica, procurar Deus é como um peixe sedento procurando água para beber. O que você procura está por toda parte, ao seu redor, sem que você perceba. Um peixe pode saltar para fora d'água e encontrar um lugar que não seja o mar. Não podemos saltar para fora do nosso mundo cotidiano para encontrar um lugar que não seja dual. Deus, devemos admitir, está ao mesmo tempo por toda parte e em nenhum lugar.

Pareceria viável concluir que encontrar Deus é uma proposição autodestrutiva, já que a nossa mente é configurada só para vivenciar a dualidade. Uma possível abordagem seria esvaziar a mente de todos os opostos. Como Deus não tem um oposto, seríamos deixados com a Unicidade. A coisa funciona mais ou menos assim: imagine uma crise repentina, que leva as pessoas a saírem correndo em pânico. Pode ser qualquer coisa, um furacão, um banco declarando falência, uma revolução política. Você sente o impulso de correr com a multidão, mas pensa consigo: "Deus não vai ser encontrado aqui. Ele não é a crise nem a solução, mas ambos. Ele não é ação nem omissão, mas transcende ambos. Ele não é pânico nem tranquilidade, mas vai além de ambos". Analisando todos os detalhes da dualidade, você se desapega dos seus constructos mentais e das emoções provocadas por esses constructos mentais.

Mesmo assim, seria difícil imaginar qualquer outra coisa menos adequada à nossa vida cotidiana. Não seria prático viver em um constante estado de rejeição, não quando temos de escolher entre A e B. Eu quero comer aveia ou torradas no café da manhã? Nenhuma dessas opções é Deus, mas eu tenho de tomar o café da manhã. As escolhas são inevitáveis. Elas são a essência da vida enquanto permanecermos na dualidade. Então como a Unicidade pode nos ajudar na nossa vida? O que a Unicidade pode fazer de concreto?

Os seres humanos têm ponderado essa questão e estão longe de uma solução. A religião começou com a resposta certa. Nas suas raízes, na Índia, a religião se embasava na certeza de que Deus cria, governa e controla o universo. Portanto, Deus é a fonte de todo amor, beleza e verdade. A perfeição de Deus não pode ser abalada. A luz divina se irradia em cada partícula do mundo. No entanto, essa certeza, em vez levar as pessoas a se sentir otimistas e em segurança, acabou fazendo o contrário. Elas se sentiram indignas e punidas. A lacuna entre perfeição e imperfeição nunca foi superada. As pessoas olhavam para Deus através de um abismo intransponível e se desesperavam.

A tensão entre um Deus perfeito e um mundo imperfeito acabou gerando uma rachadura no ovo cósmico, que chamamos de ciência. A Unicidade foi desmantelada em fatos mensuráveis. A mentalidade mudou. As pessoas se ressentiram de serem governadas por um Deus perfeito. Richard Dawkins publicou na internet para seus seguidores suas razões para ser um ateu. Vejamos alguns exemplos:

> Sou um ateu porque escolho o conhecimento à mitologia.
>
> Sou um ateu porque não quero ser associado com as ações e os ensinamentos hediondos de uma religião supostamente pacífica.
>
> Sou um ateu porque, tendo rejeitado a religião organizada, nada restou para embasar a "espiritualidade".

É possível comparar essas explicações com as emoções hostis de um prisioneiro que conseguiu escapar de seu carcereiro. Essas emoções persistem até hoje, 400 anos depois que Galileu e Copérnico romperam com o monopólio da verdade até então detido pela Igreja. A ansiedade dos cristãos medievais por serem pecadores se transformou em indignação nos dias de hoje. No entanto, preocupados ou furiosos, o problema da dualidade permanece. Tomás de Aquino não estava errado quando disse que todas as causas precisam de uma origem sem causa. Ele não estava errado ao dizer que um mundo repleto de *designs* precisa de uma origem que não tem um *designer*, ou que o criador não podia ser criado. A ciência usa o mesmo argumento quando diz que o tempo e o espaço devem ter uma origem que está além do tempo e do espaço. Deus foi substituído pela física, mas o dilema permanece o mesmo.

Fechar a lacuna entre a dualidade e a Unicidade parece ser um caso clássico de "você não tem como chegar lá partindo daqui". No entanto, ainda nos restou um caminho a seguir, derivado das tradições de sabedoria que veem a Unicidade não como um Deus inacessível, mas como a nossa origem, aqui e agora. Vejamos os conselhos de Nisargadatta Maharaj, mestre espiritual do sul da Índia, para um seguidor ansioso:

> *Pergunta: Não tenho certeza do que é a realidade.*
>
> Resposta: Se você se permitir uma abundância de momentos de paz, encontrará a realidade.
>
> *P: Eu tentei.*

> R: Você não foi constante nas suas tentativas. Caso contrário, não estaria aqui fazendo essas perguntas. Você pergunta por que não tem certeza de si mesmo. Você não tem certeza de si mesmo porque nunca deu atenção a si mesmo, só às suas experiências.

O tom é revigorante – Maharaj é duro em suas respostas –, mas o caminho adiante é exposto com clareza à medida que Maharaj expande sua resposta.

> Interesse-se por si mesmo além de toda experiência, esteja consigo mesmo, ame a si mesmo. A segurança suprema só é encontrada no autoconhecimento.

Foi a mesma resposta dada pela filosofia vedanta, a tradição espiritual mais antiga e mais reverenciada da Índia. *A realidade se localiza no* self. Para entender por que essa é a resposta certa, devemos definir o "*self*" como algo distinto do "eu" que pensa, sente e transita pelo mundo. Esse *self* cria constantemente dúvidas e questionamentos. O *self* que está certo da realidade tem uma visão mais ampla. Ele contempla a própria consciência, deixando de lado as experiências cotidianas, para descobrir a origem da realidade.

Maharaj explica como é vital transferir a atenção para a autoconsciência:

> Seja sincero consigo mesmo e você não se sentirá traído. Virtudes e poderes são meros símbolos, brincadeiras de criança. Eles são úteis no mundo, mas não o retiram do mundo. Para ir além, você precisa da imobilidade alerta, da atenção serena.

Deus é atingido "indo além", que é a definição de transcender. Não existe outra maneira de superar o beco sem saída onde o pensamento deixa de ser útil. A consciência serena deve intervir. Se quiser, a consciência é capaz de transcender o mundo material e até o mundo sutil.

Dawkins e companhia rejeitam todo o projeto de "ir além" como sendo um mero delírio. O *self* é a última coisa na qual eles confiam. Tive várias conversas de igual para igual com Michael Shermer, editor da revista *Skeptic*, que é absolutamente obstinado em seu ponto de vista materialista, mas não chega a ser hostil ou aviltante. Em uma dessas conversas, eu poderia, por exemplo, levantar a questão: "Quem é você?".

Shermer responderia: "Sou a soma dos processos que ocorrem no meu cérebro".

Eu observo que ele disse "meu" cérebro. "Quem é esse 'eu'? Você não tem interesse em saber?"

"Não", Shermer responde. "O *self* é uma ilusão. Existem apenas processos cerebrais."

"Se isso for verdade", eu digo, "você está me dizendo que tudo bem se você for um zumbi".

Shermer dá de ombros e sorri. "Você usa a linguagem para confundir as pessoas. Eu nunca me faço essas perguntas quando você não está por perto."

Shermer, como muitos ateus militantes, adora a metáfora do zumbi de Dennett para o cérebro determinista. Além disso, no fundo, ninguém acredita que o próprio *self* é uma ilusão. Nós temos a confiança inata de que nós pensamos. Nós aceitamos o nosso próprio ponto de vista. Se não fosse assim, seria como perguntar a alguém na rua onde fica o posto de gasolina mais próximo e ele responder: "Fica a dois quarteirões daqui. Mas eu sou um mentiroso".

Noventa e nove por cento dos cientistas não sentem qualquer necessidade de perguntar "Por que eu sou?". Eles têm experimentos a conduzir e dados a coletar. Mesmo assim, a ciência chegou ao mesmo beco sem saída que força o pensamento a desistir. O Big Bang é tão inconcebível quanto Deus. Não podemos imaginar o Big Bang, uma vez que ele foi invisível e silencioso, não foi quente nem frio. (Todas essas qualidades requerem os cinco sentidos, que não existiam.) O tempo e o espaço surgiram do Big Bang, de modo que não podemos perguntar "onde" ou "quando" ele ocorreu. Afinal, esses dois conceitos dependem da preexistência do tempo e do espaço. Em suma, a ciência confronta o estado pré-criado sem oferecer qualquer maneira confiável de cruzar o abismo.

Felizmente, um beco sem saída para alguns é uma porta aberta para outros. Você não precisa olhar fixamente para Deus enquanto permanece preso em um mundo imperfeito. Muito pelo contrário: a Unicidade é capaz de resolver os problemas da vida cotidiana. No *Gita*, o Senhor Krishna declara que todo sofrimento nasce da dualidade. Se isso for verdade, afastar-se da dualidade é aproximar-se da cura. Deus torna-se útil quando o mundo transcendente passa a ser acessível.

Cruzando o abismo

Você cruza o abismo o tempo todo sem perceber. Você cria som no silêncio e cria luz nas trevas. Nada do que você percebe ao seu redor – esta página, o cômodo onde você está, o prédio onde você se encontra – tem qualquer realidade que não seja através de você. Como você faz isso? Cruzando o abismo. O mundo transcendente não é um lugar distante aonde um dia você poderá chegar. É a oficina da criação onde você encontra a matéria-prima da realidade. Um pintor usa as tintas para pintar um retrato. Sua matéria-prima nada mais é que uma possibilidade. Uma possibilidade ocorre na mente, e a realidade surge por meio do ato da criação. Agora vamos ver por que é preciso existirem três mundos:

> O mundo transcendente é um campo de infinitas possibilidades. É o ponto de partida, o ventre da criação.

O mundo sutil traz à mente uma possibilidade, na forma de uma imagem. Algo real está se formando.

O mundo material apresenta o resultado. Uma nova coisa ou evento se manifesta.

Esses três mundos são reais e não apenas o ponto final, no qual o resultado se manifesta. Dependendo do seu estado de consciência, dependendo do mundo que você habita, a realidade é completamente diferente. A tradição védica apresenta uma descrição clara das pessoas que habitam cada mundo.

Quando é livre, sereno, em paz e completamente autoconsciente, você habita o mundo transcendente. Rótulos aplicados a essas pessoas incluem *Buda*, *Cristo*, *mahatma*, *swami*, *iogue*, *o iluminado*, *o desperto*.

Quando é criativo, imaginativo, intuitivo, penetrante e inspirado, você habita o mundo sutil. Rótulos aplicados a essas pessoas incluem *visionário*, *sonhador*, *gênio*, *sábio*, *profeta*, *xamã*, *artista* e *médium*.

Quando está envolvido com objetos físicos e sensações, você habita o mundo material. O rótulo para isso é simplesmente *normal*.

É possível ver que os seres humanos vivem em dimensões variadas. As regras mudam de uma para a outra. Se você é atropelado por um ônibus num sonho, que pertence ao mundo sutil, o seu corpo não se machuca. No mundo material, o seu corpo se machuca. No entanto, ser atropelado por um ônibus não prova que o mundo material é a única realidade. Cada realidade constitui o próprio quadro de referência, estável. Se a corda de um piano se rompe, você não tem como tocar essa nota, por mais inspirado que esteja. No entanto, a nota continua existindo na sua mente, porque o mundo sutil precede o mundo material. Sem música, ninguém construiria um piano, para início de conversa.

Vamos evitar incursões ao pântano lamacento da metafísica. A questão é prática: quando você cruza o abismo e volta, o que de fato está acontecendo? Uma possibilidade se torna realidade. Vejamos três possibilidades, cada uma chegando a um resultado diferente:

> Você quer um nome para se referir a um animal australiano que anda aos saltos com o filhote bolsa. Perscrutando o mundo de todas as palavras possíveis, você encontra *canguru*.
>
> Você quer ver a criatura que corresponde a essa palavra. Perscrutando o mundo de todas as imagens possíveis, você encontra a imagem de uma mãe canguru saltando com um filhote espreitando pela bolsa.
>
> Você quer um canguru de verdade para tocar. Perscrutando o mundo de todos os objetos possíveis, você encontra um canguru de verdade.

Ninguém vê qualquer problema com os dois primeiros exemplos, mas as pessoas tendem a hesitar no terceiro. Ninguém duvida que encontrar uma palavra ou uma imagem não pode ser a mesma coisa que ir buscar um canguru de verdade. Mas tenho como demonstrar que os três são a mesma coisa. Do que é feito um canguru de verdade? Sua aparência, sua sensação ao toque, seu cheiro; seu peso e solidez; seu formato e seu comportamento... Todas essas qualidades, quando reunidas do jeito certo, criam um canguru e, uma vez que cada qualidade é criada na sua consciência, o mesmo pode ser dito do animal em si.

Estou ciente de que posso estar provocando uma sensação incômoda no leitor, uma vez que aceitamos que os cangurus "obviamente" existem sem nós. Na verdade, não existe e jamais existiu uma prova disso. Não passa de uma parte da psicologia da certeza postular um mundo fixo com cangurus saltitantes. Devemos nos redirecionar para a psicologia da criatividade. Um criador está constantemente concretizando possibilidades. Basta se sentir à vontade nos três mundos do processo criativo:

> **Mundo transcendente:** Você se sente à vontade aqui quando é capaz de vivenciar todas as possibilidades. A sua consciência está aberta.

Você está conectado com a origem. A sua consciência e a mente de Deus são uma coisa só.

Mundo sutil: Você se sente à vontade aqui quando é capaz de se ater à sua visão. Você sabe que é capaz de ir aonde a mente o levar. Você não está preso a resistência, objeções, ceticismo e crenças rígidas. A inspiração surge como uma parte normal da sua existência.

Mundo material: Você se sente à vontade com a sua realidade pessoal. Você se responsabiliza por ela. Você vê o mundo como um reflexo de quem você é e do que está acontecendo "aqui dentro". À medida que o reflexo muda e se transforma, você acompanha as mudanças que ocorrem dentro de você.

Os *qualia* e o criador

Junte tudo isso e você terá o relacionamento especial existente entre os seres humanos e Deus. É um relacionamento criativo, que cruza com facilidade o abismo entre o não criado e o criado. Espero que, neste ponto, esse relacionamento não soe mais estranho aos seus ouvidos.

Tentei usar palavras comuns para facilitar o entendimento de domínios que a maioria das pessoas considera místicos e, portanto, distantes demais da nossa realidade. O único termo técnico que eu gostaria de usar é *qualia*, porque isso fará de você um criador mais confiante. Em sua conotação mais básica, *quale* é a palavra latina para "qualidade", no sentido de visão, audição, tato, paladar e cheiro das coisas. Expandindo um pouco esse significado, o termo *qualia* também se aplica a eventos mentais. A vermelhidão de uma rosa numa floricultura é um *quale*; também é quando imaginamos uma rosa vermelha na nossa mente. O centro cerebral para ver uma rosa "lá fora" ou "aqui dentro", que é o córtex visual, processa os dois da mesma maneira.

É fácil se fixar na palidez de uma imagem mental em comparação com uma rosa de verdade. Ninguém sangra com os espinhos de uma rosa mental. No entanto, a questão não é a vivacidade nem a palidez. A questão é que o mesmo processo cria uma rosa "aqui dentro" e "lá fora". Além disso, os sonhos podem ser tão intensos que você acorda desapontado; em uma comparação o mundo real perde a graça. Para os artistas, a discrepância pode ser enorme, levando John Keats a escrever: "As melodias ouvidas são belas, mas as não ouvidas são mais belas".

O que torna a realidade pessoal é a maneira inigualável na qual você mistura e combina os *qualia* (plural de *quale*). Não existem duas pessoas que fazem isso exatamente do mesmo jeito. Vejamos o exemplo de uma experiência bem comum: você está andando pela rua e um grande cão preto de repente vem correndo na sua direção. Cada pessoa sente essa experiência de um jeito diferente. Vejamos duas possibilidades. A pessoa A já foi mordida por um cão, lembra a dor de ser mordida, costuma evitar cães, ouve o latido do cão preto e o interpreta como uma ameaça e vê a boca aberta do cachorro como uma arma pronta para o ataque. Já a pessoa B tem um cachorro que adora, fica aliviado ao ver que seu cachorro perdido voltou, interpreta seu latido como um cumprimento e sua boca aberta como um sorriso. Duas realidades diferentes, sendo que cada uma depende dos *qualia* que se encaixam como peças de um quebra-cabeça.

Você não percebe que está montando as suas experiências porque a criação acontece instantaneamente. Para ver as peças do quebra-cabeça, tiramos uma foto do evento, interrompendo o fluxo do tempo, desmembrando um quadro organizado em pequenos elementos. Se você expandir plenamente os *qualia*, tudo se transforma em ingredientes, inclusive sentimentos, sensações, memórias e associações. Cada experiência é o resultado da combinação dos *qualia*. A imagem não se monta sozinha. Só parece que é assim que acontece.

Para se tornar um criador, o papel que nascemos para exercer, devemos assumir o controle da nossa experiência. Escolhemos quais *qualia* usar. Se tivermos medo de cães, a nossa experiência passada se acumula para corroborar o medo, mas essas impressões podem ser substituídas por novas informações. Para curar essa fobia, podemos reconfigurar aos poucos a reação arraigada no cérebro. Ao ver um grande cão preto vindo na nossa direção, não temos tempo de criar uma nova reação. No entanto, podemos tomar medidas graduais para ir dessensibilizando o nosso medo: vendo fotos de cachorrinhos bonitinhos, visitando uma *pet store*, fazendo carinho em um cão manso preso por uma corrente. Melhor ainda seria conquistar o controle direto da nossa reação mental. O medo é fixo e congelado. Podemos flexibilizá-lo e torná-lo maleável. Imagine um cão assustador e em seguida imagine-o maior ou menor na sua mente, imagine-o avançando em câmera lenta ou recuando como num filme ao contrário. Esse tipo de "Photoshop mental" nos coloca no controle, um passo necessário quando somos dominados pelo medo.

O medo é um evento interno, mas e o que dizer do cão? Com certeza não foi você quem criou o *dobermann* do nada. No entanto, ele surgiu exatamente de lugar nenhum. Um cão é criado a partir de moléculas e átomos, que por sua vez são criados a partir de partículas subatômicas que entram e saem piscando do campo quântico. Quando "saem", elas entram no estado pré-criado. Elas retornam à sua origem, que está além do tempo, do espaço, da matéria e da energia. Aqui nada existe, exceto possibilidades. (Para usar um termo técnico, uma partícula subatômica que desapareceu do mundo material está em um estado "virtual".)

O ciclo que leva tudo do não criado ao criado ocorre constantemente. É o ritmo básico da natureza. O cérebro também processa a realidade por meio de um ciclo que liga e desliga milhares de vezes por segundo. A chave é a sinapse, a lacuna entre duas conexões neurais. Uma reação química salta pela lacuna ("ligando" a conexão) e depois a sinapse é liberada para o próximo sinal ("desligando" a conexão). A conexão pode ser ligada e desligada de outras formas, acionada por cargas positivas e negativas de íons que passam através das membranas celulares dos neurônios, mas o modelo permanece o mesmo. Para um neurocientista, a capacidade do cérebro de processar a realidade parece incrivelmente complexa. Como milhões de sinais distintos são orquestrados em todas as partes do cérebro para resultar em uma única imagem do mundo? Ninguém sabe, nem faz ideia, porque, quando examinamos o cérebro, vemos um piano tocado por um pianista invisível – de alguma forma 88 teclas se movem juntas para criar a música. Só que, neste caso, um quatrilhão de conexões sinápticas acendem e apagam (sendo que um quatrilhão é o número estimado em um cérebro adulto).

Observando o funcionamento do cérebro não temos como saber como a visão, a audição, o paladar, o tato e o olfato são acionados. Não é possível detectar o que acontece na lacuna entre a criação e a origem da criação. Não podemos ver o processo, só o resultado físico. Muito menos podemos ver como duas células cerebrais, cada uma contendo um DNA idêntico, emitindo os mesmos sinais químicos e elétricos, conseguem produzir o som em uma parte do cérebro e a visão em outra.

A menos que você esteja cego pela sua lealdade ao materialismo, fica claro que as células do cérebro, por si só, não têm a capacidade de ver ou ouvir. Esse fato é confirmado por um teste extremamente simples: se você espiar dentro dele, verá que o cérebro é escuro e silencioso. *Alguma coisa* cria o nascer do sol resplandecente e o estrondo do trovão, junto com todos os sons e imagens arrebatadoras do mundo. Esse algo é pessoal e está criando o seu mundo neste exato momento. A gênese está ocorrendo agora, mas não no cérebro.

O criador nos bastidores é a consciência. Ela usa o cérebro da mesma forma como um pianista usa um piano. Os desejos da consciência, sejam eles quais forem, se realizam. O que a consciência bloquear, seja o que for, não se concretiza. A escolha é feita fora de vista, mas nunca fora da mente. Por que você tem olhos? Porque a mente queria ver e criou os olhos para esse fim, assim como criou os ouvidos, o nariz, as papilas gustativas e toda a mecânica da percepção.

"Não, não pode ser", um cético se oporia. A evolução criou o olho humano no decorrer de bilhões de anos, começando com o impulso de organismos unicelulares ao buscar a luz. Essa objeção não se sustenta. É como dizer que as teclas do piano evoluíram antes de a música ter sido inventada. O piano é um instrumento criado para satisfazer o desejo da mente de concretizar a música. O olho humano é um instrumento criado para satisfazer o desejo da mente de ver o mundo criado. Todos os outros *qualia* seguem o mesmo padrão. A consciência criou o sentido do tato para sentir o mundo criado, o sentido da audição para ouvir o mundo criado e assim por diante.

A religião muitas vezes é vista como uma mera coletânea de mitos irracionais. No entanto, a história bíblica da criação acerta em um ponto crucial. Deus entrou em sua criação para usufruí-la. Na Bíblia, Adão e Eva "ouviram a voz do Senhor Deus, que passeava no jardim pela viração do dia" (Gênesis 3:8). Em termos modernos, diríamos que a consciência permeia o mundo. Visão, audição e todas as outras qualidades surgiram para que a mente universal pudesse vivenciar a si mesma.

A religião acertou também em outro ponto crucial: o processo criativo não tem limitações. A realidade é tão maleável quanto um sonho. Se você se esquecer disso, a realidade começa a congelar e basta um pequeno passo para ter um mundo tão rígido e fechado em si mesmo que todas as outras dimensões são excluídas. Um exemplo clássico surgiu quando a Igreja denunciou Galileu por heresia quando ele expôs a ideia de que a Terra gira em torno do Sol, em oposição à visão geocêntrica da Igreja, na qual a Terra é o centro imóvel do universo. Levado diante da Inquisição em 1633, os juízes "o forçaram, sob a ameaça de tortura, a ajoelhar-se e ler em voz alta uma abjeta retratação declarando que ele 'abjurava, amaldiçoava e abominava' a teoria heliocêntrica". (Diz a lenda, provavelmente incorreta, que ao se levantar ele murmurou as palavras *eppur si muove...*, significando "e no entanto ela se move...".)

O físico David Deutsch relata o calvário de Galileu, como todo cientista faz, como sendo uma vitória da observação direta dos céus. A fé foi desafiada e as obras de Deus foram questionadas com cálculos matemáticos. Em termos históricos, o evento marcou a alvorada da grande era da ciência. Em termos pessoais, Galileu foi condenado e sentenciado à prisão domiciliar. O terror foi tamanho que a ciência passou séculos suprimida na bacia do Mediterrâneo, de acordo com Deutsch. No entanto, ele faz uma concessão crucial aqui.

Tendo em conta que a Inquisição acreditava na revelação divina, Deutsch diz: "A visão de mundo deles era falsa, mas não ilógica". Um tipo de observação, como a de Galileu, não podia limitar Deus. "Como eles sustentavam, Deus poderia produzir os mesmos efeitos observados em uma infinidade de maneiras diferentes." A teoria de Galileu sobre o Sol e os planetas era arrogante se tinha pretensão de ser "uma maneira de conhecer, por meio da própria observação e razão falíveis, o caminho escolhido por Ele". O caminho de Deus é infinito, enquanto o caminho do homem é finito.

A linguagem usada pela autoridade da Igreja é detestável para um cientista, mas oculto na condenação de Galileu se encontra um dos pontos fundamentais das tradições de sabedoria orientais. O mundo visível é um mundo só de aparências. Não é possível saber, só observando as aparências, como realmente é a criação. (Até a Terra girando em torno do Sol comprovou-se não passar de uma aparência. Se você ficar na borda da Via Láctea, verá que todo o Sistema Solar orbita ao redor da galáxia. Se você ficar no ponto de partida do Big Bang, verá que a Via Láctea está se afastando de todas as outras galáxias à medida que o universo se expande, levando a Terra consigo. Na verdade, o movimento da Terra pode ser descrito de infinitos pontos de vista, exatamente como a Inquisição alegava.) Os antigos videntes védicos expressam esse fato como *maya*, que significa mais do que uma mera ilusão. Maya é uma deusa cujo encanto sedutor leva a mente a acreditar que o irreal na verdade é real. Não podemos confiar em nada do que ela nos mostra. Ficamos tão distraídos com o espetáculo da vida que nos esquecemos de quem o criou: nós mesmos. Precisamos confiar no processo criativo.

Quando isso acontecer, Deus passa a importar mais do que tudo na criação, porque *Deus* é a palavra que usamos para nos referir à origem da criação. Não é necessário reverenciar essa origem, embora ela sem dúvida seja digna de reverência. A única coisa que precisamos fazer é nos conectar. No mundo transcendente, do outro lado do abismo, algumas coisas são completamente necessárias, coisas que não podem ser criadas; não se pode usar as mãos, a imaginação nem o pensamento.

O que Deus realmente é

ASPECTOS DO MUNDO TRANSCENDENTE

Consciência pura.
Inteligência pura.
Criatividade pura.
Potencial infinito.
Possibilidades ilimitadas.
Júbilo.
Capacidade de organização.
Infinitas correlações.
Toda a matéria e energia em um estado virtual.

Esses são os melhores termos que a mente pode conceber ao contemplar a Unicidade do outro lado do abismo. A lista não tem quaisquer implicações religiosas e aplica-se estritamente à consciência e a seu funcionamento. A consciência é criativa e inteligente. É capaz de correlacionar um quatrilhão de conexões cerebrais ou os cinquenta processos realizados por uma célula do fígado. É capaz de manter o controle de atividades simultâneas (o que nos permite respirar, digerir, caminhar, engravidar, pensar no bebê e ficar feliz, tudo ao mesmo tempo).

Encontramos Deus sempre que qualquer um desses aspectos começa a se expandir. É assim que Deus entra na nossa vida cotidiana. Quando nos sentimos mais criativos, estamos inspirados ou, em outras palavras, "incorporamos o espírito". Não importa se a nossa inspiração for para fazer um bolo, enquanto a inspiração de Michelangelo foi para pintar o teto da Capela Sistina. Nos dois casos, um aspecto de Deus, a criatividade pura, foi trazida ao mundo material. A inspiração de um santo vem da mesma fonte. Quando São Francisco de Assis diz "Se Deus pode atuar através de mim, ele pode atuar através de qualquer pessoa", ele está expressando a verdade sobre como a consciência pura entra no mundo: através de cada um de nós. Ninguém está preso ao mesmo caminho criativo. São Francisco escolheu direcionar sua experiência à humildade, ao celibato, à caridade e à devoção. Michelangelo escolheu a arte, a beleza, a nobreza e a grandiosidade. Todos esses elementos são *qualia* e o mesmo pode ser dito dos ingredientes que tomam parte em todas as experiências.

No entanto, se repassarmos a lista, veremos alguns itens que não são *qualia*. Eles são mais básicos que qualquer experiência. A própria existência depende deles. Sem inteligência, nada jamais seria compreensível. Sem criatividade, nada jamais seria novo. Sem capacidade de organização, tudo permaneceria em um estado de caos. O único aspecto de Deus que parece fora de lugar é o júbilo. Afinal, o júbilo não é a experiência da felicidade, algo muito menos que divino? Quando usada por budistas e os sábios védicos que os precederam, a palavra *júbilo* (*Ananda*) é o vigor da criação, o dinamismo fundamental que entra no mundo como vitalidade, desejo, êxtase e alegria.

Então, você criou aquele grande cachorro preto correndo na sua direção? Sim. Não foi "você" como um indivíduo, mas "você" como um agente da própria consciência. Apegar-se à individualidade gera confusão aqui. Uma onda pode bater nos grandiosos penhascos brancos de Dover, na Inglaterra, e se perguntar: “Será que eu criei essa magnificência toda?”. Sim e não. O oceano desgastou a costa e cada onda desempenhou seu papel. Você sempre foi universal e não seria realista ver-se de outra maneira. Isso fica claro em outra imagem védica. Quando uma onda do mar surge, ela diz para si mesma: “Sou um indivíduo separado”, mas, quando se desfaz no mar, ela diz: “Sou o oceano”. Como um criador, você surge do oceano da consciência para criar a sua realidade pessoal. Quando se aprofunda, contudo, percebe que pertence ao oceano da consciência. Ela cria a realidade através de você sem jamais sair do mundo transcendente.

No final, conhecer Deus é lembrar e esquecer. Você esquece a ilusão de que é separado, isolado, impotente e preso em um cosmos ao mesmo tempo deslumbrante e opressivo. Você lembra que é o sonhador que controla o sonho. O que você percebe através dos cinco sentidos não é o mesmo que a realidade. Vá além do jogo de sombras das aparências e você será recebido pela realidade, como afirma Rumi quando diz: “Um mundo pleno demais para ser descrito com palavras”. Entre no domínio de todas as possibilidades. O poder de concretizá-las é uma grande dádiva, que vem diretamente de Deus.

A mais difícil das questões

Quando você se lembra plenamente de quem é, você e Deus se tornam um. Um encanto invisível, um estado de graça, passa a permear todos os aspectos da sua vida. A esperança expressa no Salmo 23, "Certamente que a bondade e a misericórdia me seguirão todos os dias da minha vida", torna-se realidade. Não se atinge um estado de graça como esse da noite para o dia. Você e eu, não importa em qual etapa do caminho estivermos, devemos equilibrar esperança, fé e conhecimento. É um equilíbrio delicado. Pode haver momentos de graça que irrompem como o sol através das nuvens. Esses momentos não acontecem todos os dias, ao contrário das provações pessoais que enfrentamos. O segredo é começar a procurar a graça escondida por baixo das dificuldades e, quando você começar a encontrá-la, as suas provações passam a diminuir e desaparecer.

Quero mostrar que a espiritualidade pode ser um estilo de vida em cada etapa do caminho. No início – e até pelo menos o meio do caminho –, "a coragem de ser" significa a coragem de ser confuso. Deus às vezes parece relevante e às vezes parece irrelevante. A possibilidade de encontrar a paz ou confiar em um poder maior é inconstante e instável. No resto do tempo, Deus não está em lugar nenhum. Será que esses vislumbres do divino bastam? É claro que não. Quando você assiste ao noticiário na TV, vê um novo desastre – um avião caindo no oceano, o genocídio no Congo, um homem que atira nas pessoas em uma sala de cinema e se mata em seguida – que o puxa de volta ao "mundo real". O seu velho condicionamento entra em ação: você acredita que o mundo está repleto de violência e caos e que não tem outra escolha além de enfrentá-lo nos seus próprios termos, lutando para sobreviver.

Um elemento oculto se faz necessário para nos impedir de retroceder aos nossos velhos e arraigados instintos. Esse elemento é a totalidade. Sem que saibamos, a totalidade está no comando da nossa vida. Ela mantém o caos a distância. Ela nos dá apoio mesmo em uma situação difícil. As tradições de sabedoria do mundo têm um axioma: "Tal como é no grande, também é no pequeno". Em outras palavras, até o mais ínfimo fragmento de realidade é *o todo*. No entanto, eu e você nos agarramos à perspectiva fragmentária. Desse ponto de vista, é impossível ver a totalidade. O ar dentro de uma bexiga se surpreenderia ao ficar sabendo que não há diferença entre ele e a atmosfera da Terra. Enquanto a bexiga não é estourada, uma fina membrana impede o ar de saber quem ele realmente é.

Para você e para mim, a fina membrana é mental. De uma perspectiva fragmentada, você aborda a sua vida como sendo um "eu", uma pessoa distinta e isolada. Esse "eu" possui impulsos e motivações individuais. Ele quer mais para si. Pensa que a consciência é algo privado e particular. A prioridade é cuidar de si mesmo e da família. No entanto, por mais que o "eu" seja fortalecido, forças externas são muito mais poderosas, o que torna a existência insegura. Deus tem a perspectiva da totalidade. Ao final da jornada espiritual, o iluminado também desenvolve essa perspectiva. Ele pode dizer *Aham Brahmasmi*, "Eu sou o universo", que é como ver o infinito em todas as direções, sem fronteiras nem limitações.

Essa palavra, *iluminação*, é cercada de mistério, bem como o que ela significa e como chegar lá. Despojado do mistério, você desperta quando se torna completamente autoconsciente. Cada passo do caminho espiritual expande a autoconsciência existente. Seu senso de *self* se transforma. Você começa a perceber que a totalidade é possível. (Para usar uma imagem da tradição védica, você sente o cheiro do mar antes de chegar ao mar.)

Se você observar em si mesmo as alterações listadas a seguir, é um sinal de que a totalidade está despertando.

Sê completo

COMO VOCÊ É TRANSFORMADO PELO CAMINHO

Você se sente menos isolado, mais conectado com tudo ao seu redor.
A insegurança é substituída por uma sensação de segurança.
Você se sente em casa.
As demandas do "eu" deixam de ter o mesmo apelo.
Você consegue ver de uma perspectiva mais ampla do que o interesse próprio.
Você se guia pelo impulso de ajudar e servir.
Vida e morte se fundem em um único ciclo. Criação e destruição não são mais assustadoras.
A mentalidade do "nós contra eles" desaparece. As divisões não parecem fazer tanta diferença.
Status e poder perdem a importância.
Os altos e baixos da vida cotidiana não o afetam tanto.
Você se sente guiado nas suas ações. A vida não é mais aleatória nem repleta de crises iminentes.
Você se sente mais equilibrado e em paz consigo mesmo.

Ser completo é um estado que cresce por dentro, mas a realidade sempre foi um todo. O universo inteiro conspira para concretizar cada momento. Em sânscrito, esse fato é resumido no verbo *dhar*, que quer dizer "sustentar". A realidade sustenta a si mesma e a todos os fragmentos que parecem existir nela. A fragmentação, tão clara no mundo material, é *maya*, uma parte da ilusão. Contemplar bilhões de galáxias mascara a realidade de que todas elas vieram de um único evento, um Big Bang não fragmentado. É fácil entender isso agora que a física desvendou a origem de toda matéria e energia. No entanto, a mente não tem um Big Bang ao qual se referir. Pensar é sempre fragmentado. Temos um pensamento por vez, de modo que é muito mais difícil perceber que todos os pensamentos vêm de uma única mente. A noção de "minha" mente é o fragmento mais convincente de todos.

Se você pedir para alguém se desapegar da noção de "minha" mente, a pessoa ficará alarmada e dirá: "Você quer que eu abra mão da minha mente?". Não, você quer que ela substitua a "minha" mente pela mente cósmica. É mais fácil pensar em termos de algo visível, como o seu corpo. Enquanto você está concentrado em alguma atividade trivial e específica – como ler estas palavras – cinquenta trilhões de células estão sustentando essa pequena ação. As células não se deixam enganar por sua situação isolada, individualizada. Eles operam continuamente com base na totalidade. Cada célula leva uma vida espiritual de dar inveja a qualquer santo.

> Todas as células seguem um propósito mais elevado, sustentando o corpo como um todo. Todas as células conhecem seu lugar no corpo, com total segurança.
>
> O corpo protege e acolhe a vida de todas as células.
>
> Sem críticas nem preconceitos, todas as células são aceitas.
>
> Todas as células vivem no momento presente, constantemente renovadas, jamais se apegando ao velho e desgastado.
>
> É possível confiar na eficiência suprema do fluxo natural. Células individuais nascem e morrem, mas tudo isso acontece dentro do equilíbrio perfeito do corpo.

Não estamos falando de aspirações espirituais, mas de fatos da vida cotidiana no nível das células do nosso corpo. Tudo o que nos parece inatingível em termos espirituais – entrega total, humildade, inocência, não violência, reverência à vida – já está configurado dentro de nós. Por mais minúscula que seja uma hemácia no nosso sangue, ela é sustentada pela sabedoria da vida.

Isso nos leva a uma conclusão surpreendente. Para uma célula permanecer viva, ela depende do infinito. Uma única célula pode dizer *Aham Brahmasmi* sem passar anos numa caverna nos Himalaias. Dizer "Eu sou o universo" não significa que você seja enorme. Não é uma questão de tamanho, lugar, tempo ou espaço. O que isso quer dizer é que tudo na criação é essencialmente a mesma coisa, apesar das aparências. Essas diferenças, usando uma imagem védica, são como um relógio de ouro e um anel de ouro discutindo sobre qual deles é o mais valioso. Presos no ego, eles são incapazes de ver que são feitos da mesma essência, que é o ouro. As células do cérebro apresentam inteligência. A inteligência é grande ou pequena? Seria necessário um saco de supermercado ou um contêiner de navio para levá-la? A pergunta não faz sentido. A inteligência não tem um tamanho físico. Nenhum dos atributos invisíveis que sustentam a vida tem um tamanho físico. A beleza do caminho espiritual é que você pode contar com o apoio de um poder infinito a cada passo do caminho.

A verdadeira questão é o quanto do infinito você é capaz de incorporar à sua vida. Quando a expansão é infinita, o projeto todo pode parecer intimidador. Para que estender os seus limites, se você está à vontade nesta etapa do caminho? Você sai voando de uma raquete de pingue-pongue só para voltar com tudo, puxado por um elástico. Uma célula hepática ou cardíaca tem sorte. Para permanecer viva, ela deve se conectar com a totalidade. Ela não pode duvidar nem desistir, não pode virar as costas para seu criador nem denunciar Deus como sendo o fruto de um delírio. Mas você tem mais sorte ainda. Você tem autoconsciência, a capacidade de saber quem você é. Assim, o seu caminho espiritual se resume a escolher uma identidade. Você pode agir como um indivíduo isolado ou como o todo. Você pode alinhar-se com o universo ou não.

Alinhamento = autoaceitação, fluxo, equilíbrio, ordem, paz.

Não alinhamento = autocrítica, sofrimento, dificuldade, oposição, agitação, desordem.

Se você se concentrar no lado direito das equações, a vida parece incrivelmente complicada. Paralisado por uma profusão de escolhas, você mal consegue sair do lugar. Você precisa estar sempre decidindo se aceita ou resiste, se vai atrás ou abre mão. Talvez seja por isso que não conseguimos parar de fantasiar sobre a perfeição. Se ao menos pudéssemos ter o corpo perfeito, a casa perfeita, o companheiro perfeito, poderíamos escapar da coisa mais difícil da vida: a ambivalência. Todos os corpos, casas e companheiros têm imperfeições. Alguns dias são bons e outros são ruins. Sem qualquer aviso, o amor pode se transformar em tédio ou até em ódio.

O lado esquerdo das equações, no entanto, consiste em uma só palavra. Você tem uma única decisão a tomar: alinhar-se ou não com a totalidade. A simplicidade tem um poder incrível. Você pede que Deus o sustente e todo o resto é consequência. Essa é a solução holística para todos os problemas.

Muitas páginas atrás, mencionei a impossibilidade de viver como Jesus ensinou no Sermão da Montanha. Os lírios do campo não trabalham nem fiam, mas os seres humanos passam a vida inteira na labuta. O que Jesus propôs foi a mesma solução holística à qual acabamos de chegar: a Providência o sustentará se você estiver plenamente alinhado com Deus, do mesmo modo como a natureza sustenta todas as formas de vida mais simples. "Olhai para as aves do céu, que nem semeiam, nem colhem, nem ajuntam em celeiros; e vosso Pai celestial as alimenta. Não tendes vós muito mais valor do que elas? E qual de vós poderá, com todos os seus cuidados, acrescentar um côvado à sua estatura?" (Mateus 6:26-27).

A expressão pode ser poética, mas a lógica é pura sabedoria: o alinhamento é o caminho natural enquanto o não alinhamento não é.

Os cinco "venenos"

É difícil ser deixado para trás, mas essa é a situação na qual todos nós estamos. Se pudéssemos nos sentar aos pés de Jesus, Buda ou um dos grandes sábios védicos, eles nos mostrariam, dia após dia, quando estamos e quando não estamos alinhados com Deus. O Novo Testamento oscila constantemente entre repreensões e elogios do mestre. Em um determinado momento, Jesus fala com desdém de seus seguidores que exigem curas e milagres. Em outro momento, ele distribui curas e milagres com um sorriso no rosto. Deve ter sido incrivelmente confuso para seus seguidores. Entre censuras e bênçãos, os discípulos precisavam de constantes ajustes de direcionamento.

Você e eu também precisamos de ajustes de direcionamento e só temos a nós mesmos para seguir. Os obstáculos que enfrentamos testam a nossa fé e nos seduzem com esperanças fugazes. É necessário, então, examinar o estado fragmentado que criamos. O não alinhamento tem sido um modo de vida para gerações e gerações de pessoas. (É possível pensar em um sintoma maior da nossa situação problemática que a doutrina do universo aleatório, frio e indiferente promovida por Dawkins e companhia?) Os mestres védicos descrevem cinco obstáculos que impedem nosso alinhamento com Deus. O termo sânscrito para esses obstáculos é mais dramático: *klesha*, que literalmente significa "veneno". Os cinco venenos são:

- a ignorância: a incapacidade de distinguir o verdadeiro do falso;
- o egoísmo: a identificação com o "eu", o *self* individual;
- o apego: agarrar-se a determinadas coisas, os objetos de desejo;
- a aversão: rejeitar outras coisas, os objetos de repulsa;
- o medo da morte.

Podemos dizer que o primeiro veneno aciona uma reação em cadeia que leva ao último. O medo da morte, o quinto *klesha*, é o produto final que sai da linha de montagem da ignorância. Muita gente se ofenderia ao ouvir que vive a vida com base na ignorância. É mais fácil engolir essa verdade se falarmos em termos de fragmentação.

Como você começou a se ver como um fragmento? O primeiro passo foi o esquecimento. Um rico que sofre de amnésia se esquece de sua conta bancária. O dinheiro continua lá, mas o esquecimento faz dele um homem pobre. Você e eu perdemos a memória da totalidade. Continuamos completos, mas deixamos de nos beneficiar da nossa completude. Tem início a reação em cadeia.

> Você esquece que é completo.
>
> Você se vê como um "eu", um fragmento isolado, vulnerável.
>
> O "eu" tem desejos aos quais se apega para se sentir mais seguro.
>
> Ele também repele o que vê como ameaças.
>
> Apesar de sua busca para satisfazer os desejos, o "eu" sabe que um dia vai morrer, o que o deixa muito temeroso.

Os cinco venenos parecem terríveis, mas nos dão uma esperança: uma vez que você extrai o primeiro veneno – esquecer-se de quem você é –, a reação em cadeia é interrompida. É um segredo valiosíssimo. As pessoas desperdiçam anos tentando melhorar os pedaços e fragmentos de sua vida. Digamos que um dia você se olha no espelho e fica descontente com o corpo que vê. Você quer impressionar o sexo oposto, então resolve se exercitar. Correr numa esteira na academia de ginástica alimenta o desejo, porque leva a uma forma física melhor, e alimenta a aversão, porque é uma atividade chata e cansativa. Você gasta uma pequena fortuna tentando impressionar o sexo oposto, o que alimenta o desejo de ser considerado um sucesso, mas saber que você está compensando a sua insegurança alimenta a aversão. Você foi envenenado pelos *kleshas* do apego e da aversão. O resultado é que o "eu" fica em conflito, retrocede à inércia e acaba se sentindo pior consigo mesmo porque foi incapaz de obter o que queria: um corpo melhor. Esse processo todo ocorre na consciência, enquanto o apego, a repulsa, o desejo e o ego se confrontam num embate confuso. No entanto, nunca houve qualquer esperança concreta. Ao tentar satisfazer o "eu", tudo o que você está tentando fazer é aplacar uma ilusão.

A saída para esse dilema é lembrar-se de quem você realmente é, do que significa alinhar-se com o que é real. Em vez de perguntar "O que Jesus faria?", que soa um tanto quanto fantasioso, pergunte: "O que o meu *self* real faria?". Essa pergunta é muito mais confiável e direta.

> O seu *self* real assumiria a responsabilidade pela reflexão enviada pelo universo. A realidade é um espelho que nunca mente.
>
> O seu *self* real se concentraria no crescimento interior. Tudo o que ele quer é atingir seu pleno potencial.
>
> O seu *self* real não tentaria culpar nem criticar os outros.
>
> O seu *self* real não agiria por impulso. Ele se basearia na autorreflexão. Ele toma decisões em um estado de serenidade, longe do caos.
>
> Você pode reclamar de continuar vendo um corpo flácido no espelho.

Na verdade você não reclamaria mais, porque, uma vez que você faz do seu *self* real o seu lar, a crítica deixa de fazer sentido, você deixa de se concentrar em fatores externos, deixa de ser motivado pela insegurança, que aprisiona as pessoas na roda interminável do autoaperfeiçoamento. Esse é só um esboço geral, mas basta para demonstrar que o "eu" tem interesses muito diferentes do seu *self* real.

Deus deveria ser um modo de vida no qual podemos confiar com a mesma segurança com que confiamos que o supermercado do bairro estará aberto no horário de sempre, que receberemos o salário no fim do mês e que a nossa apólice de seguro terá validade no caso de algum problema. Qual seria o sentido de um Deus não confiável? Simone Weil, uma devota francesa, expressa a ideia nos seguintes termos:

"A crença não se adapta ao divino. Só a certeza se adapta. Qualquer coisa menos que a certeza não é digna de Deus". Concordo totalmente, mas precisamos de um processo para chegarmos à certeza. Deixemos de lado respostas absolutas. Elas não deixam espaço para o meio-termo, para a evolução, e não nos dão a chance de corrigir os nossos erros. A certeza inflexível é o posicionamento dos ateus, em um extremo, e dos fundamentalistas, no outro. Para todos nós que ficamos entre esses dois extremos, a certeza cresce a partir da experiência interior, e esse desdobramento leva tempo. Enquanto isso, temos uma vida inteira para viver e devemos acolher a nossa incerteza. Tudo bem vacilar, contanto que avancemos no caminho certo.

A mais difícil das questões

Na verdade, ninguém foi deixado para trás. Eu não sabia disso na infância. Eu ficava maravilhado com os milagres de Jesus narrados no Novo Testamento. Meus primeiros anos de estudo foram numa escola cristã (os missionários irlandeses administravam as melhores escolas da Índia). No entanto, eu nunca chegaria a ver os milagres de Jesus. Eu não tinha como acreditar na possibilidade de andar sobre a água. Teve início um processo de desencanto, e foi fácil para mim passar do desencanto à desilusão e depois à amnésia, me esquecendo completamente dos meus ideais da infância. O melhor que eu pude fazer foi me adaptar a um mundo desprovido de Deus. Se ele se recusava a intervir nos males do mundo, eu não me recusaria. Acho que muitos médicos seguem esse caminho por suas próprias razões. O que eu não percebi foi que essa minha queda correspondia perfeitamente aos cinco *kleshas*.

Se você se vir lutando contra os muitos males do mundo, estará imerso neles. Você está enredado no sistema do mal. Pode parecer chocante, mas, se você acreditar no mal, se esqueceu de quem realmente é. Eu achava que ajudar os doentes poderia melhorar um pouco o mundo. De uma perspectiva mais ampla, contudo, eu estava fazendo algo completamente diferente. Eu estava alimentando uma ilusão. Sempre que você luta contra o mal, está reforçando o sistema do mal, que se dissiparia por conta própria se as pessoas não lhe dessem tanta atenção.

Krishnamurti foi um dos professores mais francos no que se refere a essa questão, por mais que a sua franqueza pudesse confundir ou magoar as pessoas. Em um de seus diários, ele relata um incidente ocorrido na Índia, quando uma mulher bem-vestida chegou pedindo uma contribuição para a causa dela, o combate à crueldade contra os animais.

"Qual é a razão para essa causa?", Krishnamurti indagou.

"Os animais são terrivelmente maltratados neste país", disse a mulher. "Sei que o senhor ensina o Ahimsa, a reverência pela vida. Isso sem dúvida implica tratar bem os animais."

"Eu quis dizer por que a senhora adotou essa causa? Qual foi a sua razão para adotar essa causa?", Krishnamurti replicou.

A mulher ficou surpresa. "Eu me compadeço do sofrimento dessas pobres criaturas."

"Então é a sua própria angústia que a senhora procura aliviar", concluiu Krishnamurti. "Há um caminho. Olhe profundamente para dentro de si. Onde está a semente da violência? Se os animais estão sendo maltratados, é porque nós não nos responsabilizamos pela nossa própria violência. A semente só está dentro de você e em nenhum outro lugar."

A perspectiva mais ampla pode doer muito. Ela dilacera o orgulho do ego, que se orgulha de estar certo e de ser bom. Krishnamurti não conta se contribuiu ou não para a causa daquela mulher. (Provavelmente sim, por ser um defensor das boas causas.) O objetivo dele foi expor a própria raiz do mal, por ser o único modo de extirpá-lo de uma vez por todas. O mesmo se aplica a qualquer mal específico. Imagine que um vidente lê sua mente e diz: "A sua noção do verdadeiro mal é o abuso sexual infantil, a violência doméstica, o ódio religioso e uma pessoa indefesa padecendo de câncer, com dores horríveis". Você pode concordar com essa lista – a maioria das pessoas sem dúvida concordaria –, mas ela não implica qualquer solução. Você pode fazer doações para boas causas que ajudam vítimas de abuso sexual infantil e pode fazer campanha a favor de leis mais rigorosas contra a violência doméstica. Você pode rezar para não morrer em agonia, vítima de um câncer incurável. Esses atos, contudo, só arranham a superfície da questão. Eles não chegam ao mal em si.

A questão do mal é a pergunta mais difícil que pode ser feita e o maior ato de resistência a Deus. Por que o mal existe? Por que Deus não intervém? Se os males que deploramos na sociedade são sintomas do mal cósmico, a esperança desaparece. Toda a empreitada espiritual vai por terra, como aconteceu com incontáveis pessoas após o Gulag, o Holocausto e o bombardeio atômico de Hiroshima e Nagasaki. Embora causados por seres humanos, esses horrores nos pareceram satânicos. Eles derrubaram qualquer otimismo de que o bem poderia triunfar sobre o mal. Na opinião de muitos, a razão derradeira para se desesperar foi que os perpetradores dos atos mais perversos da História moderna se consideravam pessoas de elevados valores morais e acreditavam que as vítimas eram pessoas más.

Se conseguirmos responder à questão mais difícil, toda essa tendência se inverte. Uma vez que o mal é exposto como sendo uma ilusão, a realidade tem uma chance de nos convencer. O amor pode revelar-se mais poderoso que o medo. O mais elevado dos ideais espirituais, um mundo livre do mal, começa a se concretizar. Por outro lado, se o mal não puder ser derrotado, o caminho espiritual é condenado.

"Você quer que tudo seja bom?"

Se você for uma pessoa espiritualizada, será que está protegida dos crimes hediondos cometidos contra a humanidade? Não podemos começar por tamanho extremo, com perguntas sobre o mal cósmico e

Satanás, aquela criatura sombria e sedutora. Pelo contrário, seria mais interessante usar um caminho mais modesto para chegar à questão do mal. Comece com uma pergunta pessoal: "Você aceitaria um mundo que não contivesse qualquer maldade? Você quer que tudo seja bom?". Sua primeira reação pode ser responder que sim. Por exemplo, a dor é uma noção de mal da perspectiva do corpo e um mundo sem dor física pode parecer desejável. No entanto, um punhado de pessoas ao redor do mundo sofre de uma doença rara (atribuída a duas mutações do gene SCN9A) que as impede de sentir qualquer dor. Justin Heckert, um jornalista que trabalhou em um artigo sobre uma menina de 13 anos que vivia com essa anomalia, escreve:

> É verdade que ela tem muito menos medo e respeito pelo próprio corpo que outras meninas da idade dela, que qualquer pessoa da idade dela, que qualquer pessoa no mundo. Jogando pingue-pongue com a irmã, o comportamento dela era tão frenético que achei que ela poderia se machucar ou machucar a irmã. Ela jogava metade de seu corpo sobre a mesa e tentava acertar a bola com a raquete com toda a força que tinha. Os pais dela não sabiam onde enfiar a cara de vergonha.

Heckert não demorou a deixar de invejar uma criança que não sentia dor quando constatou a verdade da declaração do médico dela: "A dor é uma dádiva que ela não recebeu". No primário, um monitor da escola era encarregado de acompanhá-la o tempo todo para impedir que ela se machucasse. Depois do recreio, todos os dias, era preciso ver se não havia entrado nenhuma poeira nos olhos dela. Em casa, os pais dela

> se livraram de todos os móveis com cantos pontiagudos. Eles mandaram instalar o carpete mais macio que puderam encontrar. Eles não deixavam [a filha] andar de *skate*. Eles não a deixavam andar de bicicleta. Eles envolviam os braços dela em camadas de gaze para

evitar que ela os esfregasse até a pele ficar em carne viva. Eles deixavam um monitor de bebê no quarto dela para ouvir se ela estava rangendo os dentes.

A dor é uma dádiva quando percebemos as consequências de viver sem ela. O fogo queima a pele, mas também cozinha a nossa comida. E o que dizer da violência? Um mundo sem crimes nem guerra nos parece totalmente desejável, mas uma cirurgia é uma forma de violência controlada. O corpo é aberto (com cuidado), nos expondo a vários riscos. Um ecossistema saudável depende de uma espécie comendo a outra, o que implica violência. Se todos os animais fossem vegetarianos, na ausência de predadores, nada impediria os insetos de encher o mundo. O número de insetos já é muitas vezes superior ao número de todos os mamíferos.

E o que dizer do sofrimento mental, emaranhado com a vergonha, a culpa, o medo e a raiva? Duas facções enraivecidas de uma guerra civil acabam matando uma à outra e muitos inocentes. Pensando assim, a raiva leva a um grande mal. Mas os combatentes não param, porque seu desejo de vingança não só justifica sua raiva como faz com que ela seja, aos seus olhos, moralmente correta. Guerras civis são movidas por desejos – defender o lar, o ódio ao "outro", a intolerância racial e religiosa – tão atrelados à raiva quanto a vingança. A guerra glorifica a raiva, mascarando o sofrimento resultante. Obcecado por uma causa justa, um soldado pode deixar de lado o próprio sofrimento, mas com o fim da guerra surgem novas formas de sofrimento mental, como a culpa e os sintomas complexos do transtorno de estresse pós-traumático.

O sofrimento mental não pode ser resumido em alguns poucos parágrafos. Vamos nos ater à nossa linha original de questionamento: "Você quer que tudo seja bom? Um mundo sem dor é realmente desejável?". Se você definir a dor mental como depressão, ansiedade, esquizofrenia e outros transtornos mentais, é natural preferir que eles não existam. No entanto, a dor também é necessária no mundo mental. O medo nos impede de colocar a mão no fogo pela segunda vez. A culpa ensina as crianças a não roubar biscoitos, mesmo quando a mãe não está olhando. A dor mental é útil por várias razões quando não é excessiva.

O que chamamos de mal em geral é algo indesejável porém indispensável. Os seres humanos se sentem em casa em um mundo de contrastes. Sem a dor não poderia haver prazer, somente um estado monótono desprovido de estímulos. (Daí a suspeita natural que as crianças demonstram quando ouvem falar do céu: deve ser uma grande chatice passar a eternidade tocando harpa nas nuvens.) Será que fomos projetados para sermos bons? Parece que sim. Pesquisadores de comportamento infantil descobriram que bebês de apenas quatro meses de idade tentam pegar um objeto que a mãe deixou cair e entregá-lo de volta.

O impulso da bondade, contudo, vem misturado com impulsos opostos. Outros pesquisadores descobriram que as crianças pequenas aprendem a agir do modo como os pais lhes ensinaram. Elas sabem o que "ser bom" significa em termos de obter a aprovação dos pais. No entanto, quando a criança é deixada sozinha na escolinha sem a supervisão de um adulto, ela pode de repente se transformar de médico em monstro, roubando os brinquedos das outras crianças sem demonstrar qualquer sinal de remorso quando as vítimas caem no choro. Ainda assim, essas constatações intrigantes não resolvem o problema do mal em si. Para isso, temos de aprofundar o tema.

Na dualidade, tudo inevitavelmente tem o seu oposto. O bem não pode ser separado do mal, da mesma forma como a luz não pode ser separada da escuridão. Eles são inseparáveis, um dos ensinamentos básicos do budismo. Toda idade de ouro da mitologia foi seguida de uma queda. O paraíso sempre tem algum problema, ou uma serpente no jardim, porque a nossa natureza dividida requer isso. Será que Deus deveria ser responsabilizado por essa situação? Será que o mal é um produto exclusivo da natureza humana?

O Satanás e a sombra

Não é fácil deixar de responsabilizar Deus pelo mal. Podemos recorrer a um decreto, simplesmente declarando que Deus é todo bondade. Muitos fiéis fazem exatamente isso, atribuindo o lado mau da criação a um demônio cósmico, que, em hebraico, recebeu o nome de Satanás, que significa "o adversário". Esse arquidemônio pode ser um anjo caído ou qualquer outra coisa, mas, assim que atribuímos o mal ao Satanás – sem falar na existência do inferno, o reino comandado por ele –, Deus é automaticamente rebaixado. Um Deus onipotente não teria um inimigo que nos afeta quase tanto quanto o próprio Deus. Um Deus amoroso não permitiria que o Demônio nos ferisse o tempo todo. Um Deus onisciente saberia quando o Demônio pretende atacar e interviria, ou pelo menos nos alertaria. Quando Deus perde o monopólio do amor, do poder e da sabedoria, temos um problema.

Para permitir que Deus seja Deus em toda a sua glória, a religião transferiu a culpa pelo mal. O mal passou a ser um problema humano, associado à tentação e ao pecado. Adão e Eva podiam comer de tudo, mas desobedeceram a orientação de Deus e escolheram comer a maçã. Ficamos marcados pela desobediência. Deus permite a existência do mal porque nós merecemos. Somos incapazes de controlar os nossos desejos, e a nossa agressividade nos leva a atacar e matar um ao outro. Erigimos esquemas morais só para desacatá-los, agimos como hipócritas e nos voltamos ao crime e à rebelião.

Transferir a culpa resultou em um enorme fardo, mas a maioria das pessoas se dispõe a carregá-lo. Alguns males estão fora do nosso controle, como furacões e outros desastres naturais. Outros são o produto de genes, como o câncer, mas até nesse caso a culpa persiste. Decisões equivocadas de estilo de vida são associadas a muitos tipos de câncer e, mesmo se não são, os pacientes se perguntam, ansiosos: "Será que eu causei a minha doença?". Quanto aos desastres naturais, já estamos cientes de como a humanidade contribuiu para o aquecimento global e o clima errático resultante dele.

Os dois esquemas, a maldade cósmica e a maldade humana, se fundem na noção de sombra, que consegue ser universal e humana ao mesmo tempo. Ninguém jamais duvidou que a escuridão espreita o coração humano. No entanto, a psicologia moderna queria uma forma sistemática e racional para explicar essa escuridão. Um dos primeiros psicanalistas, o suíço Carl Jung, apresentou uma explicação quando descreveu uma força que reside no inconsciente, que ele chamou de "a sombra". Ao domínio da sombra, Jung transferiu a culpa, a vergonha, a raiva e a ansiedade. A sombra, contudo, é mais que um repositório de impulsos negativos. Provida de consciência, ela vê o mundo através de uma lente distorcida, justificando a raiva e o medo. A sombra nos leva a querer matar nossos inimigos e nos sentir bem com isso, ou pelo menos justificados.

A sombra envia, para o resto da psique, mensagens convincentes, contrariando o desejo de bondade, bem-estar e felicidade. Ela nos convence de que a raiva, que produz uma sensação agradável no momento, é boa. Não importam as consequências. Para usar um termo de Jung, a sombra cria "a névoa da ilusão" que nos envolve. Como não temos como escapar dela, a sombra é universal. Tive uma conversa com um junguiano ferrenho que argumentava que a paz jamais poderá ser atingida porque Marte, o arquétipo da guerra, estabeleceu-se permanentemente na nossa psique. (O mesmo acontece com o sexo, eu contra-argumentei, mas as pessoas não saem por aí num estado de frenesi erótico. Até os impulsos mais primitivos deixam espaço para a escolha, o domínio do cérebro superior.) Nas profundezas do inconsciente, Satanás e a sombra se aliam. Os dois são igualmente invisíveis, igualmente uma projeção da mente.

Se o mal cósmico tem tanta influência que até Deus permite sua existência, que esperança podemos ter de triunfar sobre ele? Essa questão foi posta à prova no Livro de Jó, que, segundo alguns acadêmicos, foi a última parte da Bíblia hebraica a ser escrita, mas os mesmos temas são encontrados em textos mais antigos da Suméria e do Egito (corroborando a noção de Jung de que a mitologia de todas as culturas remonta das mesmas raízes arquetípicas). No Livro de Jó, Deus e Satanás apostam a alma de um homem que vivia na terra de Uz. O adversário de Deus afirma que seria capaz de convencer qualquer homem, até o mais justo, a renunciar a Deus. Deus aposta que Jó, um homem de extrema integridade, jamais se deixaria seduzir. Ele dá a Satanás carta branca para atormentar Jó, com a única restrição de não poder matá-lo.

A aposta intriga qualquer leitor que lê a história pela primeira vez. Que tipo de tortura Satanás escolherá infligir? Será que Jó vai resistir ou ceder? Todos os elementos de uma empolgante narrativa moral estão presentes. Vemos que as atribulações às quais Jó é submetido incluem quase todas as formas de sofrimento humano. Ele perde tudo o que tinha de bom na vida: dinheiro, plantações, esposa e filhos. Seu corpo fica coberto de feridas purulentas. Três amigos deploráveis chegam para explicar a Jó por que Deus lhe impôs essas terríveis fatalidades. O argumento básico mostra que Jó merece tudo o que se abateu sobre ele. Enquanto as provocações e acusações dos amigos se intensificam, o leitor é levado a simpatizar ainda mais com a vítima. Nenhuma razão convincente é oferecida para explicar por que um homem tão bom deve sofrer tanto. Jó e seus amigos não faziam ideia de que Deus e Satanás estavam usando o pobre homem como um peão em uma aposta cósmica.

Se você fizer uma leitura literal da história, considerará a aposta no mínimo cruel. Um Deus que usa almas como fichas de pôquer não merece ser reverenciado. Além disso, se Deus tem o poder de impedir Satanás de matar Jó, ele também deveria ter o poder de impedir Satanás de prejudicar Jó de qualquer outra forma. A verdadeira bondade não diz: "Tudo bem, você pode ser mau se quiser, só não vá passar da conta".

O conto de Jó deve ser lido como uma alegoria. A aposta cósmica representa o mistério do mal, que se abate sobre a nossa vida sem qualquer razão e, quando acontece, sentimos que não merecemos o nosso sofrimento. Fica claro na história que, apesar dos três amigos acusando-o de hipocrisia e pecados ocultos, Jó não merece suas adversidades. As alegorias precisam de uma moral, e o Livro de Jó nos oferece uma moral bastante convincente.

Eliú, um jovem servo, ouvia, cada vez mais consternado, a conversa entre Jó e seus amigos. De repente, ele se levanta e surpreende a todos falando com a voz de um santo, como um representante de Deus. Os dois lados estão errados, Eliú declara. Os três amigos estão errados em afirmar que Jó tem alguma deficiência oculta que Deus está punindo. Jó está errado ao acreditar que sua vida justa tem mais influência que o poder de Deus. Deus pode fazer o que quiser, quando quiser, a quem quiser. Seus meios não precisam ser justificados para o homem.

Os três amigos fogem ao ver expostas sua hipocrisia e deslealdade. Não fica claro como Jó reagiu, mas a história termina com um final feliz (provavelmente escrito por escribas que vieram depois; inclusive, toda a noção de uma aposta cósmica também parece ter sido acrescentada posteriormente). Ele é curado e sua riqueza, restaurada. Ele tem filhos com a nova mulher para substituir os que morreram. A virtude prevaleceu. Jó nunca renunciou a Deus, que, ao ganhar a aposta, recompensou o filho que caiu em suas boas graças. No entanto, o Jó que sobreviveu a essas terríveis provações não é o mesmo Jó de antes. Dirigindo-se a Deus, ele diz: "Com o ouvir dos meus ouvidos ouvi; mas agora os meus olhos te veem. Por isso menosprezo *a mim mesmo* e me arrependo no pó e na cinza" (Jó 42:5-6).

Ele se tornou um homem humilde e contrito – uma atitude bastante reforçada na Bíblia hebraica –, mas a mudança causa estranheza. Afinal, Jó nunca foi orgulhoso nem arrogante. Ele era o modelo devoto de Deus. A mensagem da alegoria vai mais fundo. Antes de suas provações, Jó achava que conhecia Deus "com o ouvir dos meus ouvidos" – por meio de sermões, da leitura da Torá, dos rituais no templo, dos ensinamentos dos rabinos mais velhos. Tudo isso apontava para a direção errada. Deus não é o mesmo que falar sobre Deus. Quando Jó declara que menospreza a si mesmo, ele se refere ao ego arrogante, que rebaixava Deus ao nível de qualquer outra coisa que pode ser explicada e controlada.

Para mim, essa é uma história profunda sobre os *kleshas*, os venenos que distorcem a realidade. Jó, apesar de toda a sua bondade, é apegado à própria virtude. Ele transformou sua existência em um regime ditado pelas escrituras e pelas leis. Uma vida como essa é irreal na ausência de um contato com o mundo transcendente. Regras envolvendo Deus são como regras para dirigir um carro. Elas podem evitar acidentes e manter todos em segurança, mas passar em um teste para tirar a carteira de motorista é diferente de sair dirigindo na estrada. A realidade não pode ser definida por normas e leis. Ela é dinâmica, irrestrita, criativa, universal e eterna.

A alegoria de Jó se aplica às adversidades que enfrentamos na nossa vida. A dor e o sofrimento enfraquecem a fé, e Deus é deposto a cada nova atrocidade que vemos no noticiário da TV. O que é derrubado, contudo, não passa de uma imagem. Deus nem chega a ser tocado pelas coisas ruins; as adversidades são parte da ilusão. Quando me deparei com uma discussão no Twitter sobre o céu ser ou não real, tuitei, meio que de brincadeira: "A existência material é uma ilusão. O céu é um *upgrade* da ilusão". É por isso que Satanás, o algoz de Jó, tem carta branca para agir no mundo das aparências, enquanto Deus, que reside no mundo transcendente, não interfere. O papel de Deus não é fazer o *upgrade* da ilusão, mas nos conduzir para fora dela.

O mal em um vácuo

Mesmo sendo possível dissecar o mal em mil pedaços, isso é desnecessário. É muito mais importante escapar do mal do que explicá-lo. Encontre o seu verdadeiro eu e você não vai mais querer participar da ilusão. Você criará uma realidade pessoal não vinculada ao jogo dos opostos. Nesse ponto, a lição de Jó fica absolutamente clara. Não se apegue à sua própria bondade ou à maldade alheia. Descubra o seu verdadeiro relacionamento com Deus e use-o para orientar a sua vida.

O seu verdadeiro relacionamento com Deus revela-se quando você elimina tudo o que levou a um relacionamento falso.

Você e Deus

QUANDO O RELACIONAMENTO VAI MAL

Você perde a sua conexão com Deus sempre que:

teme a punição divina,
sente-se sobrecarregado pelas demandas de Deus,
reduz Deus a uma lista de coisas a fazer e a evitar,
defende Deus com raiva ou violência,
foge da responsabilidade alegando ser a vontade de Deus,
entra em desespero achando que Deus se voltou contra você,
espera ser tão bom que Deus não pode deixar de amá-lo,
guarda segredos envolvendo culpa e vergonha,
vive como se Deus fosse algo secundário no mundo "real",
trata os outros como se Deus os amasse menos ou não os amasse.

Essas atitudes não só azedam o nosso relacionamento com Deus como também condenam qualquer relação com os outros. Viver com medo, sobrecarregado pelo peso dos segredos, com raiva e violência... Nenhum relacionamento positivo pode crescer nessas condições, mesmo se conseguir sobreviver. Quando essas atitudes são aplicadas ao nosso relacionamento com Deus, o efeito é mais desastroso. O mal é criado com base no desejo equivocado de nos transformar em pessoas dignas de Deus. Guerras santas são o exemplo mais óbvio, mas a culpa, a vergonha e a raiva são resultados diretos de uma armadilha inescapável do tipo "tudo ou nada": ou não somos bons o suficiente para Deus ou, mesmo se somos muito bons, Deus não se importa. O sofrimento tem raízes em um relacionamento falso com Deus e, quando sofremos, descontamos em nós mesmos e nos outros. Quando Emerson escreveu que o mal é a ausência do bem, a explicação não convenceu aqueles que acreditam em Satanás, um agente ativo do mal. Emerson, no entanto, se referia à *privação*, ou falta. "O mal é meramente privativo, não absoluto: é como o frio, que é a privação de calor. Todo mal é morte ou nulidade... A benevolência é absoluta e real."

Essa observação ecoa as tradições de sabedoria do mundo, segundo as quais o mal é como um vácuo, o vazio da ilusão. Preencha o vácuo com realidade e o mal desaparece. Não estou falando de algum truque de mágica que faz o genocídio, os crimes de guerra e a opressão desaparecerem da noite para o dia. A natureza humana está no seu pior quando não consegue encontrar alguma maneira de mudar. Você, contudo, passará por uma transformação interior e, à medida que se transforma, os rótulos de bom e mau vão perdendo o apelo. A plenitude de Deus vai aos poucos preenchendo o vácuo. Você estará rastejando para fora da ilusão, sem alardes, sem ostentação.

Vejamos um esboço geral das etapas que marcam essa transformação.

Desaparecendo na luz

QUANDO A CONSCIÊNCIA CRESCE, O MAL ENCOLHE

Etapa 1: medo

Quando a consciência é dominada pelo medo e pela insegurança, o mal está por toda parte. Ele se manifesta em ameaças físicas ao nosso corpo, na nossa luta para obter alimento e abrigo e em desastres naturais que ninguém tem como impedir. Deus não nos oferece qualquer proteção. A única proteção é a autodefesa.

Etapa 2: ego

O ego contribui com um *self* robusto. O "eu" é capaz de enfrentar os desafios. Manteremos o mal afastado levando uma vida boa, seguindo as regras e confiando na justiça de Deus. Em um mundo de riscos e recompensas supervisionado por Deus, o "eu" será abençoado em função da minha bondade, desde que eu consiga evitar as armadilhas do pecado.

Etapa 3: ordem social

A consciência individual se expande e passa a incluir os outros. O grupo cria laços tendo em vista o bem comum. Um sistema de leis protege as pessoas de crimes e outros delitos, e o cumprimento das leis é fiscalizado pela polícia. O maior laço que une o grupo é uma versão compartilhada de Deus. A fé sustenta a crença de que o mal jamais poderá vencer o amor de Deus por seus filhos.

Etapa 4: empatia e compreensão

A consciência se expande e passa a incluir o mundo "aqui dentro". Vemos que os outros têm seus próprios interesses e crenças, assim como nós. Eles têm os mesmos sentimentos que nós e nós temos os mesmos sentimentos que eles. Torna-se possível entender as razões do comportamento das pessoas. A semente do mal não está só dentro das "pessoas más", mas em todas as pessoas. Deus, que entende todos, é piedoso. Ele acolhe tanto o transgressor quanto o justo.

Etapa 5: autodescoberta

A consciência se expande e procura a descobrir as razões. Por que agimos assim? Quais são as raízes do bem e do mal na vida humana?

Não existe mais o mal puro ou o mal cósmico. A responsabilidade é toda nossa. Recorrendo à razão e ao *insight*, podemos explorar a nossa natureza e melhorá-la. Deus é clareza, a luz da razão, e não nos julga. Ele quer que vivamos na luz.

Etapa 6: compaixão

A consciência se expande e passa a amar a humanidade. O muro entre o certo e o errado cai por terra. Vemos o valor de todas as pessoas, não importa como se comportam. Deus olha para seus filhos com amor. Sabendo que o amor é eterno, podemos ser compassivos, tratando os outros como Deus os trataria.

Etapa 7: ser

A consciência se expande e transcende a dualidade. Permitimos que o jogo do bem e do mal seja o que é. Nossa lealdade se volta para outro lugar. Tendo vislumbrado o mundo transcendente, entramos e vivemos nesse mundo. Deus é Um. Fundindo-se com o ser puro, vivemos em um estado de graça que detém o poder supremo de triunfar sobre o mal.

À medida que percorremos essas sete etapas, o mal se transforma. Ele passa de uma ameaça avassaladora a uma ameaça secundária e, depois, a nenhuma ameaça. Na tentativa de descobrir por que o mal existe, podemos decidir que a origem do mal é algum demônio cósmico, uma deficiência da natureza humana ou um domínio obscuro que segue os próprios interesses. O resultado final, contudo, é o mesmo. O mal é *criado*. Podemos lutar contra ele o quanto quisermos. No final, a solução não existe no nível do que é criado. Penso que Emerson teve um vislumbre dessa verdade quando afirmou que o mal é temporário. Qualquer coisa que depende da percepção humana não pode ser eterna. O único estado eterno é o Ser, o estado mais simples da existência. Plante a sua bandeira lá. É o único porto seguro, onde o mal não faz sentido.

O poder de Ser

Na minha infância, na Índia, absorvi a fé da minha mãe, que era uma grande devota. Eu a acompanhava enquanto ela acendia o incenso e rezava diante do pequeno altar na nossa casa todos os dias. As tardes costumavam ser preenchidas com os sons do *kirtan*, cânticos em grupo de canções religiosas, fervorosas e encantadoras.

> Na calada da noite
> Da escuridão chega uma luz.
> E sei que tu estás no meu coração.
>
> Quando o fogo na minha alma
> Arde ansiando pelo destino.
> Então sei que tu estás no meu coração.

Eu não mantive esse ardor. A fé foi se dissipando a cada ano. Eu tive sorte... Um jovem médico frequentando *happy hours* em Boston e bebendo para ser aceito pela multidão, fumando para aliviar o estresse e decidido a atingir o sucesso. Mesmo assim, eu sentia o vazio que existe na ausência da plenitude. Vi pacientes com câncer de pulmão atravessando a rua assim que recebiam alta, apressados para comprar um maço de cigarros no mercadinho da esquina. Vi o medo abjeto nos olhos de pacientes terminais privados de consolo. A fé que minha mãe imbuiu em mim poderia ter se transformado em ceticismo ou desespero.

Lembrar a minha infância não mudou a minha vida. Eu sentia o meu vazio e queria fazer alguma coisa a respeito. Foi quando percebi a minha sorte. A religião na qual cresci não se concentrava no pecado, na culpa, na tentação ou no Demônio. Não havia promessa de alguma recompensa no paraíso ou de algum castigo no inferno. Isso já é um bom ponto de partida. De acordo com a religião da minha infância, o segredo para encontrar Deus é encher-se de Ser (com inicial maiúscula para denotar um ser puro, absoluto). Quando fazemos isso, sabemos que nada mais somos além do Ser, e esse conhecimento vem acompanhado do pleno despertar. Olhamos ao redor e vemos luz em todas as direções.

Não importa o ponto de partida, o destino é o despertar. O mal é a mais poderosa das ilusões, que conta com o apoio do medo, a mais poderosa das emoções negativas. Sempre que estamos nas garras do medo, uma voz em pânico grita dentro de nós: "Saia daí! Corra! Você está prestes a morrer". O medo contrai a mente, nos congela e nos cega para todo o resto. Por outro lado, o que o Ser pode fazer? Sua voz é silenciosa. Ele não faz exigências. Não nos diz para escolher A em vez de B, porque o Ser transcende a dualidade. As pessoas se amarguram e acusam Deus de não intervir no mundo, mas o Ser não tem outra escolha. Ele é a base de tudo, igualmente – Hamlet estava errado quanto a isso. "Ser ou não ser" não é uma escolha real. É inevitável ser. Assim, cabe ao Ser resolver todos os problemas sem falar, sem agir, sem mudar, sem interferir. O sucesso não parece muito provável, não é mesmo?

Na famosa canção dos Beatles, o conselho para "deixar rolar" – "*let it be*" – é chamado de "*words of wisdom*", ou "palavras de sabedoria". Eu concordo. Nada é mais sábio que isso, porque, quando o Ser se torna humano, não é um estado passivo. É um modo de vida, que a maioria das pessoas nunca tentou. Neste livro, apresentei um resumo das implicações desse modo de vida, como demonstrar generosidade de espírito, expressar o amor, encontrar o silêncio interior e seguir nosso próprio guia.

No final, o que mudou a minha vida não teve nada a ver com a pessoa que eu era. Os rótulos que eu associava a mim – *médico indiano*, *um homem de sucesso*, *um homem amado*, *autossuficiente* e assim por diante – eram positivos. Como o céu, a ilusão que eu vivia dependia de *upgrades*. Nenhum desses *upgrades* era importante. O que importava era adotar um novo modo de vida, começando com uma sensação de vazio interior e tentando preencher o vácuo. Santos e anjos não me iluminaram o caminho. Todo dia eu fazia o que sempre fiz, acordava antes do amanhecer, fazia rondas hospitalares e atendia um fluxo constante de pacientes no meu consultório.

A diferença foi que eu me alinhei com o meu Ser. O verbo *dhar*, "sustentar", leva a um modo de vida sustentado pelo universo, chamado *dharma*. Palavras estrangeiras não são melhores que palavras comuns do dia a dia. Conheça a si mesmo e você estará no seu *dharma*. O *dharma* se resume a uma atitude crucial: confiar que o Ser lhe mostrará a direção certa quando você precisar. O Ser nos mostra vislumbres de uma realidade superior. Temos a sensação sutil de que algo está errado quando nos voltamos ao ego e ao egoísmo. O Ser fala em silêncio, mas a existência tende a favor do Ser. Algumas vantagens se escondem na nossa vida.

> O avanço é favorecido à inércia.
> Uma vez que tem início, a evolução acelera.
> A consciência se expande naturalmente.
> Quanto mais você se conhece, melhor será a sua vida.
> Intenções positivas têm mais respaldo que as intenções negativas.
> A consciência individual está conectada com a consciência de Deus.

Essas vantagens são sutis, mas dotam o Ser de um enorme poder. Quando pensamos nos nossos filhos com amor, esse mesmo pensamento também está ocorrendo na mente de Deus... E ambos têm o poder de abençoar. Se voltando para casa paramos para ajudar um viajante atolado na neve, sentimos um impulso, que é o mesmo que o impulso da salvação. As questões mais difíceis nunca deixarão de infestar a mente. É em Deus que a mente encontra uma resposta que transcende o pensamento. Quando percebemos isso, ninguém no mundo é um inimigo, só um companheiro de viagem. A porta para o Ser está aberta a todos, e deixamos o mal para trás assim que passamos por ela.

EPÍLOGO: VISLUMBRANDO DEUS

Todo mundo gosta de receber a aprovação dos outros. Quem não puder viver sem a aprovação alheia deve evitar escrever sobre Deus. Ninguém vai concordar totalmente com você. (Em um mundo multicultural, isso é bom.) Você não terá a satisfação de ensinar o padre a rezar a missa, já que a maioria das igrejas está esvaziando a olhos nus. Em uma única semana de 2013, o *New York Times* publicou dois artigos opinativos negando a possibilidade de aspirações espirituais. Um deles foi intitulado "As bênçãos do ateísmo", o outro chamava, "O mito do amor universal". Esses artigos foram publicados logo depois do Natal. Talvez tenha sido de propósito. Os bons ânimos deixaram um gosto amargo na boca. Deus é um divisor, não um unificador.

Tentei apresentar Deus sem exigir uma escolha do tipo tudo ou nada. Se o *Bhagavad Gita* estava correto ao dizer "todos os caminhos levam a mim", a Deus, não faz sentido criticar o caminho da descrença. Eu mesmo não frequento a igreja nem o templo. A autora do artigo "As bênçãos do ateísmo" censura pessoas como eu, que se consideram "espiritualizadas mas não religiosas". Sem disfarçar seu desdém, ela escreve: "[a espiritualidade], uma expressão do psicologismo barato, pode praticamente qualquer coisa: [o espiritualista] é um ateu que teme a desaprovação social ou uma pessoa que prefere ficar em cima do muro, se aproveitando dos benefícios teóricos da fé... Sem os encargos de ter de praticar uma religião".

Ou pode significar algo autêntico. O ateísmo erra quando equipara a prática religiosa com a espiritualidade. Quanto mais eu me aprofundava neste livro, mais claro foi ficando que quase tudo o que pode ser dito sobre Deus implica algum tipo de equívoco. Ninguém tem o monopólio da verdade. Isso não significa que a verdade não existe. Da mesma forma, o comportamento das religiões, por pior que seja, não prova que Deus não existe. Tantas emoções acaloradas giram em torno de Deus, que fiz questão de ir ao encontro dos ateus no território deles. Dawkins e companhia gostam de rotular seu posicionamento usando termos positivos, como *racional*, *científico*, *sensato*, *corajoso* e *lógico*. Ao mesmo tempo, eles rotulam qualquer pessoa que acredita em Deus com termos degradantes, como *irracional*, *supersticiosa*, *conformista*, *ilógica* e *louca*.

A crença também merece os seus bons rótulos, de modo que aplico *sanidade*, *razão* e *lógica* para corroborar a realidade de Deus. A fé não pode salvar a si mesma. Enredada em um mundo secular, ela entrará por um ouvido e sairá pelo outro a menos que falemos em termos seculares. Em um mundo ideal, os dois lados obedeceriam a prescrição do Antigo Testamento: "Aquietai-vos e sabei que eu sou Deus". Poderíamos usar esse silêncio para ler Rumi, Kabir e Tagore. Deus está na emoção de versos inspirados, como no dístico a seguir:

> Ouve, meu coração, o sussurro do mundo.
> É assim que ele faz amor contigo.

Quem escreveu esses versos foi Tagore, que não precisa mencionar Deus para que o leitor sinta a espiritualidade do poeta.

> A estrada me cansou
> quando me levou aqui e ali.
> Com ela me casei, amoroso,
> quando me levou por Toda Parte.

Esses versos também são de Tagore, também espiritualizados, também livres de religiosidade. Um livro que fala inteiramente do coração seria quase tão bom quanto o silêncio. Quando escreve uma frase que sabe que convencerá um cético, você está preparando o terreno para uma queda. Chorei lendo versos que outras pessoas considerariam ridículos ou tediosos.

Saímos da arena das ideias, onde a razão, a sensatez e a lógica devem ser aplicadas. Com isso em mente, gostaria de concluir apresentando algumas ideias básicas que os dois lados deveriam ponderar. Cada ideia aponta para uma discussão mais ampla deste livro. Elas são como telegramas, só algumas frases para transmitir a mensagem. Dividi essas ideias em três seções que correspondem aos principais temas que vimos no livro: o ateísmo militante, a fé e Deus. Entusiasmado com as mídias sociais, tuitei essas ideias e posso atestar que elas são capazes de produzir reações acaloradas, tanto de defesa quanto de ataque. Acredito que, no contexto deste livro, elas poderão ser mais bem aproveitadas. Você terá a chance de refletir sobre as mudanças das suas crenças.

Até as suas crenças mais preciosas podem ter se transformado... Ou não. Normalmente somos os piores juízes do que se passa no nosso mundo interior. Em geral, as ideias só tocam a superfície da mente. É mais interessante nos valer de imagens poéticas de Deus. Ele é como um ligeiro perfume que sentimos quando estamos pegando no sono à noite. É um aroma delicioso, indescritível, que nos desperta e por um tempo não conseguimos voltar a dormir.

O ateísmo militante

OS DEZ PROBLEMAS DO DELÍRIO DE DAWKINS

1) O ateísmo de Dawkins ataca a versão que o catecismo propõe para Deus, como se não existisse qualquer outra versão.

Qualquer tipo de crença religiosa é associado ao extremismo dos fanáticos radicais.

2) O ateísmo de Dawkins se fundamenta na crença de que o universo não tem uma origem inteligente. No entanto, um universo aleatório é a explicação menos provável para a existência de vida inteligente.
3) O ateísmo de Dawkins equipara a realidade com o mundo material, percebido pelos cinco sentidos. Deixa de levar em conta a revolução quântica, que estendeu a realidade muito além do mundo visível.
4) O ateísmo de Dawkins explica todos os eventos com as leis inflexíveis da natureza, mas não consegue explicar por que as leis da natureza existem nem de onde vieram.
5) O ateísmo de Dawkins usa a evolução como um argumento contra uma origem inteligente da vida, embora a sobrevivência do mais apto não tenha como explicar a criação da vida.
6) O ateísmo de Dawkins posiciona-se como racional, mas não consegue explicar a origem da racionalidade. Como a atividade cerebral aleatória pode produzir ordem e lógica?
7) O ateísmo de Dawkins sustenta que fatores biológicos constituem a base da consciência, sem propor uma teoria para explicar como as moléculas aprenderam a pensar.
8) O ateísmo de Dawkins vê o cérebro em termos de um rigoroso processo de causa e efeito. Todos os pensamentos e comportamentos são determinísticos. Dawkins não propõe qualquer explicação para o livre-arbítrio, a criatividade ou a intuição.
9) O ateísmo de Dawkins nega a existência do *self*, considerando-o uma ilusão criada pelo cérebro. No entanto, a neurociência nunca encontrou a localização do "eu" no cérebro.
10) O ateísmo de Dawkins não consegue explicar como o *self* ilusório atinge o autoconhecimento.

Fé

DEZ RAZÕES PELAS QUAIS VALE A PENA TER FÉ

1) A fé não é uma crença cega, mas um conhecimento resultante da experiência.
2) A fé é a disposição de entrar no desconhecido.
3) A fé manifesta reverência diante do mistério da existência.
4) A fé vem do silêncio interior e do que esse silêncio revela.
5) A fé resulta em confiança no mundo interior da percepção, da intuição e da imaginação.
6) A fé nos aproxima da origem da criação.
7) A fé revela o verdadeiro eu, que transcende o ego.
8) A fé conecta o mundo "aqui dentro" com o mundo "lá fora".
9) A fé elimina a divisão entre natural e sobrenatural.
10) A fé no nosso *self* mais profundo é a fé em Deus.

Deus

DEZ IDEIAS QUE DÃO UM FUTURO A DEUS

1) Deus é a inteligência que concebe, governa, constrói e se transforma no universo.
2) Deus não é uma pessoa mítica; é o próprio Ser.
3) Deus não é criado. O universo não tem como revelar Deus, já que o que existe é criado.
4) Deus existe como um campo de todas as possibilidades.
5) Deus é pura consciência, a origem de todos os pensamentos, sentimentos e sensações.
6) Deus transcende todos os opostos, inclusive o bem e o mal, que surgem no campo da dualidade.
7) Deus é Um, mas se diversifica em muitos. Ele possibilita o observador, o observado e o processo de observação.

8) Deus é puro júbilo, a fonte de toda alegria humana.
9) Deus é o *self* do universo.
10) Só existe um Deus. O universo é Deus manifestado.

AGRADECIMENTOS

Um novo livro se manifesta à medida que se desenvolve, às vezes vindo mais do cérebro do que do coração, às vezes o inverso. Em primeiro lugar, sou profundamente grato aos muitos eminentes cientistas das ciências físicas e biológicas com os quais venho dialogando nos últimos anos. Eles estenderam e reforçaram o meu entendimento de incontáveis maneiras. Este livro sobre Deus nasceu da necessidade de explicar a espiritualidade para as pessoas modernas e ajudá-las a se afastar da beira do abismo da descrença. Sou muito grato pela oportunidade de satisfazer essa necessidade e também às pessoas que trabalharam com tanta dedicação para que isso acontecesse.

Sempre pude contar com o apoio da equipe da Harmony, que acreditou no meu trabalho ao longo de várias mudanças no mundo editorial. Tina Constable (editora da Crown), Diana Baroni, Meredith McGinnis, Amanda O'Connor, Michael Nagin, Patricia Shaw e Tammy Blake são os tipos de pessoas sem as quais os escritores não têm como ficar; tenho grande esperança de que o mundo editorial perceba isso nas próximas décadas.

Em determinados projetos, as contribuições do editor são especialmente cruciais. Este livro foi um deles e meu editor, Gary Jansen, foi alterando o tom, o direcionamento e a linguagem com grande astúcia a cada passo do caminho. Muito obrigado. Desenvolvemos um relacionamento de confiança, afeto e respeito mútuos.

A minha existência profissional é orientada com habilidade pela minha equipe formada por Carolyn e Felicia Rangel e por Tori Bruce, que praticamente fazem parte da minha família. Meus agradecimentos também não podem deixar de incluir Poonacha Machaiah, Sara Harvey, Kathy Bankerd, Attila Ambrus e a equipe do Chopra Center. Vocês me ensinaram o significado do "espírito em ação".

Minha esposa Rita é a luz em torno da qual a nossa família estendida gira. Hoje a família inclui Mallika, Sumant, Tara, Leela, Gotham, Candice e Krishu. Eles são a alegria da minha vida.

Este livro foi composto em Janson Text
e impresso pela Geográfica para a Editora
Planeta do Brasil em fevereiro de 2015